病まない組織のつくり方

他人事を自分事に変えるための処方箋

野口和裕【著】

はじめに

「病まない組織」とは、健康な状態を維持しつづける力を持った組織のことです。組織も人間と同じで、きちんとしたケアをしていないと、健康を維持しつづけることはできません。

私の職業人としてのキャリアのスタートは、システムエンジニア（SE）でした。システムエンジニアの仕事には、顧客の課題を解決するために、顧客とプロジェクトチームを組むことが多くあります。プロジェクトの期間は短い場合には数カ月ですが、長いと二〜三年にも及ぶことがあります。私は、そうしたプロジェクトに関わることで、自分の会社だけでなく、いろいろな組織を観察する機会に恵まれました。

仕事をするうえでは、やりやすく感じることもありましたし、最初は良い雰囲気だったのに次第に関係が悪化してストレスを抱えながら働くこともありました。組織は人の集まりから成り立っていますが、人の身体と同じように、健康だったり、病んでいるような状態になったりと、時により変化するものだと感じていました。

当たり前の話ですが、健康な組織の中で働いていると自分自身も健康になるように私は感じました。

プロジェクトでは多様な問題が発生しますが、それを話し合いで前向きに解決し、力を合わせて前に進めていくというような感覚です。――大変だけど自分一人ではないという実感。忙しいけど、夜はぐっすり眠れ、朝はエネルギーが充填されているような感じです。

一方、慢性的に残業が発生し、何か発言すると否定されてしまうような居心地の悪い雰囲気の中で、厳しく仕事の結果までチェックされるような環境の中で働いているときには、私は精神的にも肉体的にも次第に病んでいくような感じを受けました。その頃のことは、いま思い出しても胃のあたりが痛みます。

システムエンジニアは、限定された期間、いろいろなプロジェクトにアサイン（任命）されます。健康なチームにアサインされるか、病んでいるチームにアサインされるか――、宝くじのようなものと、当時、私は考えていました。そして、いうまでもなく、なんとか運良く健康なチームにアサインされたいと願っていました。

そんなとき、不思議なことがありました。大きなプロジェクトで厳しい納期、さまざまな会社からの寄せ集めのメンバー、そしてリーダーは初対面で仕事に厳しい雰囲気の人、机やパソコンなどといった仕事をする環境も良いとはいえない……。私は二年間、そのプロジェクトにアサインされることになったのです。

最初、私は宝くじに外れたのだと感じました。それまでの経験だと、この先、良くないことが起こる予感がひしひしとします。早くこのプロジェクトが終わってほしいと思いましたが、二年間という長期間であることを思い出して暗い気持ちになりました。

しかし、結果は大きく良い方に裏切られました。仕事は忙しい、また顧客の要求も厳しい、環境も良いとはいえない――これは予想どおり。しかし、そこにはチームの一体感があったのです。

私が顧客に不具合の報告に行くとき、納期調整に行くとき、弁明の場で矢面に立たされるとき、たとえそれが一人で行ったのだとしても、自分一人ではないという実感があったのです。メンバーが互いを尊敬し、残業しているときでも笑いが起き、何か課題があると激論もするが、それを感情的に引きずることがない。そして、自分は決してチームから見捨てられないという安心感……。最初は厳しいと感じていたリーダーも、メンバーを見守り支える、素敵なリーダーでした。

プロジェクトはフェーズが進んでいくにつれて、いろいろな課題に遭遇しました。リーダーが交代した（厳しい状況に陥った他のチームに、やはりリーダーとして移動していった）こともありました。技術的に困難な課題が持ち上がることもありました。――しかし、それらのことはメンバー全員で跳ね返し、良い雰囲気は最後まで変わることがありませんでした。

私は技術者としてもメンバーの一員としても確実に成長していることを感じていました。二年後、このプロジェクトが終わったとき、私は愛着を持ったこのチームを去ることを、たいへん寂しく感じました。

その後、私はシステムエンジニアとしてキャリアを積み、十六年前に独立しました。そうして、システムエンジニアとしての仕事をする傍ら、研修講師として人材育成をも行うことになります。

私は、素晴らしかったこの二年間のチームでの体験が忘れられず、どうしたらあのようなチームができるのかということを研究しました。

そうした研究や人材育成での経験を踏まえ、次のような方に読んでほしいと、私は本書をまとめました。

○「チームのメンバー」として、成長を感じられるチームで仕事がしたい。その結果、自ら成長し、チームとしても成長して、素晴らしい体験ができる。――健康な組織で仕事をするということは、精神的にも肉体的にも健康になることと同じだと思います。人生の中で長い時間を費やす仕事時間が充実することは、自分の人生が充実することにつながります。

○「チームのリーダー」として、メンバーが個の力を発揮するだけでなく、全体として相乗効果が発揮されることで、単なる個人の力の和を超えたものを実現したい。その結果、厳しいと考えられていた納期を死守することもでき、顧客にも喜ばれる。――顧客納期は短くなってきていますが、労働時間は厳しく制限される、改善だけではこの難問は解決が難しい……。改善の先にあるイノベーションを起こすヒントは、対話による価値創造にあります。本書では、対話についても詳しく解説しています。

◯「チームを管理する立場」として、良いチームの中で部下が活き活きと働けるようにしたい。その結果、メンバーは自発的に動き、組織の目標を達成する確率が上がっていく。――これまでに比べると、いろいろな価値観を持った人と仕事をしていくことが当たり前になってきました。自発的に動いてほしいけれど、人それぞれ価値観が異なる中でどのようにしていけばよいのか？　そのヒントは、人が自発的に働くようになる理論を理解することです。本書では、主に第3部で、これを解説しています。

◯「チームを経営する立場」として、自分の会社の組織を良いものにしたい。その結果、業績が上がり、離職率が下がる。社員が成長し、そして会社にとどまってくれて、活躍してくれる。――ビジネスで重要な結果を生むことは、組織が健康であることとつながっています。病んでいる組織では、一時的には結果を出せても、結果を出しつづけることはできません。社員が楽しんで仕事をし、しかも結果が出ている……、これは決して理想論ではないのです。

病まない組織にするためのポイントは三つあります。

まず一つ目に、病んでしまう組織にはその兆候があります。組織の雰囲気はいきなり悪化するのではなく、時間をかけて次第に悪化していきます。良くない兆候を見逃すと、最終的に大きな問題になります。病みつつある兆候を発見し、対処することで、早期に健康な組織に戻すことができます。――本書では、各章ごとに、その兆候の一例を載せています。

二つ目として、手を打つポイントがあります。

しかし、これは状況によって、さまざまです。なぜなら、対策する人の権限によっても変わってくるからです。権限がある人もいるでしょうし、あまり権限がない人もいるかもしれません。組織を変える権限がある人にしかできない方法では、そうでない人にとっては何の役にも立ちません。

大切なのは、組織の症状を分析することができ、その後で自分自身に可能な対処項目がわかるということになります。――本書では、組織を分析する方法（**システム思考**）を解説します。

三つ目は、小さく始めて好循環をつくることです。

病んでしまう場合は次第に悪化していきますが、健康な組織に戻る場合にもまた徐々にそうなっていきます。一気に改善する劇薬のようなやり方には、たいていの場合、副作用があります。

人は大きな問題には大きな解決策が必要というふうに思い込んでしまいますが、大きな問題に対しても、小さな解決策で事態が次第に良くなっていくという好循環を作り出すことが重要です。スモールステップから始め、それを積み重ねていくことで、いつしか大きな改善を成し遂げることができます。

要するに、組織の病んでいる兆候を見逃さず、自分に与えられた権限の中でスモールステップから始め、好循環を作り出し、最終的に健康を維持しつづけられる組織に変えていくことが大切なのです。そして、もうひとつ、組織を変えるのに必要なのは「誰かのために組織を変えたい」という思いです。権限がなくても、影響力が小さくても、その思いさえあれば、変化を作り出すことができる――私はそう考えます。

それでは一緒に、健康を維持しつづけられる組織とは何かを考え、少しずつでも小さな変化を起こしていきましょう。

2019年9月　野口和裕

※本書では、引用している文献に合わせて、組織／チーム／グループを、同じ意味で使用しています。本書における組織／チーム／グループの定義は、共通の目標を有し、目標達成のために協働を行う、複数の人々の集合体です。

第2章 コミュニケーション

第2部
「思考の質」
チームの真の課題を発見する

第5章

ダイアログ

物事の本質を見つける方法 167

第3部

「行動の質」

チームの自発的な行動を促す

第8章

フロー

第4部
実践のために
好循環を作り出す

本書全体のレベルマトリクス

	関係の質（第1章／第2章／第3章）	思考の質（第4章／第5章／第6章）	行動の質（第7章／第8章／第9章）
1	○組織の成功循環モデルを理解している（結果を性急に求める弊害を理解している）。 ○**話を聴く技術（傾聴）を理解し、意識することができる。**	○メンタルモデルが思考や行動に影響を与えることがわかっている。 ○会話、対話、議論の違いがわかっている。 ○**全体視点の重要性を理解している。** ○「原因と結果」という線形的な思考から、因果関係の輪状的な思考になっている。	○動機づけ要因と衛生要因の違いを理解している。 ○**創造的な仕事には内発的動機が必要ということを理解している。** ○自らの仕事で集中するためのポイントを見つけている。 ○自分のミッションステートメントを作成している。 ○行動するための目標を立てるときのポイントを理解している
2	○自分のチームを成功循環モデルに対比させ、どこに強み／弱みがあるかわかる。 ○**チーム内では、どんな意見でも頭ごなしに否定されずに、発言が許される。** ○チームの課題は、人間関係でなく、チームの達成すべきことに焦点が当たっている。	○**対話を通じて、自らのメンタルモデルに気づくことができる。** ○必要に応じて対話を行うことができる。 ○課題を因果ループ図で描くことができる。 ○レバレッジポイントの候補を見つけることができる。	○職場の衛生要因の課題を挙げることができ、それについて対策（解決策）を講じることができる。 ○自分やメンバーが自律的に活動できるポイント（価値観）を理解している。 ○**自ら集中する状態に入れるように、環境を整えることができる。** ○組織のビジョン作成を支援することができる。 ○明確な行動目標を立てることができる。
3	○メンバーがお互いを受容していて、思ったことを話すことができる。 ○**自己開示（思ったことの表明）と適切なフィードバックがなされ、メンバーがお互いの成長を支え合っている。** ○異なる意見を持っていても、感情的対立にならずに、納得度の高い合意を形成できる。	○対話を通じて、自らと他者のメンタルモデルから、新たな視点を創造できる。 ○会議（話し合い）の中で、会話、対話、議論をシームレスに行きつ戻りつして、結論を出すことを支援（ファシリテート）できる。 ○**相互依存的な問題について、他責ではなく、自責（自分も問題の一部）の視点で見られる。**	○仕事に集中できる環境が整っている（衛生要因の問題を解消できる）。 ○**自分やメンバーが仕事で幸せな人生を追及することを応援している。** ○メンバーが集中できるような環境をつくる支援（コーチング）ができる。 ○組織のビジョンと自分のミッションを統合することができる。 ○行動目標に沿って行動することができる。

序章

組織の成功循環を作り出すために

組織を見るにあたっての考え方として、ＭＩＴ（米国マサチューセッツ工科大学）の教授ダニエル・キム氏の提唱した「**組織の成功循環モデル**」があります。

この図は、組織の循環モデルには組織を見るための視点として「**四つの質**」があり、それぞれが因果関係を持って循環（サイクル）していることを表しています。この組織のサイクルには、目指すべき「**グッド・サイクル**」と、避けるべき「**バッド・サイクル**」の二種類があります。

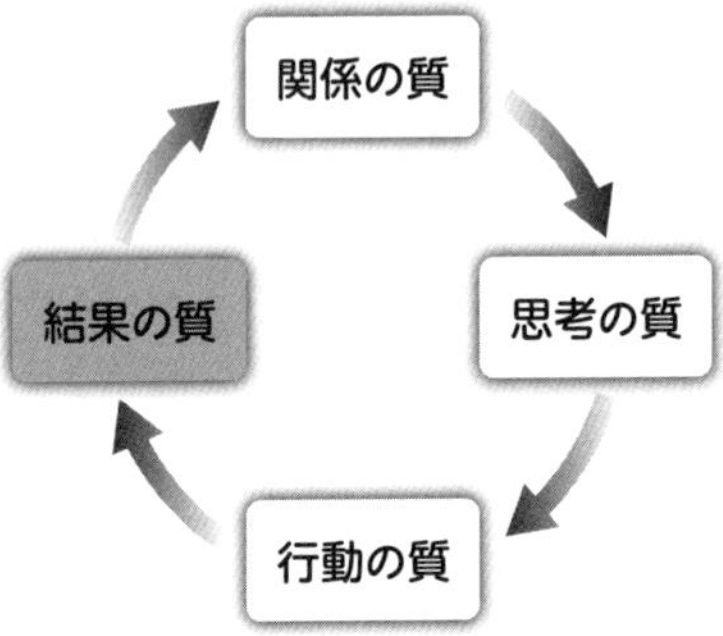

バッド・サイクルは、まず結果を求めて「**結果の質**」を向上させようとすることから始めます。しかし、なかなか思うような成果が上がらず「結果の質」が低下すると、対立や押し付け、命令が横行するようになって、「**関係の質**」が低下していきます。

「結果の質」を上げるために強制や報酬などの手段を用いて一時的に成果が得られたとしても、それはメンバーが、追い詰められた状態に陥ったり報酬に釣られて出したりした一時的なものに過ぎないので、結局はまた同じ低下のサイクルに戻ってしまいます。

「関係の質」が悪化していくと、メンバーは自ら考えることを止めて受け身になってしまい、仕事がつまらないと感じ、その結果「**思考の質**」が低下します。受け身なので自発的・積極的な行動は減少し、「**行動の質**」が低下して成果が上がらなくなる——つまり、「結果の質」がさらに低下することになります。

なかなか成果の上がらない組織は、このようなバッド・サイクルに陥っていることが多々あります。

①成果・業績が上がらない（結果の質）
②対立が生じ、押し付け、命令・指示が増える（関係の質）
③創造的思考がなくなり、受け身で聞くだけ（思考の質）
④自発的・積極的に行動しない（行動の質）
⑤成果が上がらない（結果の質）
⑥関係がより悪化し、なすりつけ合い、自己防衛に走る（関係の質）

このバッド・サイクルに陥っているのが、病んでいる組織の特徴です。組織というのは突然悪くなるものではありません。最初は小さなことから、次第にじわじわと悪化していきます。いろいろと対策を施したとしても、それが対症療法的なものでは悪化を止めることはできません。循環の力というものは非常に大きいのです。

本書では、各章の冒頭に、病んでいる組織の兆候を載せていますので、参照してください。

一方で、グッド・サイクルは「**関係の質**」を高めるところから始めます。「関係の質」を高めるとは、相互理解を深め、お互いを尊重し、一緒に考えることです。ここから始めるとメンバーは気づくことが多く、考えることが有意義だと感じるようになり、「**思考の質**」が向上していきます。有意義だと感じるので自発的・積極的な行動が増え、「**行動の質**」が向上します。その結果として「**結果の質**」が向上し、成果が得られて信頼関係が強まり、「関係の質」がさらに向上していきます。

①互いに尊重し合い、一緒に考える（関係の質）
②気づきがあり、共有される（思考の質）
③自発的・積極的にチャレンジ・行動する（行動の質）
④成果が表れてくる（結果の質）
⑤信頼関係が強まる（関係の質）
⑥良いアイデアが生まれる（思考の質）

「関係の質」が良いとは、いわゆる仲良しグループだという意味ではありません。お互いが思ったことをいう、時には耳の痛いことも言い合い、激しく議論を戦わせることができるということです。信頼関係という「関係の質」が高くなければ、そのような

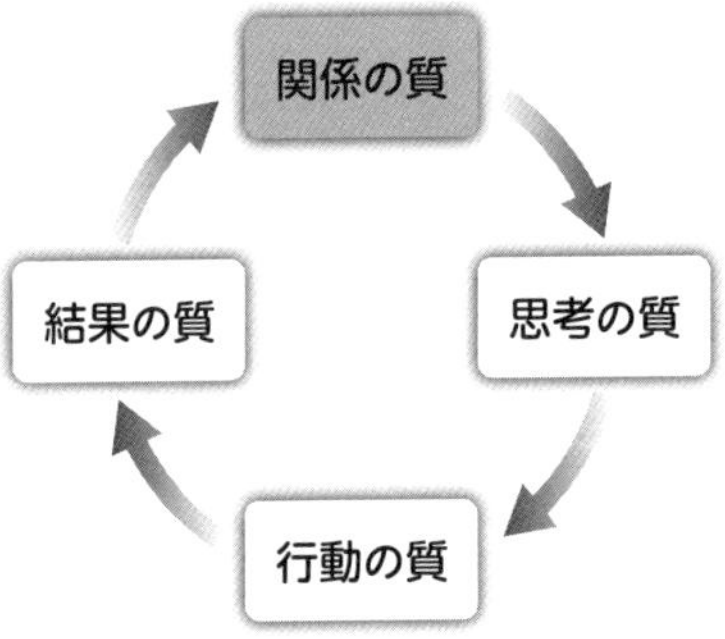

ことはできません。

本書では、この図をベースにして、三つの質（関係・思考・行動）について、それぞれを高めるための具体的な実践方法を述べていきます。三つの質を高めることができれば、最終的に「結果」は向上すると私は考えます。

メンバーの関係の質を高めるところから始める――ちょっと遠回りに見えるかもしれませんが、最終的にはこれが近道なのです。そして、その後に思考の質、行動の質を高めて、成功体験を積み、そこから関係性を改善して……と、あとは好循環なサイクルを回しながら、それぞれの質を高めていくスパイラルを作ることにより、病んでいる組織とは対極にある、健全で成長しつづけられる組織が出来上がっていくのです。

第1部

「関係の質」

チーム内の風通しを良くする

「関係の質」を測る四つの視点

そもそも「関係の質」が高いチームとは、どのようなチームでしょうか？

一言でいうと、メンバーの各々が「いいたいことをいえる」チームであると私は考えます。いいたいことがいえるということは、その結果として、意見の相違からぶつかり合いが生じる場合もありますが、そうした衝突でも感情的な対立にはならず、健全な対立として建設的な解決が図られるチームこそ、「関係の質」が高いチームなのです。

関係の質が高いチーム ＝ メンバーがいいたいことをいえる

いいたいことがいえる――というのは簡単ですが、実際そうしようとすると多くの人は困難を感じるのではないでしょうか。

いいたいことをいってしまうと関係が悪くなりそう……。その結果、不利益を被《こうむ》りそう……。具体的にはチームから外されるだろうし、昇進昇格にも悪影響が及びそう……。仕事場での居心地が悪くなりそう……。いいたいことをいうぐらいなら黙っていたほうが得と判断する。――そうして、いつしか本音を隠した儀礼的な会話が、職場では中心になってしまいます。そうなると皆にストレスが溜まっていき、結果として不満が高まり、モチベーションが下がって、自発的な行動を諦《あきら》めてしまいます。

いいたいことをいえなければ、チームの相乗効果も生まれないうえに、誰も自分たちの誤りに気づかなくもなります。それでは、たとえメンバーの一人一人は優秀であったとしてもチームの力とはなれず、結果としてそのチームは成長しません。

どうしたら、いいたいことがいえるようになっていくのか？　そのヒントになるのが、社会心理学者ジャック・ギブ（*Jack R. Gibb*）の理論です。ギブは、チーム（グループ）の成長は懸念（気掛かり）の解消のプロセスに等しい、といっています。

チームができたときに強くあった懸念が次第に解消されていくにつれ、信頼関係やメンバーの自由度が増して、チームとしての生産性や創造性が開発されていくと、ギブはいっています。これは、言い換えると、「関係の質」が高くなっていくことといえます。ギブは、懸念には四つの種類があるといいます。

①受容の懸念（受容懸念）
②コミュニケーションの懸念（データの流動的表出懸念）
③目標の懸念（目標形成懸念）
④リーダーシップの懸念（社会的統制懸念）

※理解を容易にするため、ギブの「懸念」をもとに著者が変更（括弧内がギブの理論）

（南山短期大学人間関係科 監修／津村俊充、山口真人 編『人間関係トレーニング ― 私を育てる教育への人間学的アプローチ 第2版』2005年、ナカニシヤ出版刊、69〜70ページ）

以下、それぞれの項目について解説します。

① 受容の懸念（受容懸念）

自分がメンバーとしてチームに受け入れられるかどうかに関する懸念です。この懸念があると、受け入れてもらうために、メンバーは受け入れられやすい自分を装うことになります。また、感情的な対立を避け、表面的に関わるようになります。

私もプロジェクトチームに途中から参加したことが何度かありますが、最初は元からいたメンバーに受け入れてもらえるか不安で猫をかぶり、本音を隠して、様子を窺《うかが》っていました。時間の経過とともにそうしたことが解消する場合もありましたが、ずっと解消せずに、いつまでも何とはなしの不安と居心地の悪さを感じながら仕事をしていたチームもありました。そういうチームでは、何か意見を求められても無難なことだけ口にし、あまり積極的には発言をせず、目立たないように、自分に与えられた役割だけをそつなくこなしていました。こうなると、他のメンバーと同じチームで仕事をしているという実感は、最後まで持てませんでした。

受容の懸念が解消されていく――つまり、受け入れられていると感じると、次第に本音が出始めます。そうなればなったで意見の相違が明らかとなり、最初は混乱に陥ることも多々あります。しかし、メンバーどうしが次第にそれを受け入れられるようになると、信頼関係が芽生え始めます。本音の会話が交わされると、相手を素直に受け入たり、自然体な自分を他のメンバーに受け入れてもらいやすくもなっていきます。

②コミュニケーションの懸念（データの流動的表出懸念）

これは、メンバーが「自分が本当に感じていること、見ていること」を、そのままいってよいのかどうかについての懸念です。チームへの信頼がない場合には、メンバーは自分の感じたこと、見たことを隠し、表面的な会話に終始したり、時には自分の感情を否定したりもします。

私も、いいたいことがあっても、いってしまうと場の空気が悪くなるのではないかと感じ、遠慮して言葉を飲み込んでしまうことがありました。受容懸念が解消される（自分が受け入れられたと感じる）と、思ったことをいいやすくなってきます。

この懸念を解消すると、人々は自分の考える憶測で行動することを止め、お互いの意思を確かめて、適切に行動できるようになります。

③目標の懸念（目標形成懸念）

チームへの参加の動機は、一人一人違います。その中で「チームがいま何をしているのか？」とか「やらされている感じだ」などといった懸念が生まれることがあります。――これが目標の懸念です。

たとえば、中心人物が目標を作り、その意図を詳しく説明せずに実行することだけをメンバーに提示したりする、いわゆる指示・命令が多いと、こうした懸念は生まれやすくなります。

右の二つの懸念（受容の懸念、コミュニケーションの懸念）が解消されると、チームの目標や自分の目標についての懸念も、メンバーは遠慮なく話せるようになります。本音で語るうちに目標の理解も深まると、やらされ感が解消され、目標に対する気掛かりがなくなっていき、個々のメンバーが自分本来の動機に基づいて行動できるようになり、課題への取り組みが主体的になっていきます。与えられた目標という「他人事」から、自分たちの目標という「自分事」に変わっていくのです。

私は以前、ある短納期のプロジェクトのリーダーになったことがあります。納期が短いので、私としては取り掛かりを早くしたいと考えていました。そこで、メンバーを集め、プロジェクトの目的と目標を話しました。このときは特に質問も出なかったので、皆が理解してくれたものと安心し、作業を進めました。

そのプロジェクト自体は納期を死守でき、完了したのですが、後でメンバーの話を聞いてみると、本当は目標がよく理解できていなかったといわれました。理解できてはいないが、改めて聞くことも憚られ、途中からモチベーションは下がっていたと聞き、驚きました。

目標は最初に説明して終わりではなく、作業途中にもメンバーから疑問が持ち上がることがあります。そのときにコミュニケーションの懸念が下がっていると、率直に疑問の声が上がり、対処することができます。特にプロジェクトなどが開始される当初は、受容やコミュニケーションの懸念が高い状態（思ったことを話しづらい状態）のときが多いので、目標に対して懸念が表明されなかったからといって安心はできません。

私は、それ以降、プロジェクトが進み始めて少し時間が経過したら、そのプロジェクトの作業内容だけでなく目的や目標、進め方について皆がどのように感じているかをメンバーどうしで話し合うことにしました。これは、懸念の解消に非常に効果的でした。

④リーダーシップの懸念（社会的統制懸念）

これは、活動の中で「誰かリーダーシップをとって進めてほしい」とか「この作業は誰がするのか？」など、メンバー間の影響の及ぼし合いに関わる恐怖と不信感から生まれる懸念です。これが解決されていないと、他のメンバーを統制するために、さまざまな説得的な手段を用いようとするようになります。あるときは忠告を与えたり、またあるときは討論や議論などで論争的に話し合いを進めたりします。

誰がどのように決めるのかについてモヤモヤしつつも、そのようなことを発言したら他のメンバーからどのように見られるのだろうか（「ずいぶんと張り切っているな」「自分がリーダーをやりたいのでは？」「言い出しっぺの人がやれば？」）といった懸念です。

これも、前述した懸念を解消し、本音で話し合う中で解決されていきます。

これが解決されると、役割分配の変更も容易になり、互いに影響を及ぼし合いつつ、お互いの強みを活かして効果的に活動を進めることができるようになっていきます。

「関係の質」を高めるとは？

「関係の質」を高めるとは、この四つの懸念を解消させていくことです。チームの中に、互いに警戒心を持つような防衛的な風土がなくなり、メンバー相互の信頼関係が深くなっていくことです。メンバーは開放的な風土の中で気楽に、あるがままに過ごせる。互いにいいたいことを言い合える。そして、互いに相手を、あるがままに受け容れる――ことができている状態です。

ギブは、集団の活動の中でこれらの4つの懸念は、受容→データの流動的表出→目標形成→統制の順序で発生し低減すると考えています。ただ、この基本的なヒエラルキーもそれぞれの懸念で同時的にかつ相互依存的に発展していくものですから、4つの懸念の低減が相互に働き合ってグループは成長していくと考えられます。ときには、グループの中で手続き論が話され、一見統制懸念を処理しているように見えても、その根底には受容懸念があり、その受容懸念を解消しようとする試みであることも考えられます。

（南山短期大学人間関係科 監修／津村俊充、山口真人 編『人間関係トレーニング ― 私を育てる教育への人間学的アプローチ 第2版』2005年、ナカニシヤ出版刊、70ページ）

※著者注：ここでいわれている「統制」は「リーダーシップ」に置き換えてもよいと考えます。

解消のステップとして、最初に受容の懸念とコミュニケーションの懸念を解消させていき、思ったことがいえる状態にして、その後で目標の懸念、リーダーシップの懸念を表明し、解消させていきます。

これら四つの懸念がどのような状態か、そして、それの解消ができているチームと、できていないチームの特徴をまとめると、次ページの表のようになります。

懸念を解消するためには、まずは、その懸念を表明することが必要です。仕事が忙しくてコミュニケーションがほとんどなければ、懸念を表明することができません。その場合は、あえて機会を作る必要があります。懸念は、定例の会議などで表明されることもありますし、また会議など改まった場ではなく普段の会話において表明されることもあります。

そうした懸念が表明されたときには、メンバーは適切に対処することが大切です。適切な対処とは、まずはその発言を受け止めることです。そして次に、自分が思っていることを、感情的対立に至らな

	気掛かり（懸念）	解消できていないチームの特徴	解消できているチームの特徴
①受容	• ここにいていいのだろうか • なんとなく居心地が悪い • どうしたら他のメンバーから認めてもらえるようになるのだろうか	• 自信喪失 • 他者不信	• 相互信頼 • 相互受容
②コミュニケーション	• このことをいったら、どう思われるだろうか？　悪く思われそう • 思ったことをいったら関係が悪くなりそうで怖い • 本音をいうと空気を悪くしてしまいそうだ	• 遠慮 • 慇懃無礼 • 対立を避ける • 一般論の会話	• 自由、率直 • 主体的、自主的 • 対立を恐れない • 気持ちを話せる、本音の会話
③目標	• 何をしたいのかよくわからない • 何をすべきかわからない • 何でするのか腹落ち感がない	• 他責（うまくできなければ、誰かのせい） • いわれたことだけをする	• 自責（自分ができる貢献を探す） • やるべきことがわかっている
④リーダーシップ	• この仕事の進め方ではダメだけど、意見するとやらされそう • 出しゃばりと思われたくない • あの人に仕切られたくない • どうすればメンバーに影響力を及ぼすことができるか	• 依存 • 役割が固定化 • 仕事の押し付け合い • 手続き、ルールに囚われる	• 相互依存 • 役割が流動的 • 仕事は適材適所の人に • 手続き、ルールに縛られない

いように、率直に話すことです。

メンバーが懸念を表明しても、それを無視したり、話を逸《そ》らしたり、否定したりすると、どのような懸念も解消されません。

また、懸念を表明することで意見の対立が起きることはありますが、そこから感情的な対立に至らないようにする方法を知っておくことも大切です。せっかく懸念を表明したのに感情的な対立が発生し「関係の質」が悪化したのでは本末転倒です。


安心して懸念を話し合うためには、相手の話を深く聞き、それに対する考えを批判的にではなく述べる方法が必要です。また、対立が発生してもそれを建設的に解消していく術《すべ》も、知っておかなければなりません。

最終的にはメンバーの全員がこの方法を身につけることが大切ですが、まずは、あなたがお手本となることから始めてください。


リーダーは、チームに現時点では何の問題もないからといって安心してはいけません。問題がなくなることはありません。問題の質が変わっていくのです。

特に、どのような懸念が表明されているのかに耳を澄ませてください。受容→コミュニケーション→目標→リーダーシップ――どの懸念が表明されているでしょうか？　先に進むほど「関係の質」が高くなってきたといえます。

何の懸念も表明されないのは健全なことではないのかもしれないと疑ってください。懸念が表明されたときこそがチャンスです。その懸念を丁寧に取り扱うことが大切です。

以下では、まずは最も基本となる「相手を受け止めて聞く技術」、「自分の考えを述べる技術」を説明します。そして、次に「対立が発生した場合に関係を悪くしない技術」を解説していきます。

第1章

受容

組織を健やかにする方法

受け入れること

何か発言すると必ず反論が返ってくる。そう思うと発言の意欲が高まらない。反論それ自体は受け入れられるが、自分の意見を理解してもらったうえでの反論と感じられない。つねに揚げ足を取られているように感じてしまう。

反論が怖くて、自分の意見をいえない。いいたくない。これからは無難な一般論を口にしよう。これならば、たとえ反論されても「みんな、だいたいそう思っていますよ」とかいって、自分が傷つかずに済む。

――チーム全体がそんな雰囲気で、建設的な意見が出ることはない。たまに意見を褒《ほ》められるときもあるが、何が良い意見で何が悪い意見なのか、上司の判断基準がよくわからない。上司は論理的に考えることが必要というが、お互いの意見を論破し合うことで、皆のやる気がなくなってきたように感じる。

早くこのチームから離れたい。仕事をしていて楽しさを感じられない……。

※病んでいる組織の兆候：チームにいて楽しくない。居場所がない。発言が即座に否定される。

良いチームにするためには「関係の質」を良くする必要がある。そして「関係の質」を高める第一歩は受容懸念を下げることだ――というのが、本書の主張です。たくさんの組織が、この第一歩目からつまずいています。組織を機能させるために、いろいろな研修を実施したり、さまざまな取り組みを行ったりしたとしても、この第一歩が十分でないと、長期的に見れば効果は上がりません。

受容とは、受け入れるということです。人は、相手を心から受け入れる気持ちを抱き、そのことを相手に伝えられれば、相手の成長を助けることができます。自分との関係の中で相手は成長し、建設的な変化を遂げ、創造的な問題解決の力を身につけて、精神的にも健康になり、自分が持っている可能性を最大限にまで伸ばせるのです。そして、結果として、チーム全体として創造的な考え方ができるようになっていきます。

企業が社員に求めるキーワードとしては、「自分から動く」「自発性」「自分発」などが、よく挙げられます。裏を返すと、普段の状態として「いわれてやる」「やらされ感」などがよく見られるからではないかと思います。

しかし、自ら動かない人に、いくら自分から動くことの大切さを述べたり(説得)、自発的なことをすれば褒美を出す(報酬)、あるいは、動かなければ居場所がない(脅迫)と脅したりしても、うまくいきません。大切なのは、自分が受け入れられているという安心感です。そのベースがあるからこそ、危機感を覚えたときに、その原因に立ち向かおうという気持ちにもなりますし、現状に満足せず、より上を目指そうとも思うのです。

受容するとは「認める」ということですが、具体的には、相手の「何を」認めるかということが重要になってきます。相手のすべてを認めるとなるとハードルが高いうえに、そもそもそれはどういうことなのか漠然としています。

大切なのは、何を受容するか、そして受容できない場合にはどうすればよいかを知っておくことになります。

コミュニケーションで相手に発信していること

受容するか否かということについて、何が対象となるかを考えてみましょう。まず相手と言葉などを使ってコミュニケーションするときに、相手から発信される情報があります。それは、次の三つです。――すなわち、感じていること（**知覚**）、気持ち（**感情**）、考えていること（**思考**）です。あなたが誰かに何かを話すときには、必ずこの三つのどれかのことになります。具体的には、暑いとか寒いといった知覚的なこととか、嬉しいとか悲しいといった気持ちに関わること、あるいは今度の組織目標について思っていること（考えていること）などです。

それ以外にも、その人が何かをするときの態度や行動も、周囲に何かを発信しているといえるでしょう。不貞腐れた表情をするときもあるでしょうし、率先して何か行動することもあるでしょうが、いずれも「**発信**」です。そして発信には、その行動が引き起こした結果も含まれます（たとえば、営業活動をして受注したという成果（結果）も、発信ということになります）。

——以上を整理すると、次の六つになります。

○コミュニケーションについて
　①知覚　②感情　③思考
○目に留まる動作・行動について
　④態度　⑤行動
○最終的な結果について
　⑥結果

人は、これらのいずれかを発信していることになります。

相手が「自分は受容されている」という実感を高めるうえでは、①②③についてはすべてを認めることが大切です。たとえば、ある人が「うわぁ、寒いなぁ……」（知覚）といっているのを聞いて「この程度で寒いなどといっているようではダメだよ」といえば、その人を否定することになります。それに対して「そうか、寒いと感じているんですね。でも、私はそうでもないと感じていますよ」と一度受け止めたうえで自分がどう感じているかを伝えれば、それは否定にはなりません。

感情については、ある人が「すごく情けなく感じている」（感情）といっているのを聞いて「そんなことないよ」といってしまうと、これも否定になります。励ますのはよいのですが、否定になってはいけません。ここは、いったん相手の気持ちを認めたうえで「そうか、情けなく感じているんだね。でも僕は、よくやったと思っているよ」という言い方もできます。これならば、受容されたと相手は感じやすくなります。

思考についても同じです。「私はこう思います」（思考）と聞いて「それは間違っているよ」というと、それは頭ごなしの否定です。この場合は「なるほど、そう思うんだね。その理由は?」と理由を尋ね、その後「そうなんだね。でも僕は、違う理由から異なる意見を持っています」といえば、相手は否定されたと感じにくくなります。理由も聞かずに意見を頭ごなしに否定するのではなく、理由を尋ねたうえで異なる意見を持っていることを表明し、話します。仮に相手の考え方が誤っていると思うのであれば、いくら否定し、幾度繰り返して説得したとしても、相手の考えは変わりません。自ら自分の考えの誤りを理解できたときに、人は自分自身で考え方を変えるのです。

コミュニケーションにおいては、相手を評価の目で見てしまうと、受容が難しくなってきます。相手の発言を受けて、よくやってしまう誤りを以下に掲げます。

「うわぁ、寒いなぁ……」と聞いて「この程度で寒いなどというのは気合が足りない証拠だ！」（決め付けによる評価）とか、また「すごく情けなく感じている」（感情）と聞いて「やれやれ、この程度でそう感じるなんて、まだまだ経験不足だなぁ」（自分の経験に基づいた評価）とか、さらに「私はこう思います」と聞いて「まだそんな考え方をしているとは信じられない……」（自分の価値判断による評価）などと返したようなことはありませんか？　こうした評価を言葉に出さずとも心の中でしてしまうと、それが自分の態度や表情に表れて、相手にも伝わってしまいます。それでは、あなたの受容は相手に届きません。

コミュニケーションの知覚・感情・思考の三つについては、受容をするだけで、受容懸念はかなり下がります。人は自分の感じていることや考えを受容されたら、成長したくなる生き物です。それは、子どもが成長していく様を見ると、よくわかります。子どもは、安心できる環境――つまり、自分の感じている知覚や感情、思考について否定されず、受け入れられれば、いろいろなことに好奇心を持ち、何にでもチャレンジします。立って歩くことにしても、何度転んでも立ち上がり、再チャレンジします。そして、好奇心を持って取り組んでいることには、疲れ知らずです。本来、私たちもそうなのです。本当に安心できたときには現状に満足しなくなり、動き出すエネルギーが内側から生まれます。受容とは、いってみれば成長のための土壌です。成長するのは、あくまで自分自身ですが、成長するためには栄養のある土が必要なのです。

次に、動作についてです。まず態度ですが、いわゆる模範的な態度――たとえば、人の話を聞くときには手を止めて聞く、約束の時間には遅れないなどのような態度をとる人は、受容しやすいだろうと思います。しかし、話を聞かなければいけないときに違うことをしていたり、そのことを指摘すると見るからに反抗的な態度をとったりするような人は、受容しにくいと思います。普段の仕事ぶりが不真面目な人についても、その態度や行動を受容するのは難しいでしょう。

受容できないことは受容できないと、はっきり伝えるのが大切です。受容するとは、甘やかすことではありません。態度については、受容したことはしっかりと伝え、受容できないことについては自分の考えを伝えます（その際の効果的な伝え方については、第2章で詳しく述べます）。

さて、次は行動についてです。これにも、受け入れやすい行動と、そうでない行動があります。何度も顧客先に通って商談をまとめようとしているような行動は受け入れやすく、一方で最初から目標達成を諦《あきら》め何の行動も起こさないのは受け入れにくいでしょう。卑近なところでは、挨拶《あいさつ》をしないという行動も一般には受容し難いと思います。――態度と同様、ここでも、受容できたことは伝え、受容できないことについては受容できない旨を伝えることが大切です。

最近は、部下を叱ることに苦労しているという声をよく聞きます。厳しくいうとパワーハラスメントになるが、だからといって何もいわなければいつまでも改善せず、職場にとっても本人にとっても良くないと感じている……。そうしたことを話す機会を作るために飲みに誘うと断わられ、しつこく誘うと、これもパワーハラスメントになってしまう、との悩みです。

叱るところの一場面だけを切り取って、上手に叱ろうとしてもうまくいきません。なぜなら、叱るためには、お互いの信頼関係がベースとして出来上がっていなければならないからです。信頼していない人からの指摘など、誰しも聞きたくありません。上手に叱るには、普段のコミュニケーション（①感覚／②感情／③思考）で受容していることです。ここで受容し、信頼関係を高めておき、指導すべき④態度や⑤行動についてはは受容できないことをはっきりというのです。本音で話そうと飲み会を設定しても、普段のコミュニケーションで信頼関係が築けていないと、結局は上司の説教時間になってしまいます（しかも、その話は誰も聞いていません）。

最後に、結果についてです。良い結果が得られたときには受容し、そうでないときには受容しないということをしていくと、結果を残さないと認められないというふうにメンバーは感じてしまいます。結果というのは、どれほど頑張っても達成できないこともあります。結果だけで判断されると受容は高まりません。そういうことをしていると、メンバーは皆、次第に結果さえ出せばよいという考え方になってきて、結果が出なければ居場所はない雰囲気になり、チームワークは崩れていきます。

態度も良く、行動もしている……それで結果が出ないのであれば、時の運がなかった、または仕事の難易度とその人のスキルとがマッチしていなかったのです。その場合は、再チャレンジを促すか、

種類		受容できない場合	よくいってしまうNGワード
①知覚	すべて、いったん受け止める	なぜ、相手が感じていることを否定したくなるか、自分の気持ちを内省してみる	「そんなことないよ」
②感情			「気にするなよ」
③思考		理由を尋ねて自分の意見を述べる	「それは間違っているよ」「その考え方はダメだ」「もっと良いやり方があるよ」
④態度	受け止められない場合もある	受容できないことを伝える	「その態度、やる気があるのか!」(決め付け)
⑤行動			
⑥結果	(結果だけで)評価しない	態度や行動に問題がないのであれば、仕事の難易度と本人の能力のバランスを検討することも考える	「どうして結果を出せないんだ?」(尋問)

仕事の難易度を下げる方法を考えるか、トレーニングをしてその人のスキルを上げるかしなければなりませんが、ことによっては、その仕事自体その人にマッチしていなかったのかもしれません。――いずれにせよ、結果に関していえば、うまくいけば共に喜び、うまくいかなければ対策を考えるということになります。そして、メンバーの態度や行動について受容できない点があれば、それを伝えていきます。

①知覚、②感情、③思考は、相手の中に自然に湧き起こることなので、これは受容するしかありません。そのことは自分自身にも当てはまります。たとえば、自分が「寒いなぁ……」と感じているときに「これぐらいで寒いと感じているようではダメだ!」とするのではなく「寒いと感じているなあ。でも、やるべきことに集中して、寒さを忘れてみよう!」というふうに、いったん受け止めます。

自分の中に湧き起こる知覚・感情・思考は、人にとって最も頼りになる土台（ベース）です。そこが信じられるからこそ、別の思考を受け入れることや、態度や行動を変えていくこともできるのです。この点が受容されていないと感じると、人は自分を守ろうとするあまり「防衛的」になってしまいます。自分と異なる考えや意見に対して自分を晒すことに抵抗します。防衛的な状態で創造的な思考を行うことは不可能です。――受容されていると感じた人は、自分とは異なる意見に接し、たとえそれが自分の考えを変えるようなことであっても、それを恐れず受け入れることができます。

私もかつてよくやっていたことなのですが、態度に問題がある（受け入れられない）部下に対して、普段のコミュニケーション（知覚・感情・思考）で受容せず、結果が出ている間は何もいわずに、結果が出なかったときになって態度についても厳しく指摘してしまっていました。これを続けると、部下との信頼関係はなくなり、部下には上司に対する恨みだけが残ります。それでもそのときは力関係で従うかもしれませんが、長期的に見て、そのようなやり方で良いパフォーマンスを維持するのは難しいでしょう。

コミュニケーション（知覚・感情・思考）の部分で相手を受容し、信頼関係を築きながら、容認できない態度や行動については結果の如何に拘《かか》わらずきちんと伝えるようにすると、相手は変わるきっかけを得ることができます。優れた上司や先輩を見ると、自然にこれができています。

企業から研修の依頼を受けるときに私は「うちの会社の人は変わろうとしません。やる気がないのです。いまのままではダメだと、先生からわからせてやってください」といわれることがあります。現状を打破したいと思う気持ちはよくわかるのですが、いきなり現状に対して否定的・批判的なメッセージを送り、いまのままではダメということを伝えれば伝えるほど、相手の心は離れ、良くない現状をますます守ろうとしてしまいます。

こういう依頼に対しては「見方を変えて、変わるための土壌を少し整えてみましょう。エネルギーを少し送ると元気になって、自ら変化しようという雰囲気になりますよ」と応え、研修の中で次のようなメッセージが感じられるような内容を提案します。

「どう思うかを表現する権利が、あなたにはあります」
「意見や感情を持った一人の人間として、あなたを尊重します」
「あなたから何かを学びたい」
「あなたがどう考えるかを知りたい」
「あなたの意見は人に聞かせる値打ちがある」
「私はあなたに関心がある」

どれも、①②③についての受容のメッセージです。この後に危機感や目指すべき目標を考えると、次第に④態度や⑤行動が前向きになり、最終的には建設的な変化に対するアイデアが生まれてきたりもします。

人として受容された安心感の中でビジョンと危機感が共有されると、内部から創造的な変化が生まれるのです。

相手を受容することと、それを伝えること

相手の受容懸念を下げるためには、二つのことが必要です。

①相手を受容すること
②受容している気持ちを伝えること

この二つは、それぞれ別なことです。相手を受容できても、その気持ちを相手に伝えることができなければ、相手に影響を与えることはできません。また、気持ちを伝えることができても、相手を受容できなければ、これも相手には影響を与えません。

①の「相手を受容する」ということについては、相手を受け入れるために頑張らないといけない、

腹が立っても我慢しなければならない（私はリーダーなんだから、課長なんだから……）というふうに受け取られたかもしれません。しかし、受容の最初は、まずは自分自身を受け入れるということです。つまり、リーダーだって管理職だって、受け入れられないものは受け入れられない、嫌なものは嫌なのです。――首尾一貫していないかもしれません。実際問題、相手を受け入れるかどうかには、そのときの体調なども大きな影響を与えます（身体の調子が良いと同じことでも受け入れやすくなる一方、体調不良のときはそうではなくなります）。

首尾一貫していないなどリーダーにあるまじきことかもしれませんが、しかし、そう感じる自分の気持ちをまず認めてください。たとえ完全でなくても、ありのままの自分自身もいいではないかと受け入れることです。そのような自分を受容できると、相手のこともまた受容しやすくなってきます。

私自身も、誰のどんな行動や発言に対しても受容できるようになりたいとは思いますが、残念ながら受容できないこともたくさんあります。器量の小さい自分が嫌になるときもありますが、聖人君子ではないのだし、自分も普通の人間なのだと許しています。ただ、成長して、もっといろいろなことを受容できる自分になりたいとは願っています。

自分を受容する（自己受容度）　↓　相手を受容しやすくなる（他者受容度）

相手を受容するために自分らしさを捨てる必要はありません。本当は相手を受容していないのに、相手を受け入れるフリをする必要もありません。不自然な態度は長期的な関係では必ず見破られてしまいます（受け入れられないことを、相手との関係を悪くせずに伝える方法については、第2章で説明します）。

大切なポイントは、自分自身が受容できているかどうかがわかる、ということです。相手を受け入れられない、そのときに覚える感情――つまり、自分の気持ちを、自分で認識できているということです。役割を意識し、頑張りすぎていると、次第に自分の気持ちがわからなくなってきます。ありのままの自分でいること――そのためには、いま自分がどんな気持ちでいるかを感じられることが大切です。

かくいう私自身、長年の仕事生活で、自分の気持ちに蓋をすることが普通になっていました。嫌なことでも我慢するしかない、仕事なのだから、役割なのだから……と。相手の好き嫌いをしてはいけない、部下を公平な目で見ないといけない、お客さんの成功を心から願わなければならない……と。

そうした考えが習慣になると、だんだん自分の気持ちがわからなくなってきました。気持ちを感じることよりも考えることが先にきてしまい、このケースは役割上どうあるべきかで考え、自分の気持ちは後回しになりました。役者がつねに何かの役を演じているようなものです。

その状態が続くうちに、うまくいかないとイライラしたり、理由もわからず腹が立ったりするようになりました。さらに、自分が我慢しているのだからといって、部下にも当然「こうあるべき」という期待をし、それが裏切られたといっては腹を立てていました。

当時は、自分の感情がわからなくなってきたことも私はわかっていませんでした。ありのままの自分というのはどういうことなのかを見失っていました。その後、ある研修に参加したときに、自分の気持ちについて自分で説明できないことに気がつき、愕然としました。他人の意見に対して、考えは述べることができるのですが、自分の気持ちをいうことはできませんでした。

――ここまで読んで「私にも当てはまる。私も自分の気持ち（感情）がよくわからない」と思った方は、まだ自覚症状がある分、比較的軽症といえます。私のように幾重にも感情を覚えない鎧《よろい》を着込んでしまったら、それすらわかりません。誰しも多少の経験はあるでしょうが、理由のわからないイライラ感や不快感、不安感を感じることが多くなり、その感情がどこから芽生えているかわからないのであれば、もしかすると私と同じ「感情の迷子」になっているのかもしれません。しかし、たとえ迷子になっていても、自分が何を感じているかを意識するようにしていれば、次第に感情を元に戻すことができるようになります。

感情（気持ち）

感情とは、心の中で動く何らかの意識です。言葉で表すと、怒り、恐れ、寂しさ、悲しさ、喜び、驚き、満足、安心などです。私たちには日常生活の中で絶えず何らかの感情が起きていますが、それは、どのように表現されているでしょうか？

ビジネスでは、感情についてはあまり取り扱いません。どちらかというと、ビジネスは感情と切り離して考えるべきであり、むしろ感情を覚えないようにすることが求められています。「感情を表すのは良くない、感情を抑えるのは良いことである」――しかし、感情は人間にとって自然なものです。否定したり我慢したりする感情は自分の中に蓄積され、その結果、私のように自分の感情がわからなくなって自分らしく振る舞えなくなったり、精神的に不健康になってしまったりします。

かつて私は、会社で「君がどう思おうと、やるべき仕事の遂行には何の関係もない」とか「とにかく納期を死守してくれ、ただそれだけだ」などと、よくいわれました。そのような状況で迂闊《うかつ》に気持ちを表明すると、全面的に否定されることになったため、以後、自分の心が傷だらけになることを恐れて感情を隠し、何も感じないようにして、仕事を続けていきました。そういうことが積み重なっていくと、長期的には自分で自分を受け入れられず、結果として他者をも受け入れ難くなって、チームの「関係の質」も良くはなりませんでした。ただ、いまにして当時を振り返ると、それは私が自分自身を守るためにも、やむを得なかったことなのかもしれないと感じます。

少し話は逸《そ》れますが、機械と人間の違いの一つは感情のあるなしです。豊かな感情は、これからのビジネスには必要です。いろいろなことから何かを感じ取れる感性こそ、ＡＩにはできない、人間独自のものです。ビジネスが社会や人を豊かにしていくための手段であるならば、感情を大切にすることがビジネスの感度を高めることにもつながります。

感情とは

emotion（感情）という語はラテン語の動詞emovereからきているが、これは〝進み出る〟という意味である。それはつまり、自分のせまい自己から進み出て世界に直面すること、またその裏の含みとして、この世界を私の世界として体験するために、私自身に立ち戻ることを意味している。

（南山短期大学人間関係科 監修／津村俊充、山口真人 編『人間関係トレーニング ―私を育てる教育への人間学的アプローチ 第2版』2005年、ナカニシヤ出版刊、99ページ）

○感情に気づく

まずは、感情（感情を覚えること）はビジネス（成果目標を達成しつづけるチームを作ること）に役立つという認識を持つことが大切です。

(1) 感情に支配されない

感情に支配されないというのは、感情を否定したり無視したりすることではありません。否定したり無視したりすると、逆に、感情に支配されてしまいます。たとえば、怒りを感じながら怒ってはいけないといつも自分に言い聞かせ、自分の感情を否定していると、次第に自分が怒りを感じているかどうかさえわからなくなり、その怒りの感情が自分の内側に積もって、理由のわからないイライラ感や不安感に苛まれるようになったりします。そして、何かのきっかけで溜めていた怒りが一気に爆発したりもします。身近に、よくイライラしている人、感情的に怒りを表す人（自分の案が通らないと大声で威嚇したりする人）はいないでしょうか？　この状態こそ、感情に支配されている状態といえます。

感情に支配されないためには、自分の感情を認識することが大切です。感情を押さえつけていると、逆に、感情に支配されやすくなります。

感情の認識度　→　冷静度　→　理性的な行動

感情に支配されないことは、自分の中に起きている感情に注意を向けることによって可能になります。感情に注意を向けるということは、どのような状況・出来事が生起するとどのような感情が自分の中に起きるのかを探っていくことです。

・感情は、自分の制御を一切受けつけない異質で敵対的なものではなく、現実に対する私の反応を表わすものとして欠くことができないのだ。

- 感情は、私の外にあって、私の冷静さを危うくし、自制の垣根を押し破るもののようにもみられよう。しかし果たして、その〝もの〟が〝私〟でないと心から信じることができようか。私自身がそのまま私の感情なのであって、感情を否定するなら、それは私自身を否定することになる（カームら、1975）。

（南山短期大学人間関係科 監修／津村俊充、山口真人 編『人間関係トレーニング ―私を育てる教育への人間学的アプローチ 第2版』2005年、ナカニシヤ出版刊、99ページ）

(2) 自分の感情に注意を向ける

感情は、そういった心持ちが起きた状況や出来事は自分にとってどのような意味があるのかを知らせてくれる手掛かりになります。

たとえば、嫌だなという不快な感情が起きたとき、自分は何に対して不快だと感じたかのかを考えてみます。それは、自分に向かって否定的な発言をした相手の態度に対してかもしれませんし、自らを偽って話をした自分自身に対してかもしれません。そこから、自分の大切にしている価値観や、どう考えるかという自分なりの方法（考え方）に気づくことができます。

私も、モヤモヤとした気持ちを感じたときには、それがどこから起きてきたのかに注意します。そして、たとえば、それがお客様からのメールの、ある言葉に起因していたと突き止めます。そこで、その言葉を自分がどう捉《とら》えたかを考えることになりますが、そのように追求することで、そういった捉え方は適切なのだろうかと、自分の考え方や行動などを点検するきっかけを得ることができます。感情は心の声であり、私たちに大事なメッセージを伝えています。その声を受け取り、耳を傾けるのは大切なことです。自分の感情が起きてきた源《みなもと》がわかることで、冷静にもなれます。

自分の感情に気づくことができれば、相手の感情にも気づくことができます。自分の感情を尊重するのと同じで、相手の感情も尊重できると、最終的には相手を「受容」することにつながっていきます。感情に注意を向け、それがどこから発生したかを点検する――言葉にするとたったの一行ですが、人間関係を築くうえで、これは非常に大きな効果のあるスキルです。

出来事 → 解釈 → 感情

感情の役立て方

① 自分の感情に気づいていること

何らかの感情が起こったとき――特に強い感情の場合には――、すぐに気がつくのは難しいかもしれません。そういうときは、一呼吸、二呼吸して、その感情に注意を向けてみましょう。

②自分の感情を認めること（無視したり否定したりしないこと）

ネガティブな感情は――そうあるべきでないと思える感情であっても――無視しないことです。

無視したり否定したりすると、それはますますエスカレートしてしまいます。

嫌だなという、最初は比較的軽い感情も、それをそんなふうに感じてはいけないと否定していると、だんだん腹が立ってきて、次第に強い怒りに変わっていきます。

③自分の感じていることを自分の感情として捉《とら》えていること（自分の行動と感情には自分に責任があるのだと知っていること）

たとえば、誰かにひどいことをいわれて腹が立ったとします。腹が立つという不快な感情を引き起こしたきっかけは相手の発言だったと思うかもしれませんが、その発言を聞いて腹を立てたのは、あくまでも自分です。その発言に腹を立てないという選択も、もしかしたらできたかもしれませんし（湧き起こってきた感情は自分のものとして受け入れるほかありませんが）、相手の発言を異なる意味に解釈したら腹を立てなかったかもしれません。

自分に責任があるとは、別の言い方をすると、自分で変えられるということでもあります。「こんな嫌な気持ちになったのは、あの人のせい」と他人の責任にしていると、自分自身がより適切な対処をする力を放棄してしまうことになります。「このように嫌な気持ちになったのは、あの人のあの発言を私がこういうふうに解釈したから」と考えることです。そうすると、湧き起こる感情自体は変えられないかもしれませんが、解釈を変えることによって異なる感情が得られるかもしれません。

自分に責任がある＝自分が悪い、というのではありません。自分に責任がある＝自分が変えられる、ということだと思ってください。

④自分の感情の源《みなもと》を探ってみること

表面的な感情の奥にある「深いところ」を探してみましょう。たとえば怒りの感情は、深いところでは、何かに対する恐れが潜んでいる場合があります。たとえば、部下が口答えをしたときには思わず腹が立ったが、それは「部下に口答えをされる→上司として無能と思われる→無能なら自分の居場所はなくなる……」といった、現状を失う恐れから発したものなのかもしれません。

⑤自分の感情を隠さずに述べてみること

怒りにしろ喜びにしろ、感情を表に表さないほうが人付き合いはうまくいくと思っている人も多くいます。しかし、感情を表現することは「関係の質」を高める上では大切なことです。感情は、その人間関係がどうなっているのかということがわかる指標でもあります。これをきっかけに関係のあり方を変化させ、改善させることもできるのです。感情を互いに共有することが、受容懸念を低減させていくことにつながります。

感情に気づき、感情を建設的に表現していくことが大切なのです（感情の建設的な表現については、第2章で述べます）。

——みなさんの周囲にも、感情がわかりにくい人はいないでしょうか？　実は、かつての私が、まさにそうでした。また、感情的な（感情に支配されている）人などもいませんか？　他者を大声で威圧したり、突然キレたり……。どちらのタイプの人とも、長期的に良好な人間関係を築くのは難しいと、多くの人は感じるのではないでしょうか。

嬉しいこと、悲しいことを表現し、時に怒ったり、対立が発生したりすることもありますが、自分の感情を素直に表現する人——つまり、自然体の、あるがままの人と一緒にいると、誰しも安心するのではないでしょうか。

受容するとは、自然体でいることです。ありのままの状態を認め、その気持ちを表現することなのです。

自分のことを受容してくれた人といると、自分も自然体で振る舞っていいのだと思える。思ったことをいってもいい。そのことで相手が腹を立てても、その気持ちも表現されるのだから……。

私が感情の迷子になったときに救ってくれたのは、自然体で振る舞う友人でした。泣いたり笑ったり思ったことを話したりする、ありのままの人——。その人と接することにより、私も次第に自分自身の感情に気づくことができるようになりました。

まさにそのとおりだ！　温かみのある、会話をしているときのような〝リビングルームでの話し方〟をするべきなのだ。〝プロフェッショナル〟で〝権威的〟、あるいは〝物事をわかったような〟〝リーダーのような〟話し方ではない。

自分がそうあらねばならないと考えているような、作りものの自分になることは忘れ去ることだ。本物の自分としてのあなたになること、それが自分自身であることなのだ。

（アーチ・ラストバーグ著／五十嵐 哲 訳『なぜ、この話し方だと成功するのか――あなたを売り込む最高の技術』2002年、PHP研究所刊、78〜79ページ）

第1章のポイント

○人には発信していることが六つある。

①知覚　②感情　③思考　④態度　⑤行動　⑥結果

○発信していることについて、受容することと、そうでないことを分ける。

①②③は受け入れる

④⑤は、場合によっては受け入れられないことを伝える

⑥は、受け入れる

これを間違えてしまうと、相手との信頼関係が築けなくなり、結果的に相手に影響を与えることもできなくなる。

○相手を受容するには、自分を受容する。

相手の①②③を受け入れやすくするためには、まずは自分の①②③をいったん受け止め、認めることが大切。

特に自分の感情を受け入れること。

○感情に気づく。

自分の感情を受け入れやすくするためには、自分のその感情に気づくことが大切。感情は邪魔者ではなく、これを上手く活用することで自分との関係も良くなり、他人との関係も良くなり、引いてはチームの「関係の質」を高めていく土台ともなる。

ちいさな実践の提案

1 四つの懸念の自己点検

自分の関わっているチームについて、四つの懸念の自己評価をしてください。

それぞれの懸念について、1は懸念が高い（低評価）、5は低い（高評価）という具合に、5段階評価をしてみてください。そして次に、その評価の理由を考えてみてください。

	5段階評価 1⇔5	評価の理由
①受容		
②コミュニケーション		
③目標		
④リーダーシップ		

2 感情を内省すること

生活の中で怒りの感情が湧いてきたときに「自分は何を恐れているのだろう?」「この怒りのもとになっている感情は何だろうか?」と内省してみてください。また、内省したときどのように感じたかを記録してみてください。

3 自分のコミュニケーションスタイルを点検すること

相手を受け入れられないときによく口にしてしまうＮＧワードがあれ

ばメモしてください。そして、それは、相手の何を受け入れられないときによく口にしている言葉なのかを記録してください。また、それをどう変えればよいかも考えて、次の機会にはそれを口にしてみましょう。

相手	よく口にしてしまうNGワード	どう変えればよいか?
①知覚		
②感情		
③思考		
④態度		
⑤行動		
⑥結果		

第2章

コミュニケーション

誤解なく意思疎通ができる方法

最近の若い人は、一から十まで聞いてくる。そして、いわれていないことはやらない。新しい提案をしてきたことがない。

指摘するとヘソを曲げてしまいそうで、なかなかいえない。下手をするとパワハラといわれかねない。——かといって、そのまま何もいわないでおくと、いつまでも改善されない。正直、どうしたらよいか困っている。

何を考えているのか、よくわからない。どう接していけばよいのか……。

こういう状況なので、社内の規律が良いとはいえない現状である。
※病んでいる組織の兆候：チーム内で、思ったことをいいにくい。いったことが正確に伝わらない。

コミュニケーションとは？

この章では、人の話を聞いたり、人に話をしたりという、基本的なコミュニケーションについて説明します。受容している（あるいは受容していない）気持ちをも相手に適切に伝えないと、影響を与えることはできません。

そもそもコミュニケーションとはどういうことでしょうか？　言葉としては一般的なもので、実際、いろいろなところでよく使われています。「最近の若い人にはコミュニケーションが苦手な人が多い」とか「うちの部署はコミュニケーションが悪く風通しが良くない」……などのように。

コミュニケーションはチーム活動にとって大切です。もっというと、社会で生きていくためには非常に重要です。にもかかわらず、コミュニケーションについて深く考えたりすることは、実はあまりないのではないでしょうか。なぜなら、それは、呼吸をするように、生きていくために当たり前に行い、何も意識せずに実行している動作なので、改めてコミュニケーションそのものについて考える必要などないと誰しも感じているからではないかと思います。

しかし、うまくいっていない（あるいは、改善の余地がある）ということは、どこかに問題があるということです。その問題を明らかにするうえでも、コミュニケーションとは何か、について理解を深めることは大切です。

『広辞苑』によると、コミュニケーションとは「社会生活を営む人間の間に行われる知覚・感情・思考の伝達。言語・文字・その他視覚・聴覚に訴える各種のものを媒介とする」ものだそうです。少し難しい表現なので簡単に解釈すると、「言葉などを使って、感じていること（**知覚**）、気持ち（**感情**）、考えていること（**思考**）を伝えること」です。そして、良いコミュニケーションとは、伝えたいことが相手にきちんと伝わること、といえます。

話をよりわかりやすくするために、自分の伝えたいことが相手に伝わる過程のモデルを説明します。

話す人を発信者、発信者のコミュニケーション内容を受け取る人を
受信者と名づけたコミュニケーションモデル

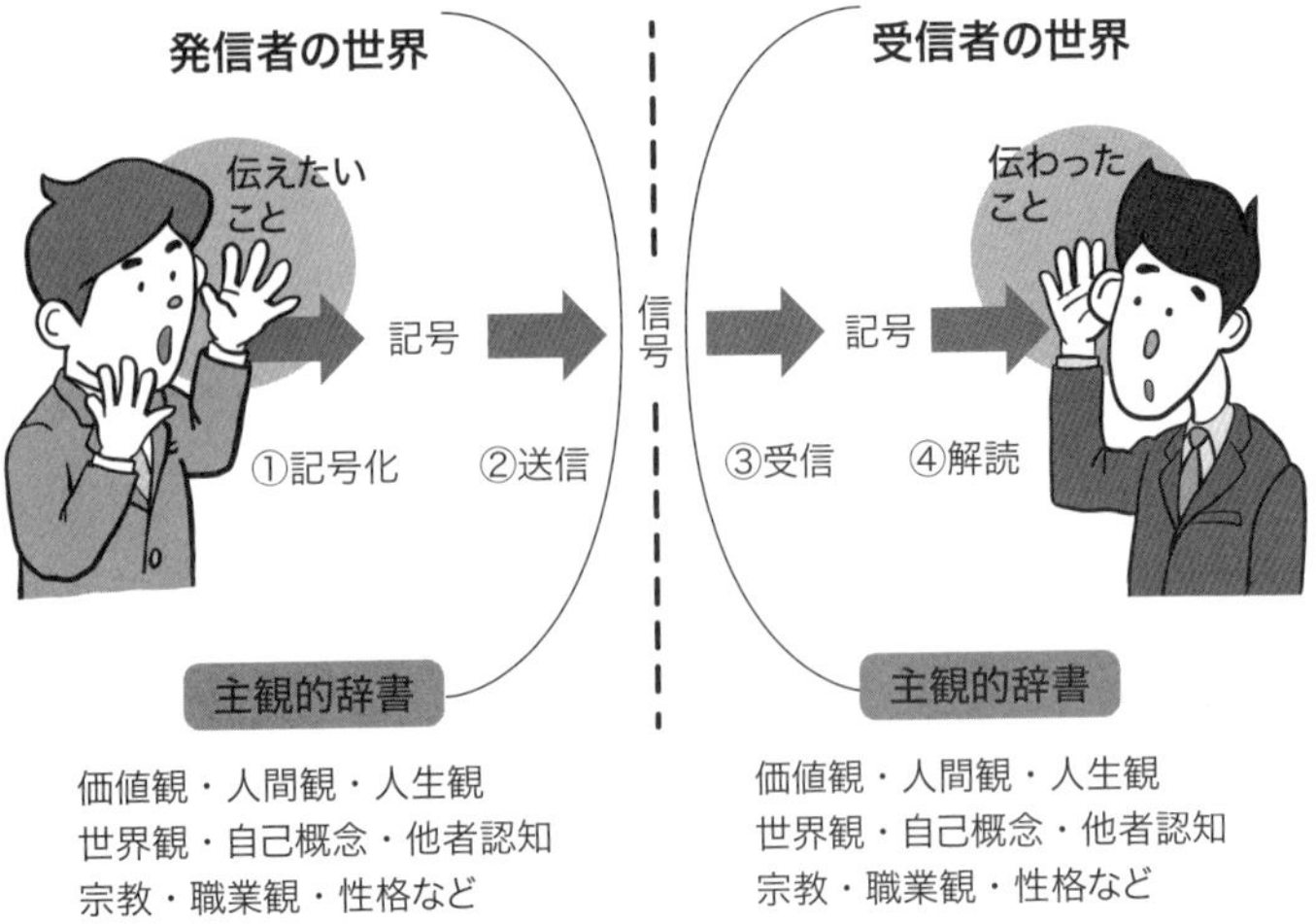

※ コミュニケーションプロセスモデル（津村・山口 2005）を参考にした、著者による作図
（津村俊充 著『プロセスエデュケーション：学びを支援するファシリテーションの理論と実際』金子書房、220ページ）

自分の伝えたいことが相手に伝わるまでには、四つのプロセスがあります。――①記号化、②送信、③受信、④解読の四つです。それぞれのプロセスに何か問題があると、最終的に（発信者の）伝えたいことが（受信者に）伝わらないということになってしまいます。

① 記号化

発信者は、まず自分が伝えたいこと（知覚・感情・思考）を、受信者に伝達できる言葉や身振り、表情に変換します。たとえば、空腹を感じたときに「おなかがすいたなぁ」と自分の心の

中で言語化するのが、このステップです。

私たちは、伝えたいことをすべて言葉にできるわけではありません。自分の気持ちを伝える場合も、ぴったりの言葉が見つかることもありますが、言葉にするのが難しいこともあります。そのときは、より自分の気持ちに近い言葉を選ぶことになります。

また言葉にしても、別の言い方をすることもあります。たとえば空腹のとき「おなかがすいたなぁ」以外に「昼ごはんの時間は何時にしますか?」といった具合です。

相手に伝わる適切な言葉を選択できないことや、うまく言葉にできないことが、このステップで起きる問題です。

②送信

記号化された言葉を発音したり、動作で示したりすることを「送信」と呼びます。たとえば、お腹を押さえながら「おなかがすいたなぁ」と発音するようなことです。言葉や語調としての聴覚的な部分と、ジェスチュアや表情などの動作に示される視覚的なことが信号になります。

ここでは、声が小さくて相手に伝わらないことなどが問題となります。

③受信

送られてきた聴覚的・視覚的な信号を受け取るステップを「受信」と呼びます。信号を、何らかの意味を持ったこととして理解することになります。

ここでの問題は、送信と同様に、周囲が騒がしかったりして相手の声が聞き取りにくいといったことになります。

また、相手の表情を見ていなければ、相手が送信したいことを見逃すことも起きてしまいます。ほかにも、相手の話が長かったりすると、最初にいっていたことを忘れてしまったり……ということも起こります。

④解読

受信した記号を、受信者の過去の体験や、自分の持つ価値観などと照らし合わせながら、送信者の伝えようとする意味を理解しようとする過程です。

私たちは、相手から受け取った記号を、自分の主観的な辞書で理解します。この辞書は受信者によりさまざまです。価値観、人間観、人生観、自己概念、相手に対する見方、宗教、職業観、性格など、たくさんのもので作られています。たとえば「おなかがすいたなぁ」という信号にしても、正確に受信したとして、送信者が日頃から仕事に真面目に取り組んでいないというイメージが強いと「仕事のやる気がないのだな」というふうに解読してしまったりします。


相手に何かを伝えるだけで四つのステップが必要であり、それぞれのステップにおいて誤解の生じる危険があります。こうして考えてみると、普段コミュニケーションが成り立っていることのほうが不思議かもしれません。だからといって、この誤解を少なくするために細心の注意を払わなければならないと考えると、何気ない会話も大変になりそうです。

誤解なく完全に伝え合うやり方をするということよりも、そもそもコミュニケーションは誤解を生じる可能性が高い、だから誤解が生じた事実に気がつくことと、それを放置せずに解消していくスキルを持つことのほうが大切だと考えるのが現実的です。

コミュニケーションでミスが発生した事例を紹介します。ある製造工場で品質検査の仕事をしている人がいました。その人に、品質に問題のある製品があったとの報告が現場から入り、その人は当該の製品を調査しました。その結果、製品の中に異物が混入していたことがわかりました。

その人は、後輩に「製品に異物が入っていたようだ。とっておいてね」といいました。後輩社員は「わかりました」といって、異物を取り除きました。その後、指示をした人が来て「とっておいてくれた?」と尋ねたところ、後輩社員は「はい、異物を取り除きました」と答えたので「えっ? そうではなくて、証拠として写真に撮っておいてねという意味だったんだけど……」と、そこで初めて誤解がわかりました。後輩は解読のところで「とっておいて」とは「取り除いて」という意味だと解釈したのです。

確認しながら聴く

この事例で考えると、どうすればミスなく伝わったでしょうか？　最も基本的な方法は、確認しながら聴くということになります。

先輩「製品に異物が入っていたようだ。とっておいてね」
後輩「はい、とっておくのですね」

この確認は、先輩の言葉をそのまま繰り返しています。これによって、受信の部分までのミスをなくすことができます。さらに、次のようにすれば、なお誤解が少なくなります。

先輩「製品に異物が入っていたようだ。とっておいてね」
後輩「はい。とっておくというのは、取り除いておくということですよね？」

今度の確認は、先輩の言葉を聴いて、自分の解釈を口にして（自分の言葉に言い換えて）います。この確認では、解釈の部分までのミスをなくすことができます。

先輩「違うよ。取り除くのではなく、写真に撮るんだよ！」

コミュニケーションの基本は、確認しながら聴くということです。確認することには、考え方だけでなく、感じていること（知覚）、気持ち（感情）も含みます。また、それらにはレベル（深さ）もあります。

Aさん「この作業には意味がない」
Bさん「この作業には意味がないと思っているんですね」
※Bさんは、単純に相手の言葉を繰り返して確認しています。

Aさん「この作業には意味がない」
Bさん「この作業は無駄だと思っているんですね」
※Bさんは、相手の言葉を聴き、自分なりの解釈で確認しています。

Aさん「この作業には意味がない」
Bさん「作業に意味がないから、やる気が起きないと感じているのですか？」
※Bさんは、相手の言葉を聴き、相手の気持ちを確認しています。

Aさん「この作業には意味がない」
Bさん「貢献できることをしたいと考えているのですか？」
※Bさんは、相手の言葉を聴き、相手の深い思いを確認しています。

いろいろなレベルで確認することができますが、Aさんには、どれがいちばん伝わったと感じられるでしょうか？　気持ちや、深い思いについては、Bさんの解釈がAさんの伝えたいこととはズレているかもしれません。その場合は、何度か言葉をやりとりします。

Aさん「この作業には意味がない」
Bさん「貢献できることをしたいと考えているのですか？」
Aさん「そうなんだよ。せっかく仕事をするのだから、役に立ちたくて」
※このように、伝えたいことと解釈が、一度の確認で合う場合もあるでしょう。

Aさん「この作業には意味がない」
Bさん「貢献できることをしたいと考えているのですか？」
Aさん「そうではなく、作業を指示した人の考えがわからないんだ」

Bさん「なるほど。作業の意図がわからずに戸惑っているということですか？」
Aさん「そうそう。それがわかればスッキリするんだ」

※何度か確認を繰り返すことで、伝えたいことに解釈が近づいていく場合もあるでしょう。

確認しながら聴くというのは、コミュニケーションのミスを少なくする方法でもありますが、信頼関係を築く方法でもあります。話し手が「この人はわかってくれた」と聴き手に対して感じることができれば、それが相手に受容してもらっていると感じることにつながり、信頼が生まれることになります。特に、気持ちや、深い考えまでわかってくれたと感じられたら、嬉しくなって、親しみを感じてもらえます。

聴き方のポイント

1. 話し手の知覚・感情・思考を、確認しながら聴く
2. 確認のレベル
①繰り返す「○○ということですね？」（○○は相手のいった言葉）
②自分の言葉で言い換える「○○ということですね？」（○○は自分の解釈）
③さらに、相手の気持ち（感情）や深い考えを確認する
「○○という気持ちですね？」（○○は相手の気持ち（感情））

「○○と考えたのですね？」(○○は相手の深い考え)

これを、相手が話しやすいように、相手の目を適度に見ながら(アイコンタクト)、頷きながら行います。この聴き方には、いくつかの大きなメリットがあります。私自身、この聴き方ができるようになって、人とのコミュニケーションが劇的に改善されました。それまでは他人との会話には苦手意識があったのですが、この方法ができるようになり、得意とまではいきませんが、少なくとも苦ではなくなって、楽しいと感じることも増えました。

最初は技巧的になるかもしれません。それが相手にはわざとらしく映り、反感を持たれる危険性もあります。しかし、最初はやむを得ません。すぐに上手くできる人はいないのですから。何度も練習を重ねると、次第にスムーズになっていきます。大切なことは、何事も相手を操作するためではなく、理解するために聴くことです。これは技術(スキル)ではなく、態度の問題です。

とはいえ、やはり誰しも人間です。いつも立派な態度で話を聴くことができるとは限りません。相手を操作したいと思ったりすることもあるかと思います。そのことを必要以上に気に病むことはありません。

私が曲がりなりにもこのやり方を身につけられた際には、確認しながら聴くことを実行していく過程において、相手の気持ちや深い考えがわかり、それによって自然に相手のことを理解したいと思うような態度に私自身が変わっていったこともあります。まずは、確認しながら聴く技術を磨いてください。そのうち相手の理解が深まるにつれ、自分自身の態度も変化していきます。

共感による傾聴のスキルを詳しく見てきたのは、どんな習慣においてもスキルは大切な部分だからである。スキルは必要である。しかしここでもう一度言っておきたいのだが、本当に理解したいという真摯な**望み**がなければ、いくらスキルを使っても役には立たない。あなたの態度に偽善や下心を少しでも感じとったら、相手は絶対に心を開かないし、逆に反発するだろう。相手が親しい間柄の人なら、話を聴く前に、次のようなことを話しておくのもよいだろう。

「私はこの本を読んで、共感して傾くことを知った。そしてあなたとの関係について考えてみて、今まであなたの話を本当の意味では聴いていなかったことに気づいた。でも、これからはあなたの身になって話を聴きたい。簡単にできることではないだろう。うまくできないときもあるかもしれない。でも頑張ってみようと思う。私はあなたのことを大切に思っている。だからあなたを理解したい。あなたにも協力してほしい」こうしてあなたの動機を相手に対して宣言するのは、大きな預け入れになる。

（スティーブン・R・コヴィー著／フランクリン・コヴィー・ジャパン株式会社 訳『完訳 7つの習慣——人格主義の回復』2013年、キングベアー出版刊、366ページ）

相手の話に集中する

確認する聴き方のメリットとしては、次の三つが挙げられます。

①誤解が少なくなる
②相手との信頼関係が築ける
③相手の話に集中できる（余計なことを考えなくて済む）

このうち①と②についてはここまで説明したとおりですが、③の「相手の話に集中できる」というのも大きなメリットです。私は以前、人の話を聴くときに、ついほかのことを考えてしまう傾向がありました。そのとき私が頭の中で考えていたことをいくつか紹介すると、次のようなものです。

「この年代の人は、みんな同じことをいうなぁ……」（自分なりの解釈による決めつけ）
「また始まった。同じ話だ」（聴こうとしていない）
「こういうことをいっているから、この人はいつもこうなんだよね」（評価しながら聴いている）
「この話の解決策は、これなんだけどなぁ……」（自分が話す内容を考えている）
「このあとの用事は何だったたっけ？」（聴いているフリをして、ほかのことを考えている）

「もしかして、私を責めている？　これはまずいぞ」（防衛的に聴き、反論を考えている）

もちろん相手の話に集中しなくては……とは思うのですが、当時の私は、どうしても余計なこと（相手の話を理解する以外のこと、主に自分の考え）を考えてしまっていました。なぜなら、単純に他人の話を聴くだけなら、まだ、ほかのことを考える余裕があるからです。

そのころ参加したコミュニケーションの講座では「聴くという漢字には、耳と、目（横になっていますが）と、心が使われています。耳を突き出し、目を使い、まっすぐな心でしっかりと聞いてください」といわれました。確かにそのとおりかもしれませんが、そうした抽象的な方法は、実際、あまり役に立ちませんでした。余計なことを考えるなといわれても、余裕がある以上は何かを考えてしまいます。

確認する聴き方を学んだときに、この余裕の部分を使って相手の気持ちや、深い考えは何かということを考えればよいと、私は気がつきました。相手の気持ちは表情に表れます。相手の表情にも注意の目を向けて聞くことになります。

相手が話している言葉だけでなく、

○どんな気持ちか？（**感情**）

○本当にいいたいことは何か？（**深い考え**）

を考えて、表情や声の調子から感情を読み取り、頷きながら適時確認をしながら聴くと、ほとんど自分に余裕はなくなります。つまり、余計なことは考えられなくなり、結果として他人の話を聞くことができるようになりました。

確認しながら聴くことのメリットは大きいのですが、それには集中力を使います。普段のコミュニケーションをすべてこのやり方で実行するのは大変かもしれません。私は、次の三つのケースで特に意識して、確認しながら聴く聞き方を行います。

○まだ相手との信頼関係が築けていないとき
○重要な話のとき
○相手が感情的になっているとき

初対面のときや、まだ関係を築けていないときは、このやり方で聴きます。ある程度、信頼関係ができたら、普段の会話ではあまり厳密に意識する必要はないと思います。

重要な話のときは、この聴き方で念入りに確認します。確認する聴き方には多少時間がかかりますが、重要な話で誤解が生じたときの影響（後でそれを解決するのに多くの時間が必要になること）に比べれば、わずかな時間です。

仕事で顧客と揉めて訴訟にまで発展してしまうケースを見聞きしますが、重要な話でコミュニケーションの誤解が発生し、信頼関係を築くことができず最後に感情的に爆発し、訴訟に発展という流れです。普段のコミュニケーションを丁寧に確認し、進めていけば、訴訟まではいかなかったのではと感じることが何度かありました。

大きな仕事・プロジェクトも、日々の小さなコミュニケーションの積み重ねです。最初からコツコツと誤解なく信頼関係を築いていれば、大きな問題が持ち上がったときに、建設的な解決策を共に考える関係性が残っています。

揉めているプロジェクトに後から火消し役のメンバーとして投入されたことがありますが、信頼関係が失われた状態で感情的な対立になっていれば、そこから事態を立て直すのには非常に苦労しますし、手遅れの状態になっていることも多々あります。

相手が感情的になっている場合ですが、感情的になるとは「感情が認識できておらず、感情に支配されている状態」です（たとえば、腹が立っているとき）。この状態では、もはや理性的な会話は期待できません。まずは落ち着いてもらうために行うのが、気持ち（感情）を確認しながら聴くことです。

Aさん「いわれたとおりにできていないではないか！」（かなり腹を立てている）

Bさん「申し訳ありません。指示したとおりにできていないので腹を立てておられるのですね」

Aさん「そうだよ。キミがまかせてくれというからまかせたのに！」（せっかくまかせたのに）

Bさん「期待してまかせたのに裏切られたという感じでしょうか」

Aさん「そうだよ。後工程にすごく影響を与えることだし」（後工程のことを考えて悩んでいる）

Bさん「後工程に与える影響が大きいということですね？」

Aさん「そうだ。それはわかるだろう？」

Bさん「はい。私も、そこは同じ気持ちです。実は理由がありまして……」

Aさん「何？　その理由とは」

Bさん「実は……」

Aさんの感情、気持ちを確認しながら聴くことで、Bさんが自分の感情を確認しつつ、Aさんの感情をBさんもわかっているということがAさんに伝わることで、Aさんも次第に落ち着きます。つまり、感情に支配されている状態から、Aさんは抜け出しています。この状態になって初めて、Aさんは相手の話を聞く余裕ができ、Bさんは自分の話を切り出すことができます。

これに対して、Bさんが最初から自分の話をすると、まるで言い訳のように捉《とら》えられてしまいます。

以上は例であって、実際は場合によりけりです。内容の緊急性から、相手の気持ちを確認する前に、すぐに自分の話をしたほうがよいこともあると思います。また、相手によって気持ちを確認する程度も変えていく必要もあります。

ただ、私自身は、相手が感情的になっている状態で、その気持ちをまず確認する聴き方ができるようになったことで、ずいぶんと窮地を脱することができました。あるときには、怒り心頭に発している顧客のところに行って、建設的な解決策を一緒に考えたこともあります。——そこまでいかなくても、相手の当初の怒りが軽減することは多くありました。少なくとも、火に油を注ぐような失敗は少なくなりました。

聴くのを困難にすること

相手の気持ちなどを確認しながら聴くやり方には、メリットが非常にたくさんあります。しかし、やり方自体はさほど複雑ではないのですが、実際にやってみると、いくつかの困難があります。

①自分自身が感情的になっている

自分が感情的になっている場合は、まず己の感情を自分自身で確認しなければなりません。その場合は、相手の気持ちなどを確認する聴き方を使って、自分自身の気持ちを確認してみます。たとえば、次のような具合です。

「いま、○○さんにいわれた言葉が引っかかっている」
「引っかかっているのは、△△という言葉が、役立たずといわれたように感じたからだ」
「自分自身、役立たずといわれるのはつらい」

②自己受容が低い

相手の話を深く理解しながら聴くと、自分自身の考え方が変わることもあります。自分の考えが変わるということは自分そのものが変わることと捉《とら》えると不安になります。
たとえ考えが変わったとしても自分自身は変わらないという感覚があるかどうかです。自己を受容しているときには、この感覚を持てます。これができていないと、変わることの怖さから、相手の話を聴くことができません。自分自身の受容度が高まると、相手の話を聴くことができるようになります。

③自分自身が問題を抱えている（気掛かりがある）

たとえば、相手に対して腹を立てていたりする場合です。自分の感情がわかり、冷静であっても、相手と話をする過程で、すぐに感情的になりそうな場合です。

この場合は、自分のそういう気持ちを相手に伝えることが必要です。相手と関係を悪くせずに、自分の気持ちを伝える方法です。

受容できないことを伝える方法

健全なチームとは、いいたいことがいえるチームと説明しました。しかし、いいたいことをいって、その結果、関係が悪くなっては本末転倒です。どのように話せば、相手との関係を悪くせずに自分のいいたいことを伝えられるのでしょうか？　特に相手の態度や行動を受け入れることができない場合には、関係を悪くせずにそれを変えてもらう話し方ができるようになっていることが大切です。

Ｉ（アイ）メッセージと呼ばれる方法を紹介します（ここでの「Ｉ」とは、私という意味です）。

相手にメッセージ（いいたいこと）を伝える方法には二種類あります。「**Ｉメッセージ**」と「**ＹＯＵメッセージ**」です。ＹＯＵメッセージは「あなたは〇〇ですね」と相手を評価する方法です。それに対して、Ｉメッセージは「私は〇〇と感じました」と自分が感じたこと（感情・気持ち）を伝える方法です。

たとえば、メンバーのAさんがミーティングでまったく発言しない、参加意識が薄いように見え、とても受け入れられないという場合を考えます。

YOUメッセージの場合は次のような言い方になります。

「Aさん、ミーティングでいつも発言しないけど、やる気がないの？　発言してください」

この言い方では、Aさんについての評価をし、変えてほしい行動を指示しています。この例のような言い方をすると、Aさんは自分が責められたように感じてしまいます。そして、行動を変えるように強制されているようにも思い、反発する気持ちが芽生えます。心の中で、もしかすると「そんなことといっても、発言したって否定されるだけだから何もいえないのに……」というふうに思っているかもしれません。

それに対して、Iメッセージの場合は次のような言い方になります。

「Aさん、今日のミーティングでは発言がなかったけど、必要な議論ができていないように見えて心配しています」

Iメッセージでは、相手の行動を見て、私がどのように感じたかという「気持ち」を伝えています。さきほどのYOUメッセージと比較して、Aさんはずいぶんと受け入れやすくなります。なぜなら、Iメッセージは責めるのではなく、私の気持ちを伝えているからです。

YOUメッセージは、次のような構成になります。

○相手の具体的な行動：「ミーティングでは、いつも発言しない」
○その行動に対する評価：「やる気がない」
○変えてほしい行動：「発言してください」

このメッセージには問題が三つあります。――まず、相手の具体的な行動ですが、相手がそれを事実と感じなければ受け取ることはできません。事実とは、ビデオカメラで撮影したように具体的、客観的なものです。たとえば、さきの例でいうと「いつも」というフレーズは曖昧《あいまい》です。より事実に近づけるためには「今日のミーティングでは」としたほうが正確になります。

二つ目の問題は、評価をしている点です。「やる気がない」というのは決めつけで、あくまで「やる気がないように見えている」というように過ぎません。人は一方的に評価されると受け入れ難くなります。

最後の問題は「発言してください」と行動を指示していることです。行動を指示されると、人は自ら考える力がなくなってしまいます。YOUメッセージは、発信する側からしてみたら、いいやすいものです。自分が見たものと、自分が期待する行動を、そのまま相手に発信できます。緊急の場合（すぐに相手が行動しなければいけないケース）ではYOUメッセージは必要ですが、常日頃YOUメッセージばかりを使っていると、相手との関係は良好にはならず、また相手の行動も変わりません。

一方、Iメッセージの構成は、次のようになります。

○相手の具体的な行動：「今日のミーティングでは発言がなかった」
○その行動がもたらす自分への具体的な影響：
「必要な議論ができていない（そのことで仕事に差し障《さわ》りがある）」
○そのときの自分の感情：「心配している」

最初の具体的な行動はYOUメッセージと同じですが、行動に対する表現においては正確に描写します。特に、相手を非難するような表現は含めません。あくまでビデオカメラのように客観的に、冷静にです。ここで判断を加えると相手が受け入れにくくなります。人は先入観、憶測、評価されたことには反論したくなります。

次に、その行動がもたらす自分への具体的な影響についてです。相手の行動のうち何が自分にとって問題であるか、それが自分に対してどのような影響をもたらすのかを、具体的に伝えます。そして最後に、自分の感情（気持ち）を伝えます。

YOUメッセージと比較すると、Iメッセージは、慣れるまでは発信するのに時間がかかります。相手の行動を正確に描写しなければならず、そのうえで、いま自分がどんな気持ちであるかを認識し、それをメッセージの形にする必要があるからです。そして、相手が行動を変えるかどうかは相手に委ねているので、メッセージを送ったところで、こちらが期待するようには相手は変わらないかもしれません（これはYOUメッセージも同様です。いくら直接的に期待する行動を伝えても、相手が納得していないかぎり、表面的なものになってしまいます）。

しかし、習得には手間がかかっても、このIメッセージができるようになると、人との関係が劇的に変化します。私自身、Iメッセージを使うことによって、仕事はもちろん家庭（夫婦の関係、子どもとの関係）でも、きわめて大きな変化を手に入れました。

Iメッセージを使うことにより、モヤモヤしていることを伝えて、自分自身がスッキリする――それまでは、いいたくても我慢していたことを、もう我慢しなくてよくなります。また、相手との関係が良好になります。Iメッセージで伝えると、感情的な対立になりにくいものです。万一、相手が感情的になった場合には（相手の）気持ちを確認しながら聴くことで相手は落ち着きますので、落ち着いたらまたIメッセージで伝えることをしていきます。これを繰り返していくことで、相互理解が深まります。

Iメッセージを使うには、事実の正確な描写をする観察力と、自分の気持ちを理解する認識力、さらにはそれを言葉にする表現力（言い換えると、感情を表現するボキャブラリーを充実させること）が必要になります。つまり、Iメッセージを使おうと努力すると、自然にこの三つの力が鍛えられることになり、結果的に自分のコミュニケーション力を豊かにできるのです。

「いってわからないことは何度でも伝える必要がある」といわれます。特にリーダーは、大切なことは何度も諦《あきら》めずにメンバーに伝えるのが大切ということですが、このとき、それがYOUメッセージでは、何度伝えたところで意図は伝わりません。むしろ逆効果です。大切なことはIメッセージで伝えます。もちろん、相手の行動はすぐには変わらないかもしれません。しかし、それでも、諦《あきら》めずにIメッセージで伝えることが大切です。

◆Iメッセージの練習

この「Iメッセージ」ができるようになるためには練習が必要です。慣れると自然にIメッセージが出てくるようになりますが、そうなるには時間がかかります。しかし、時間をかけてでも身につける価値のあるスキルです。なぜならば、社会と関わりを持つかぎり、人間関係は終生続くからです。

最初はシンプルに、次の2ステップで相手に伝えてください。

①相手の行動・態度で受容できない（または受容できる）具体的な事実
②そのときの自分の気持ち（感情）

これは受容できないと感じたら、そのときの相手の行動・態度を、できるかぎり具体的に描写してください。

×「いつも遅刻してくる」　↓　○「今月に入って三回目の遅刻」
（※いつもというのは事実ではない）

×「不貞腐《ふてくさ》れた態度」　↓　○「納得していないような表情に見える」
（※納得していないような表情とは主観的ですが、不貞腐れた態度よりは非難めいていない）

×「挨拶《あいさつ》ができていない」　↓　○「今朝、挨拶がなかった」

具体的な事実と評価（解釈）を一緒にしてしまうと、相手には発言の意図が伝わりません。

わたしがしたこと、していないことについて、
あなたの指摘を、
受けとめることはできる。
そして、それについてのあなたの解釈を受けとめることもできる。
しかし、どうかそのふたつを混ぜてしまわないでほしい。

問題を混乱させたいのであれば、
そのやり方を教えよう。
わたしの行動と、
それに対するあなたの態度をいっしょくたにすればいい。

わたしがやりっぱなしにした家事を見て、
がっかりしたといってくれてかまわない。
しかし、わたしを「無責任」と呼んでも、
やる気は起きないだろう。

あなたがわたしに言い寄ろうとして、
わたしがことわったら、
傷ついたといってくれてかまわない。
しかし、わたしを冷淡な人間と呼んでも、
あなたの未来の可能性が拓けることはないだろう。

そう、
わたしがしたこと、していないことについて、
あなたの指摘を
受けとめることはできる。
そして、あなたの解釈を受けとめることもできる。
しかし、どうかそのふたつを混ぜないでほしい。

マーシャル・ローゼンバーグ

（マーシャル・B・ローゼンバーグ著／安納 献 監訳／小川敏子 訳『NVC ―人と人との関係にいのちを吹き込む法 新版』2018年、日本経済新聞出版社刊、55～57ページ）

次に、自分の気持ちです。「残念と感じている」「がっかりしている」「不安になっている」「戸惑っている」などがあります。

「腹が立っている」「怒っている」という言い方も感情を表すものですが、「怒り」という感情については、その怒りの前に何かの感情を経験した後でそれが生まれてくる場合が多々あります。相手には怒りの前の感情を伝えるほうが効果的です。怒りはYOUメッセージ（評価）と受け取られる危険性があるからです。

通常、怒りは、何かの出来事や他人が自分の心身の安定や安全を脅かすものと感じられたときに起きてきます。そして、怒りには程度があります。最初は「いやだな」「嫌いだな」ぐらいの気持ちでも、それを我慢していると次第に「苛々し」「いい加減にしてほしい」となり、最後には「うるさい！」「キレた！」とエスカレートしてきます。なるべく最初の弱い段階で早めに「同意できない」「好きではない」とIメッセージで表現すれば、余計な怒りを溜め込まず、後でそれが強くなってしまうのを防ぐことができます。もしも強い怒りになってしまった場合は、自分の怒りの中身を正直に言語化し、表現することが、怒りの取り扱いには有効です。

具体的なケースを挙げてみます。作成するプログラムの品質が悪く、不具合が多い部下に対して、それを直してほしい場合です。

①相手の行動・態度で受容できない（または受容できる）具体的な事実

まず、事実を描写してみましょう。具体的にプログラムの品質が悪いと判断したことです（たとえば、Aというプログラムで不具合が20箇所発見された。難易度から判断して、他のメンバーと比べて不具合の発生率が二倍多い）。

②そのときの自分の気持ち（感情）

次に、自分の気持ちです。正直、いい加減にしてほしい、と腹が立っています。そういう感情になった原因を考えてみると、次のようなことが思い当たります。——このままだと不具合対応に時間がかかりそう。発見されてはいないが、ほかにも不具合があるのではないかと考えると、ますます困る。最終的にプロジェクトが遅れるのではないかという不安がある。さらには、納品後に不具合が多発するのではないかという不安もある。結果的に、プロジェクトリーダーとして失格の烙印を押される不安が込み上げる……。

以上を考えて、Iメッセージにしてみます。

あなた　「山本さん、今回Aというプログラムで不具合が20件発見されたようですね。他のメンバーに比べると不具合の数が多いようで、私としても不安です。何か問題でも？」

山本さん「特に問題はないのですが……」

あなた　「私としては、不具合の対応に時間がかかったり、ほかにも発見されていない不具合があるように思えて、プロジェクトが遅れたり、また納品後にトラブルが発生したりするのではないかと心配なのです。そうなると私は、プロジェクトリーダーの役割をこなせません」

山本さん「すみません」

あなた　「一緒に解決策を考えましょうか」

山本さん「はい、お願いします。私も何とかしたいと感じていました」

これが、もしYOUメッセージなら、次のようになります。

あなた　「山本さん、プログラムの不具合が多いですよ。しっかりしてください」

山本さん「はい……」

YOUメッセージしか知らない場合、自分の思っていることを伝えようとすれば、お互いを傷つけ合い、嫌な思いをするケースが多くなります。夫婦喧嘩《けんか》や恋人との喧嘩を思い出してみてください。喧嘩の原因は実に些細なことなのに、いつのまにか人格を攻撃し合い、感情的な争いに発展したりするものです。私もよく家庭内で、そういった喧嘩をしてしまっていました。

それでも喧嘩をするのはまだいいほうで、そのうち互いに何も話さなくなる、冷めた関係になります。これでは、互いに意思疎通をして信頼し合うことなど、とてもできません。

こういったケースは、夫婦に限らず、親子関係や顧客との関係、上司部下の関係、そしてプロジェクトのメンバーすべてに当てはまります。

Ｉメッセージは遠まわしで、まどろっこしく感じるかもしれません。緊急時にはＹＯＵメッセージも必要です。しかし、多少時間がかかっても信頼関係を築けるこの方法は、最終的には大きな時間の節約にもつながります。

Ｉメッセージを使うとすべて問題が解決するかどうかわかりません。しかし、解決の可能性は飛躍的に高まります。Ｉメッセージで解決しないことがあるとして、それはＹＯＵメッセージでも決して解決しないのです。

Ｉメッセージで解決しないのは、互いの価値観が異なり、そのため互いが受け入れられない状態のケースです。その場合は、第3章で説明する**ファシリテーション**の技術を使って、互いに納得のいく結論を模索していくことになります。お互いに異なる人間である以上、意見が違っているのは当たり前です。そして、相互理解にも限界があります。たとえ互い理解できない点があっても、納得できる解決策をともに考えていくことはできるのです。

◆Ｉメッセージで受容を伝える

Ｉメッセージは、受け入れられないことだけでなく、受け入れられることも伝えられます。最初の練習はこちらから始めるのがお勧めです。いいにくいことで練習するよりも、いいやすいことで練習したほうが、モチベーションも上がると思います。

また、受け入れられることも、Ｉメッセージで伝えると相手との関係が抜群に良くなります。たとえば、仕事が手一杯で混乱気味のときに、メンバーが「何か手伝いましょうか？」と声をかけてきたようなケースです。

「キミはいつも気が利くなぁ、ありがとう」

これはＹＯＵメッセージです。感謝も伝えていますが、気が利くという評価を含んでいます。もちろん、これでも相手は嬉しく感じるかもしれませんが、Ｉメッセージにして、

「手一杯で焦っていたんだよ。そういってくれると助かる。ありがとう」

という言い方では、自分の気持ちを話しています。メンバーは、自分のしたことが相手にどのような影響を与えたかを知ることができ、より嬉しく感じます。人は誰しも、他人に良い影響を与えたいと思っていますし、相手の気持ちを聞くことができたら共感することもできます。

ぜひ、身近にいる大切な人に、感謝の思いをIメッセージで伝えてみてください。その効果を感じ取れると思います。

たとえば裏方で仕事をしている部署の人には、

「みなさんが仕事をしてくれることで、私は自分の仕事に集中できて助かっています。ありがとうございます」

と、また夕飯を作ってくれる人には、

「いつも夕飯を準備してくれて、ありがとう。食べると一日の疲れが癒やされるよ」

というように、相手の行動を評価する（褒《ほ》める）のではなく、相手の行動の結果、自分の中に起きている気持ち・感情を伝えてください。

◆Iメッセージを使うと

Iメッセージは時間がかかります。すべてのコミュニケーションで使うと考えると、大変だと感じるかもしれません。そこで、まずは大切なポイントで使ってください。

関係をこれからも続けていこうと思う人、または、これからも関わっていかなければいけない人、そして大切なこと（わかってほしいことや受け入れ難いこと、受け入れやすいこと）についてです。

Ｉメッセージは方法としてはシンプルですが、実際にやってみようとすると、スキルに関わること以外にも難しさを感じると思います。その理由は、Ｉメッセージを使うには、自分の感情を正直に相手に伝える勇気が必要だからです。

自分の感情を伝えるということは、周囲に自分を晒《さら》すということです。クールでいつも冷静沈着なイメージでありたいけれども、怒ったり、がっかりしたり、悩んだり……、そうした本当の自分を公開するということなのです。その姿を見て、もしかしたら部下は自分を馬鹿にしたり、軽蔑したり、軽く見るかもしれないという恐怖と戦わなければなりません。

ビジネスの世界では、感情は、とかく邪魔者扱いされます。また、有能な上司はつねにクールというイメージもあるでしょう。――Ｉメッセージを使うと、弱点も脆《もろ》さも他者に明らかにせざるを得ません。

しかし、勇気を振り絞ってＩメッセージを使っていけば、周囲との関係が良くなっていきます。誰もサイボーグのようなリーダーと仕事をしたいとは思わないはずです。私たちは、弱みも欠点もあり、ともに悩みともに傷つく、そんな人間らしいリーダーと仕事をしたいのです。

第2章のポイント

○伝えたいことが相手に伝わるまでには四つのプロセスがある。
①記号化、②送信、③受信、④解読

○相手にミスなく伝える基本的な方法は、確認しながら聴くこと。

○確認の方法は、次の三通り。
①繰り返す：「○○ということですね？」（○○は相手が口にした言葉）
②自分の言葉で言い換える：「○○ということですね？」（○○は自分の解釈）
③相手の気持ち（感情）や、深い考えを確認する：
「○○という気持ちですね？」（○○は相手の気持ち（感情））
「○○と考えたのですね？」（○○は相手の深い考え）

○自分が受容していないことや指摘したいことを相手に伝えるときはIメッセージを使う。

○Iメッセージでのポイントは、次の2ステップで相手に伝えること。相手の行動・態度をできるかぎり具体的に描写する。
①相手の行動・態度で受容できない（または受容できる）具体的な事実
②そのときの自分の気持ち（感情）

○Iメッセージは一朝一夕で、すぐにできるようになるものではない。時間をかけて練習することで身につく。そして、その時間に見合う効果は、とても大きい。

1 確認しながら聴いてみる

身近な人との会話で、確認しながら聴いてください。相手が発信しているのは知覚か感情か思考かを見極め、まず①のレベルを試してください。それから続けて②、③と試してみてください。

①繰り返す：「○○ということですね？」（○○は相手が口にした言葉）

②自分の言葉で言い換える：「○○ということですね？」（○○は自分の解釈）

③相手の気持ち（感情）や、深い考えを確認する：

「○○という気持ちですね？」（○○は相手の気持ち〔感情〕）

「○○と考えたのですね？」（○○は相手の深い考え）

2 感情表現のバリエーションを広げる

感情を表現するためには、感情表現に関わる言葉のバリエーションを広げることが有効です。バリエーションが増えると、自分の感情を特定し、表現することがやりやすくなります。それは、人の感情を理解しやすくなることにつながります。

○満たされている感情について：

【例】 温かい、嬉しい、爽快だ、ぞくぞくする、ワクワクする

○満たされていない感情について：

【例】　苛々する、混乱する、悔しい、腹立たしい

どちらも40以上を目標として考えてください。

3 感謝をIメッセージで伝えてみよう

Iメッセージは、最初のうちは、すぐにはできません。まずは練習で、身近な人への感謝の気持ちを事前に考え、Iメッセージで伝えてみるところから始めてください。

第3章

ファシリテーション

思ったことを言い合えて関係も悪くならない方法

会議で議論をしても、最終的には上司の鶴の一声で決まってしまうことが多い。こうなると、ただでさえ忙しいのに、無駄な会議をしたように感じてしまう。そういったことが何回か続くと、真剣に議論しようという気持ちが持てなくなってくる。

だいたい、どうやって結論が決まるのかがよくわからない。最後に上司のいった意見に対案を述べる人もなく、なんとなく成り行きで決まってしまうことが多いように感じる。本当にこれでいいのだろうか?

決まったことはチームで合意したことだからといわれても、いまひとつ納得感がなく、実行のモチベーションが上がらない……。

※病んでいる組織の兆候：チームで決めたことの納得度が低い。

納得することの大切さ

思ったことを口にした結果、相手との関係性が悪化しては本末転倒です。しかし、だからといって思ったことを言い合えないのであれば、新しい視点を得たり、自らの弱点に気づいたりすることはできないでしょう。結果として、そのチームは、チームとして成長することができません。

一人一人の意見が異なるのは当然のことで、むしろそれは視点を拡げるためには歓迎すべきことです。私たちは、その意見の違いを建設的な力に変える方法を知る必要があります。

チームで何かを決めるときに大切にすべき視点があります。それは「納得」です。なぜかといえば、決めた後の行動のモチベーションは、メンバーがどれぐらい納得しているかで変わってくるからです。

たとえば、何かを決める会議をしたとします。会議それ自体は目的ではなく、何らかの手段のはずです。――何か問題が発生したので、会議ではそれを解決する策を見出す……。会議は問題解決の策を見出す手段であり、目的は、問題を解決することになります。つまり、会議の後では、会議で決めたことを実行することになります。

問題解決の策の実行計画を立て、その計画に沿ってメンバーが計画を実行し、最終的に問題を解決させる場合――。そのときにメンバーが納得していないと、行動のモチベーションが低いために、いろいろな理由をつけて行動しなかったり、したとしても中途半端であったり、ということが起こります。これでは、目的が達成される確率は下がります。

私は、システムエンジニア時代には、いろいろなシステムを作りました。この頃のことで、いまでも印象に残っていることがあります。

あるとき私は、一部の顧客（現場ではなく情報システム部の人）と、優秀なコンサルタントの人と一緒に検討を重ね、あるシステムを作り上げました。現場の声はあまり聞かずに仕様を決めましたが、他社での実績もあるので問題はないだろうと思っていました。仕様どおりにシステムを作り上げ、テストを終えて、現場に展開しました。しかし、現場の人たちが使ってくれません。私はそのシステムのメリットを力説したりしましたが、それは見事なほどに使われませんでした。現場の人たちは、自分たちの声が反映されていない、このシステムについて納得していない……と感じていたのではないかと、いまとなっては思います。現場の声を何でも聞けということではありませんが、システムを作る過程で現場を巻き込み、関係者に納得感を持ってもらうことが必要だったのです。

みなさんも経験があるのではないでしょうか。会議で決まったことだけど、どうも納得していない、腹落ちしていない……。そして、それを実際に実行する段階になって、どうにもやる気が起きなかったということが。

決定の納得感 → 実行のモチベーション

どうすれば決定事項の納得感を高めることができるのでしょうか? ポイントとしては、次の三点があります。

○自分の意見を表明できる(いえる)こと
○自分の意見を理解してもらえる(わかってもらえる)こと
○どのように決めるかについて明確になっていること

まず、自分の意見を表明できる機会がないと、納得感は下がります。そして、意見を表明したとして、それを理解してもらえたという実感も大切です。これらは、すべてのメンバーについていえることです。つまり、自分と同様に、他のメンバーも互いに意見を聴き合い、理解し合う必要があります。

次に、どのようにそれを決めるかという決め方を決定しておくことも大切です。長い時間をかけて話し合った揚げ句、結論は上長の鶴の一声で決まったとしたら、メンバーは誰も納得できないでしょう。

決め方（意思決定）の種類

決めたときに必要なのは納得です。しかし、実際のビジネスの現場では、緊急に決定すべきこともあります。納得感を大事にはしたいが、即断しないといけないケースです。この場合は、ある程度は納得感を犠牲にしてでも、決める必要があるでしょう。時と状況により、最適な決定方法は異なります。

ここでは、意思決定の方法を説明します。

①反応のない決定（成り行き）

よく目にする決定のしかたです。メンバーの誰かが提案をし、それに対して誰も反応を示さないまま、別の一人が異なる提案をします。そうしたことが繰り返されるうちに、何となく「これでいこう」という考えに行き当たり、それで決まってしまうというやり方です。また、誰かの提案に対して誰も反応を示さないと、反対の意見はないということで、その提案で決めてしまう方法です（特に上長の意見で決まりやすい）。意見を述べないことは「反対ではない」ことと見なされます。

②一人で意思決定する（独断）

文字どおり、権限を持った人が一人で決定する方法です。決定スピードは最も速いので、緊急時には必要なやり方です。ただ、実行段階で行動を起こしてほしい人の意見を聞かずに決めることが続いてしまうと、メンバーのモチベーションは低下して、指示待ち族を作る危険があります。

		決定スピード	責任	納得度	集団の知恵
①反応のない決定（成り行き）		状況による	不明確	低い	反映されにくい
②一人で意思決定する（独断）		速い	明確	低くなる可能性がある	反映されにくい
③全員参加で議論して一人が意思決定する（協議決定、一任）		管理可能	明確	意見が反映されない人が低い	ある程度は反映される
④多数決で意思決定する（過半数）	議論なし	速い	不明確	敗者の納得度が低い	反映されにくい
	議論あり	管理可能			ある程度は反映される
⑤コンセンサスで意思決定する（納得による合意）		遅い	明確（共同責任）	高い	反映される
⑥全員一致で意思決定する（全会一致）		遅い（決定不能もある）	明確（共同責任）	高い	反映される

③全員参加で議論して一人が意思決定する（協議決定、一任）

独断と似ていますが、意思決定をする前に討議が行われます。実際のビジネスのケースでは多く目にするやり方です。通常は権限の強い人に一任されることが多いのですが、決定する内容について詳しい人（熟達者）に一任ということもあります。

④多数決で意思決定する（過半数）

ビジネスの現場ではあまり目にしませんが、よく知られている合意方法です。パターンとして、討議をせずに多数決をとる場合と、ある程度（一定時間）討議をしてから多数決をとる場合の二つがあります。討議をしない場合は、互いの考えがわからないために集団の知恵は反映されにくく、納得度も低くなります。討議してから多数決をとる場合は、集団の知恵が反映される可能性が高まるうえ、意見をいうことができればメンバーの納得感も上がります。ただ、どちらの場合でも、少数派には敗北感が残ります。

⑤コンセンサスで意思決定する（納得による合意）

全員の合意による決定です。合意するということは、必ずしも意見が一致しているということではありません。自分の意見とは決定が異なっていても、その決定を納得して受け入れられるということです。そのために、互いの意見を主張し合い、相互に理解し合うことが必要です。相手の意見を理解することで、自分の意見が変わることもあります。また、十分に意見をいえて、自分の考えを理解してもらったと感じられれば、意見を譲ったり変えたりすることの心理的な抵抗が少なくなります。

⑥全会一致で意思決定する

全員の意見がまったく一つになる決定です。現実的には不可能に近いと思います（また、みんなが同じ意見というのは、意見の多様性という面では必ずしも良いこととはいえません）。

意思決定の種類には、いろいろあります。①の「反応のない決定」はメリットが少なく良いとはいえませんが、それ以外は、どれがベストかは一概にはいえません。状況（決定内容、与えられた時間、メンバーの数、組織風土）を踏まえて決める必要があります。ただ、どのように決めるかという決め方については、メンバーで共有しておくことが大切です。誰がどのように決めたかわからないと、納得度は下がります。

コンセンサスによる意思決定の方法

私のこれまでの経験では、ビジネスで何かを決めるときは、①（成り行き）／②（独断）／③（一任）が多かったように思います。いずれも権限による影響力を強く感じました。その人が独断で決めたり、内容によってはみんなで議論したうえで最終的に上司が決めたり、あるいは意見を募ることがあってもあまり発言がなく最終的には上司の意見への対案がないまま成り行きで決定といったケースがよくあったのです。

討議し、最終的に何かを決めるという話し合いのクライマックスについて、私たちはほとんど何も知らないし、教えられてもこなかったように思います。本来は国民の模範となってほしい国会の話し合いなど見ると、採決をはじめ、ほとんど多数決における多数派が勝っている様子を多く目にします（十分な議論を尽くしたうえでの多数決であったと信じたいですが……）。

私はファシリテーションをテーマとするＮＰＯに関わったときに初めて「**コンセンサス**」という方法を知りました。ボランタリーな活動においては、いわゆるポジションパワーが小さいために、権限での合意はできません。そこでは、実際に何かを決める際には⑤（納得による合意）を行い、時間内に合意できなければ④（多数決）というケースが多くありました。

コンセンサスとは、簡単にいえば、対立が発生したときに互いが受け入れられるような解決策を一緒に考えてみるという方法です。考えられる解決策を一緒にいろいろと出して、出てきたものを評価し、互いが受け入れられる解決策を選んで決めます。両方が受け入れられる解決策を選んでいるので、決めた後で相手にその解決策を売り込む必要もないし、納得感が高いので、実行を命令するための権力も必要ありません。これは、ＮＰＯだけでなく、ビジネスでも非常に有効な方法です。

ビジネスの世界でも、権力に頼った決め方では、長期的に見て良い関係を継続することはできません。たとえば、ある顧客との関係で、つねにその顧客が権力を盾にしていたら、いくらお客様だとはいえ、こちらも関係を考え直すことになるでしょう。権力を持つ上司がいつも部下の意見を聞かず独断ばかりで決定を下していれば、いつしか部下の中には意見を口にする人もいなくなり、当然のことながらメンバーのモチベーションも下がっていきます。

振り返ってみると、うまくいったと感じた決定（メンバーの納得度が高いと感じた決定）ができたときは、コンセンサスができていたときでした。もしかすると、いままでも無意識にできていたのかもしれません。——ここでは、コンセンサスが使えるようになるための具体的な方法を解説します。

繰り返しますが、意思決定にあたっては、つねにコンセンサスが最良ということではありません。コンセンサスができるには時間もかかりますし、そもそも最終的に合意できるかどうかもわかりません。ただ、納得感を高めたいような議題——たとえば、決定が今後の活動に大きな影響を与えるような方向性を決める場合などには、非常に優れたやり方です。

具体的なやり方は、次の五つのステップです。

①話し合いの進め方を決める

進め方を決めることは大事です。特に、時間内にコンセンサスが得られなかった場合については、どうするか事前に決めておきます。

②前提を共有する

話し合いのテーマや進め方、全員で共有しておく背景情報や前提情報を共有します。

③意見を出し合う(発散)

目的を達成するための案(選択肢)を考えます。多くのメンバーから意見を出してもらい、複数の案を出します。

④判断基準を定める(収束)

選択肢を出したら、その選択肢を評価するための判断材料を定めます。

⑤最適な選択肢を選ぶ

最後は、判断基準に照らし合わせて、出された選択肢から最も良い(受け入れられる)と思われるものを選びます。

以下、それぞれのステップについて解説していきます。

①話し合いの進め方を決める

話し合いの進め方は、きちんと決めておかないと、自分の主張ばかりを押し通す状態に陥りやすいものです。特に、時間内にコンセンサスが得られなかった場合にどうするかは、事前に決めておくべきです（時間内にコンセンサスが得られない場合は多数決とか上長に一任など）。

【例】

目的：将来を見据えて事業の方向性を決める
目標：事業の優先順位が設定された状態
議題：「今後、組織として取り組むべき事業の優先順位を明確にする」
進め方
①進め方について合意する（5分）
②前提事項を共有する（15分）
③意見を出し合う（20分）
④判断基準を定める（20分）
⑤結論を考える（60分）
決め方：コンセンサスで行う。時間内（残り5分）で決まらない場合は、山田部長に一任とする

②前提を共有する

話し合いをするにしても、前提を共有しておかないと議論が噛み合わないことになります。結論が出ない話し合いを見ていると、そもそもの前提から合っていないことが非常に多くあります。前提が異なるのに気がつかず結論を出すと、後でその結論そのものがひっくり返ることさえあります。

ただ、合わせるべき前提は最初から明確な場合もありますが、ある程度話し合わないと明確にならないこともあります。その場合には、その時点で前提を共有するステップに戻り、それを明確にします。

前提を共有すべき内容としては、以下のものがあります。

□言葉の定義
- この言葉はどういう意味か？（【例】「イノベーションとは何か？」）

□背景の情報（経緯と内容）
- このような話し合いが必要になった経緯と、それまでに話し合ってきた内容

□制約となる条件
- 基本的な（変えられない）方針
- 選択肢を考える上での成約事項・範囲

□考えるのに必要な情報

・基本的な情報
・必要な専門知識

【例】

前提事項
◯その話し合いが必要になった経緯
◯事業とは現在の事業のことか、それとも新規もありか？

前提には、現時点でははっきりしないものもあります。たとえば、調査をしないとわからないことなどです。その場合には、その調査を待つか、あるいは仮説として前提を設定します。もし結論に至るスピードが重要なら、ある程度の仮説を立てて結論を出すことも検討する必要があります。

③意見を出し合う（発散）

この段階では、お互いの意見を表明し合います。対立する意見であっても、ここでは相手を説得するのではなく、互いに理解を深めます。相手の話を深く理解すると、一見対立しているように見えても、本質のところでは同じであることに気づいたり、自分では気がつかなかった視点がわかったりして、自分の考えが変わったりすることもあります。

議論においては、進め方を決めておかないと、自分の意見が負けてしまうという不安から相手を説得してしまいがちになります。そうなると防御的になって、相手の意見を深く理解することができません。結果として自分の意見は変わらず、さらに、それを押し通そうと固執してしまいます。これではコンセンサスには至りません。

そういった事態を避けるためには、大切なポイントが二つあります。

一つ目は、全員が意見を表明する機会を作ることです。そのためには、普段あまり喋《しゃべ》らない人がいれば、紙や付箋紙《ふせんし》などに書いてから発言してもらいます。また、発言を独占しがちな人がいたら時間を平等に分けて（たとえば、一人2分などとして）それぞれ各メンバーの持ち時間とし、その人だけが発言できることにします。その間、まわりの人は、質問はできますが、自分の意見はいえません。また、出席者に意見を表明してもらうためにも、何について意見を求められているかという論点も、明確にしておく必要があります。

二つ目は、意見を述べる際には根拠も合わせて述べることです。たとえば、ある案について賛成か反対かだけでなく、なぜ賛成なのか、なぜ反対なのかという意見の根拠も述べてもらいます。意見は同じでも根拠が異なるという場合があります。いろいろな根拠を出し合うことにより、さまざまな視点で検討することが可能となり、結論の質が変わってきます。私の経験では、賛成か反対かを問う論点の話し合いをした際に、最初はメンバー全員が賛成だったにもかかわらず、根拠を述べ合って話し合ったところ、最終的には全員が納得して反対の結論に達したことがあります。

意見表明の際のコツは、PREP（プレップ）を意識して述べてもらうことです。PREPとは、他人に対してわかりやすく意見を述べる方法です。意見をPREPの順番で話すと、相手にわかりやすく伝わります。

○P（*Point*）：要点・結論・主張
「私がここでいいたいことは○○です」

「結論からいいますと――」「いちばん大事なことは――」

○R（*Reason*）：理由・根拠
「なぜかといいますと――」「その理由は○○です」

○E（*Example*）：事例・データ
「たとえば――」「具体的にいいますと――」

○P（*Point*）：要点の繰り返し&行動の促し
「最後にいいたいことは――」「ぜひ○○をしましょう！」

最後の「P」は最初の「P」と同じです。プレゼンテーションのときなどは、繰り返すことで相手の印象に残すという効果がありますが、話し合いにおいてはPREで述べることで十分です。たとえば「私はこの案について賛成です（P）。なぜかというと、集客という面で参加のハードルが下がると思うからです（R）。たとえば参加費不要ということであれば、行ってもいいかなと思う人が増えるのではないかと考えます（E）」といった具合です。意見の中でPREが述べられていないと感じたら、柔らかく質問をして、その話をしてもらいましょう。

○P（要点・結論・主張）がわかりにくい場合：
「ポイントはどこですか？」「つまり、どういうことですか？」
○R（理由・根拠）がわかりにくい場合：
「その理由は何ですか？」
○E（事例・データ）がわかりにくい場合：
「たとえば、どういうことですか？」「具体的にはどうなりますか？」

余談ですが、日本人には「R」（理由・根拠）を述べない人が多いといわれています。日本は、いわゆる単一民族の国家なので、いちいち根拠をいわなくてもわかる、そして察し合える——最近流行の言葉でいえば忖度《そんたく》し合う文化があるためと思われます。あるいは、あまり深く根拠を尋ねるのは失礼に当たるという固定観念があるのかもしれません。しかし、多様性を活かし、話し合いの質を高めるには、それぞれの意見には互いに根拠を話すことが大切です。

ポイント
論点を明確にし、全員の意見を根拠を含めて表明してもらう。

④判断基準を定める（収束）

ある程度、意見を理解し合ったところで、最終的な結論に向けて議論を絞り込んでいきます。その際には、意見をどう絞り込むかという、判断基準となる視点を決めます。

判断基準を作り、それについての合意ができたら、結論を出すのは容易になります。また、別の意見が出てきても、メンバー間で合意した判断基準に照らし合わせて考えればよいので、結論の一貫性も保たれます。

典型的な判断基準としては、次のようなものがあります。

○ＱＣＤ（品質、コスト、納期）
○効果（売上、利益、便益）

○親和性（自社の組織風土に馴染《なじ》むかというようなこと）
○実現性（難易度、成功確率、即効性、リスクなど）
○波及効果（他の事業や活動への影響）

複数の判断基準が出てきたら、同じような意味合いを持つものはひとつに統合したり、この判断基準を用いても選択肢の評価に差が付かないものは落としたりして、最終的に絞り込みます。

判断基準を最終的に決めることも大切ですが、話し合うプロセスも重要です。その過程で、互いに何に価値を置いているかということが次第にわかってきます。ここでも、互いの意見を、根拠も含めて理解し合うことが大切になります。お互いの理解が深まると、その後の結論を出すことが容易になってきます。

⑤結論を出す

決定した判断基準により意見を見て結論を出します。その際に、気掛かりな点や不安な点が解消されるまで発言するように促すこと、安易に妥協しないこと、自分の意見を変えるときには変える理由を述べて納得を得てから譲歩する（考えを変える）ことを促します。

表面的な意見だけでなく、本質的な欲求（＝本当のところ何が欲しいのか）や、こだわり（＝ここだけは譲れないもの）を話すように促します。

コンセンサスを得るには時間がかかります。早く決めたいという焦りを感じるかもしれませんが、あまり良くない案や、一部の人にしか支持されない案を実行しようとするよりも、合意を得る努力をしたほうが最終的には時間の節約になるということを、メンバー間で共有します。また、少数意見や異なる意見は自分の考えの幅を広げてくれるものと思うようにします。少数意見の人を説得してその意見を変えさせようとしたりしないこと、また多数決で押し切ろうという誘惑を捨てることが、良い結論を出すためには必要です。

引き算戦略
どの案の支持も大きくなさそうなとき

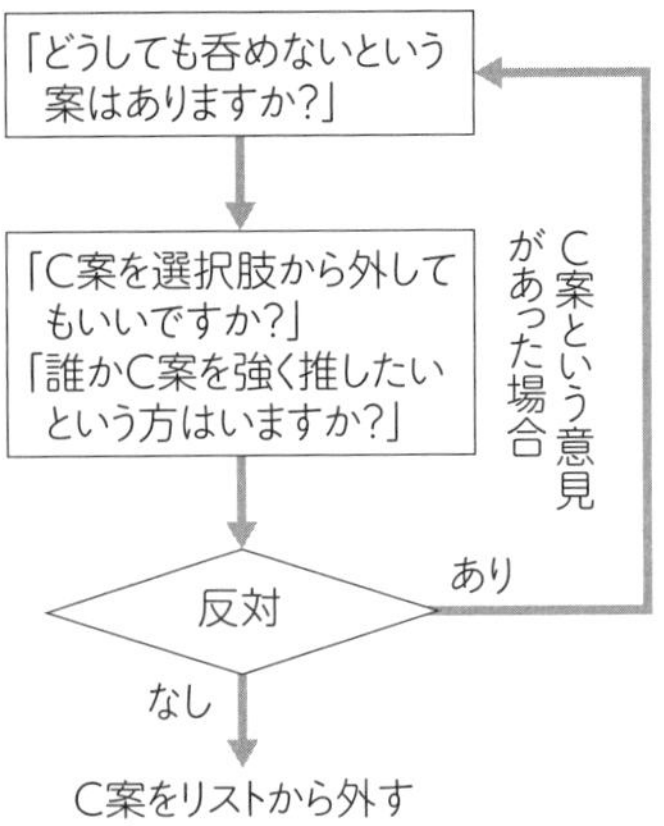
「どうしても呑めないという案はありますか?」
「C案を選択肢から外してもいいですか?」
「誰かC案を強く推したいという方はいますか?」
C案という意見があった場合
あり
反対
なし
C案をリストから外す

案を絞り込んでいくやり方としては「**引き算戦略**」と「**足し算戦略**」があります。まず、どの案も支持が高くなさそうなときには、案を減らしていく＝引き算をしてみます。

最初に参加者に「どうしても呑めない案はありますか？」と尋ねます。そのとき、たとえばC案という声が上がった場合は全員に「C案を選択肢から外してもいいですか？　誰かC案を強く推したいという方はいますか？」と、メンバーの意思を尋ねます。そして、誰も反対しなければ、C案を対象から外します。

ただし、大切なのは、引き算戦略は十分な時間をかけて話し合った後に行うことで、最初からこれを用いると多様な意見を聞けないことになってしまいます。

足し算戦略
ある案の支持が大きそうなとき

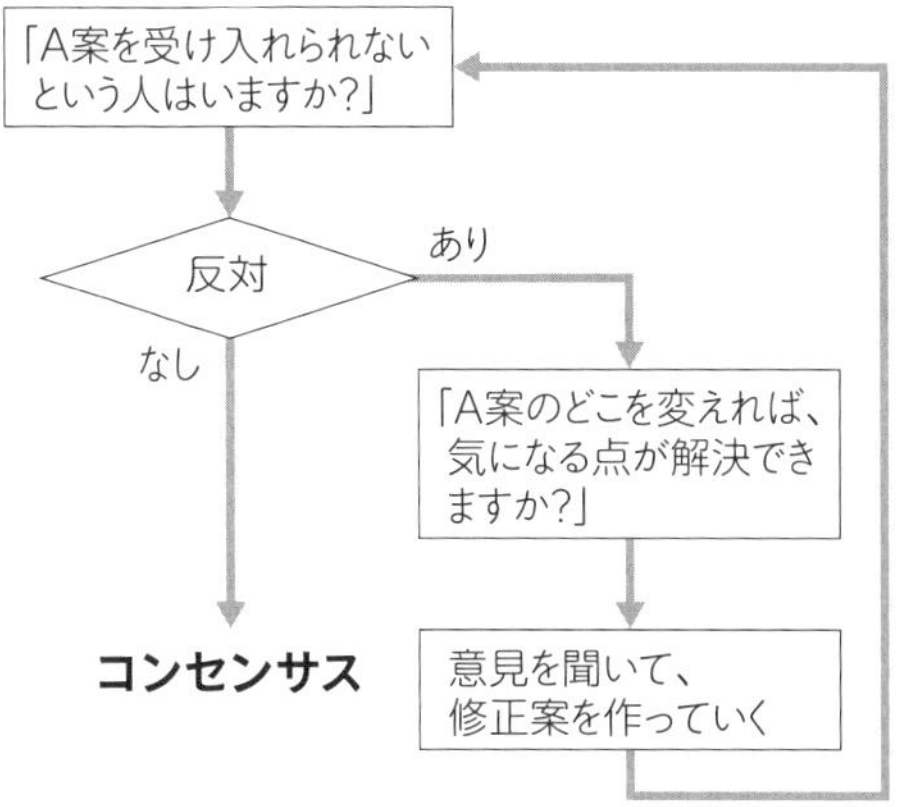
「A案を受け入れられないという人はいますか?」
反対
あり
なし
「A案のどこを変えれば、気になる点が解決できますか?」
意見を聞いて、修正案を作っていく
コンセンサス

十分に話し合った後で引き算により選択肢を少なくし、次に、支持が多そうな特定の案があるときには足し算戦略に持ち込みます。

それでもコンセンサスに達しそうにない場合は、当然あります。

○時間が不足している：

人数と内容にもよりますが、コンセンサスに達するには時間が必要です。私の経験では、最低でも60分は必要だと思います。

○まだ実践可能な意見（案）が出てきていない：

その可能性も考えられます。この場合には、もう一度、意見を出し合う（発散）のところに戻ってから再度意見を出すことを検討してもよいかもしれません。

○選択肢を判断する良い方法が見つかっていない…

その可能性も考えます。この場合は、既存案の検討を続けて袋小路に入り込むよりも、その前のステップ（選択肢を考える・判断基準を定める）に戻ることも検討してみます。

対立のおかげで

意見が異なる対立は、できれば避けたいものと考えがちです。しかし、意見の対立があるおかげで、お互いの真の要求を知ることができ、議論が深まって、良いアイデアが生まれる可能性が高まります。また、意見の対立をうまく取り扱うことで、お互いの人間関係が深まります。

人と意見が違うのは普通のことで、対立が起きるのは当然です。大切なのは対立をどう解決するかということで、それ次第で、その後の結果や関係性が大きく違ってくるのです。

以前、私が業務改革のシステムを開発したときのことです。顧客のプロジェクトの主要メンバーと、会社の上層部との意見対立がありました。一見すると深刻な対立に思われ、プロジェクトの存続も危うくなりました。この事態に、プロジェクトリーダーは自分たちの要求をひとまず措いて、相手が何を考えているのか、どんな背景があるのかを深く理解しようと提案しました。

メンバーは、会社の上層部がなぜそのような考えに至ったのかということを真剣に考え、聞き出しました。それから、会社の上層部もまた現場が何に困っているのかということを知りました。

いったんそれぞれの立場を措《お》いて、お互いを理解することを進めていった結果、いつのまにかプロジェクトとしての一体感が生まれていき、対立を解消するアイデアが次々と出されるようになりました。こうした過程でメンバーの結束力は自然に上がり、そのプロジェクトは結果的に成功しました。

意見の対立は、決して悪いことではありません。

成果を上げ続け、働く喜びを感じる健全なチームを作るには、チーム内を、何でも率直に話せる場にすることです。そのために、リーダーは率先して手本となり、率直な発言を心掛けます。そして、チーム内で発言の安全を確保し、意見の対立を健全に解決させていくのです。

第3章のポイント

○会議で大切なのは、参加者の納得感。なぜならば、会議は手段であり、本来の目的は会議後の実践にあるから。また、実践のモチベーションは納得感に直結しているから。

○納得感を高めるには次のことが重要。
①自分の意見を表明できる（いえる）こと
②自分の意見を理解してもらえる（わかってもらえる）こと
③どのように決めるかについて明確になっていること
そのためには、適切な進め方について、事前に参加者で合意しておくことが大切。

○コンセンサスは、納得感を高めたいときに有効な合意形成の方法。ただし、時間がかかり、また必ずコンセンサスに至るかどうかはわからない。しかし、たとえコンセンサスに至らなかった場合でも、時間をかけて互いを理解しようとすることで、その後の関係性を悪くしないことが多い。

ちいさな実践の提案

1 会議のはじめに進め方を提案してみる

会議のときに、最初に進め方を提案してみてください。普段の会議では、アジェンダはあるでしょうが、進め方までは決めていないことが多いと思います。

まずは簡単に、

前提の共有　↓　意見発散　↓　意見収束　↓　合意

という4ステップで進めてみるという提案をします。そして大切なのは、参加している人が、いまどのステップなのかを理解していることです。会議が始まってからも「いまは意見発散している時間ですよね」と問いかけ、参加者全員の意識を合わせておくことをしてみてください。

やり方を変えるのには大きなエネルギーがいります。それぐらいならやってみてもいいかな、と参加者に思わせるように、あくまでも小さな実践から始めることが大切です。

❷意見を述べるときにPREPを意識してみる

自分の意見を述べるときにPREPを意識してみてください。特に、何か述べた後で「なぜならば……」と理由を付け加えてください。普段は理由を述べていないことに気がつくこともあると思います。「なぜならば……」というフレーズは、日常、あまり使っていないかもしれません。しかし、ぜひ、意識的に「なぜならば」を使ってみてください。

❸相手を説得するのではなく相手の意見を理解しようと努めてみる

どうしても自分の意見を通したいと思えば、相手を説得しようと試みてしまいがちです。まずは説得を諦《あきら》め、相手の意見を理解しようとしてみてください。相手の意見の根拠を柔らかく尋ね、相手の背景なども聞いてみます。

第1部　レベルマトリクス解説

チームの「関係の質」を測るための指標です。これが正解ではなく、最終的には、このレベル・マトリクスを参考にして、それぞれのチームで独自に作成してください。「関係の質」のあるべき姿の状態をレベル3として、その実現に進んでいる状態を2、1と表現してください（レベルは1から3に向けて向上していきます）。

「関係の質」(第1章／第2章／第3章)	
1	○組織の成功循環モデルを理解している(結果を性急に求めることの弊害を理解している)。 結果でなく、(結果を出すためには)関係性が大切ということを理解している。 **○話を聴く技術(傾聴)を理解し、意識すればできる。** メンバーが意識すれば傾聴ができる状態。知識としては知っているが、実践は意識しないとまだできない状態。
2	○自分のチームを成功循環モデルに対比させ、どこに強み・弱みがあるかわかる。 自分のチームの自己診断ができる状態。 **○チーム内では、どんな意見でも頭ごなしに否定されずに、発言が許される。** 意見は否定しないということができている状態。 ○チームの課題は人間関係でなく、チームの達成すべきことに焦点が当たっている。 チームの課題がなくなることはないが、その内容が問題。主にチームの目標についての課題が中心になっている状態。
3	○メンバーが互いを受容していて、思ったことを話すことができる。 受容懸念、コミュニケーションの懸念が低い状態。良いことばかりでなく、耳の痛いことも発言ができている状態。 **○自己開示(思ったことの表明)と適切なフィードバックがなされ、メンバーが互いの成長を支え合っている。** 行動や態度について、指摘し合えている状態。また、そのことが感情的に尾を引いていない状態。 ○異なる意見を持っていても感情的な対立にならずに、納得度の高い合意を形成できる。 意見が対立しても慌てずに良い策が見つかるという確信をメンバーが持っている状態。

第２部

「思考の質」

チームの真の課題を発見する

賢明な思考とは?

賢明な思考とは、どういうことでしょうか? 豊富な知識を持っているということでしょうか?――知識も大切ですが、現在、知識はインターネットなどで比較的簡単に入手できます。たくさんの知識・情報があったとしても、それを適切に使うことができなければ賢明な思考とはいえないでしょう。

賢明な思考とは、いってみれば、たくさんの情報などから本質的なものを見極めるということになります。見極めるためには、大切なものとそうでないものを取捨選択しなければなりません。しかし、一見大切でないと見えるものの中にも、もしかすると他に影響を及ぼすものがあるかもしれません。

重要でないと考えていた要因も、もしかすると何かに影響を与え、それがまた他に影響を与え……という具合に、実は影響の先まで考えると重要な要因なのかもしれません。私たちを取り巻く状況は、経済のグローバル化やネットの普及などにより複雑化し、より相互に影響を与え合う状態になってきています。これまでのような「単純な取捨選択ではなく、相互の関係を見たうえで取捨選択する思考」が必要になってきています。

ある問題に対して解決策を考え、対処しても、結果としてより大きな問題を生んだりすることもあります。問題を解決する能力も大切ですが、そもそも何が問題かを見極める能力は、さらに大切です。

問題を正しく捉《とら》えずに解決策を実施しても、根本的な問題は解消しません（それどころか副作用を生んでしまう危険もあります）。

賢明な思考とは、複雑な状況でも相互の依存を見て本質的な問題を設定し、的確な解決策が出せる能力に基づくものです。そのためには、物事の全体像（いろいろな情報や要素などのつながり）が見える必要があります。「見える範囲の視野を広げる」と言い換えてもよいかもしれません。

賢明な思考の前提 ＝ 全体像が見えること

全体像が見えると、結果として、効果的な解決策が導き出せるということになります。複雑な状況の全体像をシンプルに捉え、どこに（何の）手を打てばよいか判断できる能力があることになります。

全体像を見るとはどういうことかについては、例を使って説明します。

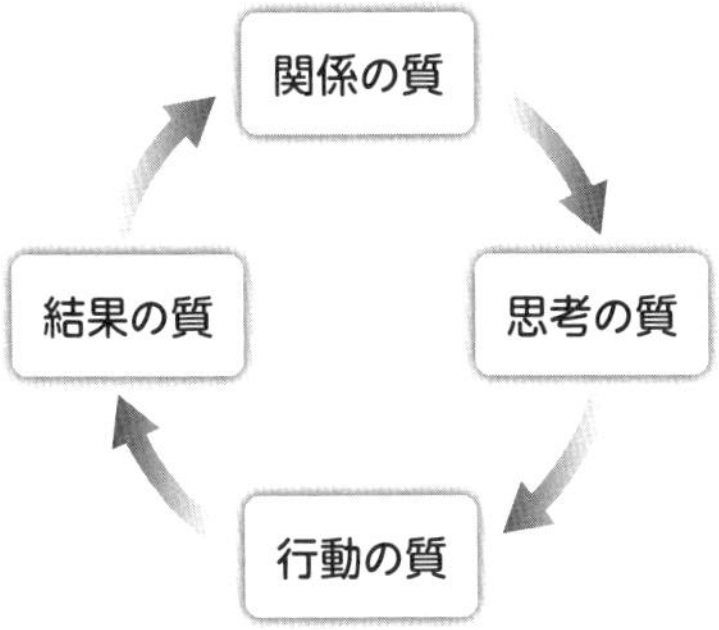

この「**組織の成功循環モデル**」は、組織の成功についての全体像を表しています。「**関係**」「**思考**」「**行動**」「**結果**」の質のそれぞれの要素が因果関係（原因と結果の関係）を持っていることを表現

しています。「関係の質」（原因）が高まれば「思考の質」（結果）が高まる、というふうにです。

こうして全体像が見えることには、次のメリットがあります。

①どこに働きかけると最も効果的かがわかる

最終的には「結果の質」を高めたいが、それには「関係の質」を高めることが大切とわかります。「結果の質」を直接高めようとすると「関係の質」が下がるという副作用を起こし、最終的に「結果の質」も下がってしまうことがわかります。

②自分ができるところがわかる（当事者意識が高まる）

たとえば、メンバーの「行動の質」を直接高めることはできないと感じている場合、自分は何もできないと諦《あきら》めるのではなく、たとえば関係を良くする工夫はできると気づくことができます。

自分事として取り組めるところがわかる――そうなると、問題の傍観者ではいられなくなります。そして、自分が当事者であるということは、自分が問題の一部でもあるということです。それは、逆にいうと、問題を解決することもできることを意味します。無力と思っていた傍観者から、変えられる力を持った当事者へと意識が変わる――他人のせいにしていた意識から、自分の責任であるという意識への変容です。全体像が見えていない状況で当事者意識を持てといわれても、自分が影響を及ぼせることがわからないのであれば、単なる根性論になってしまいます。自分も関与していると納得していないかぎり、本当の意味での当事者意識は芽生えません。

③問題のより深い理解

成功循環モデルは、全体像といっても間違いのない事実ではなく、このように見えたという仮説になります。仮説なので、そこには考えた人の主観が含まれます。

主観である以上、事実に近い部分もあると思いますし、そうでない部分もあると思います。全体像は作って終わりではなく、ここからが始まりです。より現実に近いものに修正し続けていく必要があります。その作業は、自分たちがどのように物事を認識しているかを検証していく過程でもあり、そのことが、より深い問題の理解にもつながっていきます。

全体像を見るためには、いくつかのハードル（困難）があります。

全体像を表現するための前提には、現実の世界をなるべく正確に見る必要があります。ところが、私たちは、現実の世界をありのままに見ることはできません。なぜならば、私たちは現実の世界を、自分の解釈（意味づけ）で理解しているからです。自分の解釈のベースとなる信念、仮説、思い込み、あるいは固定観念のことを「**メンタルモデル**」といいます。

古典的な童話の『裸の王様』は、メンタルモデルに縛られた人々を描いている。「王様には威厳があるはず」というイメージのせいで、人々には、王様は裸だというありのままの姿が目に入らないのである。

メンタルモデルとは、私たちの心の奥底に染みついているイメージや仮設、ストーリーのことであり、私たちが世界をどのように見るか、意味づけるかといった認識をかたちづくるだけではなく、どう行動するかまでをも決定する。

問題なのは、それが単純化されたモデルになり、意識の下に隠れて暗黙の了解になっていることである。たとえば、ビジネスの中で長年にわたって幅を利かせてきた原則や常識は、支配的なメンタルモデルとなって企業の変化を妨げている。それを検証しないかぎり、組織の行動は制限され、慣れ親しんだ考え方や行動に安住してしまうことになる。

（ピーター・M・センゲ他 著／柴田昌治 監訳／牧野元三 訳『フィールドブック 学習する組織「5つの能力」――企業変革をチームで進める最強ツール』2003年、日本経済新聞社刊、209ページ）

まずは、メンタルモデルについて説明していきます。

第4章

メンタルモデル

行動を決定づけている固定観念に気づく方法

仕事を部下にまかせたいと常々思っている。すでに、かなり忙しい状態だし、このままだと自分の仕事が手一杯になるのも時間の問題のように思う。

仕事を部下にまかせることで、部下の育成にもつながるし、最初はある程度時間がかかるかもしれないが、最終的には時間の節約につながり、自分も楽になるはずだ。また、部下にうまく仕事をまかせることができれば、結果的に会社からも評価されると思っている。

しかし、仕事のどの部分を、どんなふうにまかせようかと考え始めると、いつも面倒臭くなってしまう。やっぱり今回は自分でやろう、もう少し余裕があるときにまかせよう……。でも、考えてみれば、こんな状態がずっと続いているように感じる。結果として社内で人が育たず、忙しい状況も変わらずに続いている。

※病んでいる組織の兆候：いつまでたっても解決しない、根の深い問題がある。

メンタルモデルとは？

メンタルモデルとは、私たちが掛けている眼鏡です。私たちは現実をありのままに見ていると思いがちですが、実際には現実の中で見る範囲を選択し、さらに自分なりの微妙に歪んだレンズを通して見ています。メンタルモデルは、別の言葉ではレンズやパラダイムといわれたりすることもありますが、その人が持っている「**固定観念**」のことを指しています。

たとえば「人間は基本的には信じられない」というメンタルモデル（信念・固定観念）がある人は、他人の行動を見たときに、信頼できないところが目につきやすくなります。その結果、ますます、やはり人間は信じられないのだというメンタルモデルを強化してしまいます。

一方、その反対に「人間は基本的に信じられる」というメンタルモデルを持った人では、他人の行動の信頼できる点が目に入りやすく、そのことでさらに、人は信じられるという自分のメンタルモデルを強化します。

メンタルモデルは、何を見るかの選択だけでなく、自分自身の行動のしかたにまで大きな影響を及ぼします。

人間は基本的に信じられないというメンタルモデルを持った上司は、部下の行動を細かくチェックし、何かあれば罰を与えるという意識が強く、反対に、人間は基本的に信じられるという上司は、環境を整えれば部下は力を発揮するはずということで、何かうまくいかない場合には、人ではなく環境や仕事内容を改善しようとします。

メンタルモデルは通常は意識の奥に存在しているため、ほとんど気づかれません。自分たちで探るまでは見えないことが普通です。

私の経験ですが、失敗を歓迎する、失敗から学びましょうと口癖のようにいうリーダーがいました。この人はメンバーにもチャレンジを促していました。しかし、そのリーダーは、自分が失敗したときには自分の行動を恥じ、自分の情けなさ・不甲斐なさをメンバーたちに吐露しました。おそらく、そのリーダーは、自分が普段口にしていた言葉とは裏腹に「失敗してはならない」というメンタルモデルを持っているのではないかと、そのとき私は思いました。

「思考の質」を高める最初のステップは、自分のメンタルモデルに気づき、それが自分の見え方や行動にどのような影響を与えているかを理解することです。自らの見え方の傾向に気がつくことができれば、現実を見る場合に、それを考慮に入れて見ることができるようになります。

メンタルモデルは悪いものではありません。メンタルモデルがなければ、私たちは何を見てよいのか、それをどう解釈（意味づけ）してよいのかを判断できません。ただ、それを意識するときには、自分の行動に悪影響を与えるメンタルモデルを認識することが大切です。

「思い込みを捨てて真実を見てください」という人もいますが、それは不可能です。私たちは、思い込みをなくし、ありのままに世界を見るということは、残念ながらできません。ただ、他者との対話を通じて、ありのままに近い世界に接近していくことは可能なのです。

実際には、私たちの自己認識と世界認識は一つの仮説にすぎない。それは真実の場合もあれば、そうでない場合もある。そのような仮説をあたかも確定的な真実であるかのように扱えば、それは強力な固定観念になる。

（中略）

強力な固定観念は裏の目標と同様、普通の状況では死角になっていて目に見えない。それを見えるようにするためには、自分が固定観念と一体化していたり、それに支配されていたりする状態を脱し、固定観念と距離を置くこと、すなわち固定観念を「主体」から「客体」に転換することが必要とされる。それはとりもなおさず、知性のレベルを高めることを意味する。

（ロバート・キーガン、リサ・ラスコウ・レイヒー著／池村千秋 訳『なぜ人と組織は変われないのか――ハーバード流 自己変革の理論と実践』2013年、英治出版刊、323～325ページ）

メンタルモデルについて学ぶということは、出来事には幾通りもの解釈が可能という考え方を理解することにもなります。多くの人は、自分の考えは正しい、真実だと思ったときに相手の話を聞くことができなくなってきますが、メンタルモデルについての意識を高めると、結果として他人の話を深く聞くことができるようにもなります。

他人の意見は自分の意見と対立するものではなく、自分の意見の足りない点（盲点）を補完してくれるものなのです。人とのコミュニケーションの中で、自分でも盲点だったと気づく体験があると、他人の話を聞くことが容易になってきます。異なる意見は自分の意見に敵対するものではなく、自分の意見の盲点に気づかせてくれるものである、と……。私たちは全員、ある種の欠陥を持った眼鏡を掛けて、モノゴトを見ています。それは各人ごとに異なるものに見えていますが、全員の見え方を互いに紹介し合うことによって、次第に現実に近い見え方がわかってくるのです。――「どちらが正しい」ではなく「どちらも異なった見え方をしている」のです。

誰しも、自分は物事をあるがままに、客観的に見ていると思いがちである。だが実際はそうではない。私たちは、**世界をあるがままに**見ているのではなく、**私たちのあるがまま**の世界を見ているのであり、自分自身が条件づけされた状態で世界を見ているのである。何を見たか説明するとき、私たちが説明するのは、煎じ詰めれば自分自身のこと、自分のものの見方、自分のパラダイムなのである。相手と意見が合わないと、相手のほうが間違っていると瞬間的に思う。（中略）

私はなにも正しい事実は存在しないと言っているのではない。認知実験では、最初にそれぞれ違う絵で条件づけされていた学生二人が、二枚の絵を合成した絵を見る。二人はこの合成した絵の中で黒いラインと白い余白という同一の事実を見ている。二人とも、それらが事実であることは認めている。しかしそれらの事実に対する解釈は、それ以前の経験を反映したものになる。こうして、事実は意味を持たなくなり、それぞれの学生の解釈だけが残るのである。

自分の頭の中にある地図、思い込み、つまり基本的なパラダイムと、それによって受ける影響の程度を自覚し、理解するほど、自分のパラダイムに対して責任を持てるようになる。自分のパラダイムを見つめ、現実に擦り合わせ、他の人の意見に耳を傾け、その人のパラダイムを受け入れる。その結果、はるかに客観的で、より大きな絵が見えてくるのである。

(スティーブン・R・コヴィー著/フランクリン・コヴィー・ジャパン株式会社 訳『完訳 7つの習慣 ―人格主義の回復』2013年、キングベアー出版刊、22~23ページ)

私たちは他人を完全に理解することはできません。なぜなら、誰も他人とまったく同じ経験を得ているわけではないからです。ただ、他人のものの見え方と自分の見え方を比較しながら、より正しい現実の理解をすることはできます。「コミュニケーションとは、完全な相互理解を目指すのではなく、お互いの意見から相互に補完し合って新たな視点を創造する行為」なのです。

メンタルモデルに気づく方法——推論のはしご

「推論のはしご」とは、しばしば人を誤った思い込みへと導く〝心の通り道〟のことで、だんだんと抽象度が高まっていく推論の道筋を示すものです。これはメンタルモデルを認識するときに役に立つ考え方です。

「推論のはしご」は、人が何かを目にして、それについてどう対処するかを決める際の一連の考えの流れを〝はしご〟にたとえたものです。まず、何かを目にするところが、はしごのいちばん下になります。次に、目にしたものの中から、どの部分に注目するかというところで選択が行われます。選択されなかったところは見過ごされる（無視される）ことになります。

次に、注目したところについてラベルを貼ります。そして、そのラベルについて評価（価値判断）します。それから、その評価に基づいて行動を決めます。

たとえばAリーダーは、普段から勤務態度に問題があると感じていたメンバーのBさんが会議中に目につきました。

まず、Bさんが目をこすっていたところに注目しました（はしごの下から2番目の段）。それを見て、Aリーダーは、Bさんは眠いのだろうと判断（変換）しました（下から3段目）。次に、眠気を起こして

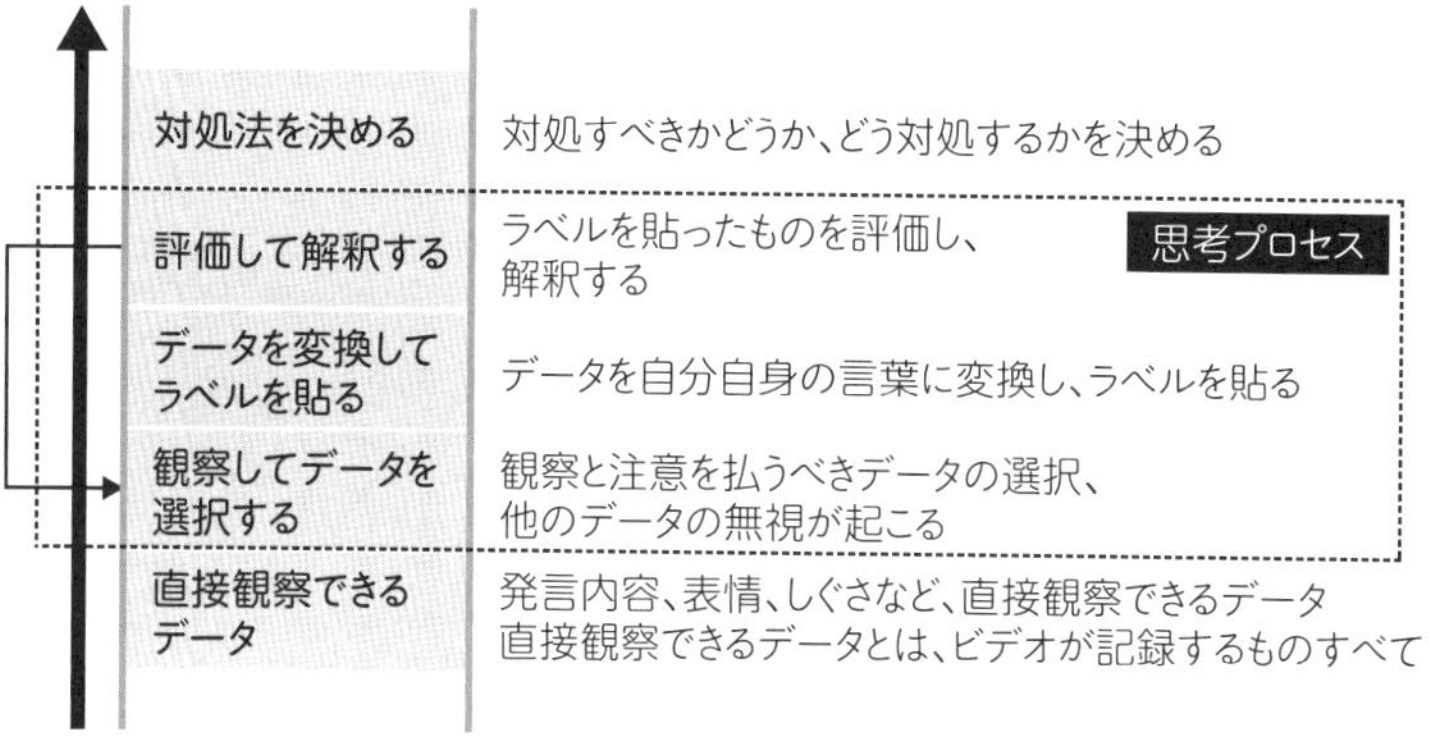

対処法を決める	対処すべきかどうか、どう対処するかを決める	
評価して解釈する	ラベルを貼ったものを評価し、解釈する	思考プロセス
データを変換してラベルを貼る	データを自分自身の言葉に変換し、ラベルを貼る	
観察してデータを選択する	観察と注意を払うべきデータの選択、他のデータの無視が起こる	
直接観察できるデータ	発言内容、表情、しぐさなど、直接観察できるデータ 直接観察できるデータとは、ビデオが記録するものすべて	

いるということは、この会議に興味がない――すなわち、やる気がないのだなと評価しました（下から4段目の段）。
データの選択から評価の部分は一瞬で行われ、どのように考えたかを意識することはありません（この部分を「**思考プロセス**」と呼びます）。この後、Aさんは「やる気がないのなら会議に出てこなくていいぞ」とBさんにいいました。
――本当は、Bさんは前日に緊急の仕事が入り、夜遅くまで仕事をしていたので眠かったのです。しかし、そうした事情を確かめることもなく心ない一言をAリーダーが浴びせたことでBさんは本当にやる気をなくし、その結果、Aリーダーは、やはりBさんは態度に問題があるという自分の認識をいっそう強化することになりました……。

私たちの思考プロセスには、一瞬で判断ができるという優れた特性がありますが、この例のような誤解を生む欠点もあることを理解しておくことが必要です。

メンタルモデルを認識するための最初のステップは、このはしごをゆっくり上がってみて、どのような思考プロセスだったかを振り返る（検証する）ことです。

メンタルモデルについて認識を深めていくには、次の三つの視点（推論のはしごの「思考プロセス」の部分）がポイントです。

○どこを見て（自分の見た事実――【例】目をこすっていた）
○どう意味づけしたか（その事実をどんな言葉にしたか――【例】眠いのだろう）
○どう解釈したか（その言葉を私はこう解釈する――【例】眠い＝やる気がない）

この視点を、次の三つのステップで検証していきます。

①**内省**（三つの視点で、自分自身の思考プロセスを振り返る）
「○○を見て、○○と意味づけし、○○と解釈しました」
②**開示**（振り返った自分自身の思考プロセスを、相手にわかりやすく開示する）
「私は、○○を見て、○○と意味づけし、○○と解釈しました」
③**質問**（さらに他人の思考プロセスを（柔らかく）尋ねる）
「あなたは、何を見て、どう意味づけし、どう解釈しましたか？」

推論のはしご自体は、コミュニケーションのいろいろな場面で活用できるものですが、意識的に行う場合には、活動の「**振り返り**」の場面で使うと効果的です。振り返りとは、何らかの活動を行った後に、その活動について起こったことを出し（指摘し）、なぜそれが起こったのかを分析し、次の活動に向けての改善案を提起することです。

具体的には、プロジェクトのフェーズごとの区切りや一日の活動の振り返り、会議後の振り返り、何らかのアクシデントやインシデントに見舞われた活動の振り返りなどをするときに、推論のはしごを行います。まず、自分自身の思考プロセスを内省し（①）、その後にそれを開示（主張）し（②）、そして相手の思考プロセスを尋ねる（③）——ということになります。

私は、他人と感情的な対立に至ったときに、この推論のはしごで振り返ります。よく使ったのは、家族間での喧嘩《けんか》においてです。

数年前のことですが、私の息子も思春期になって生活面で注意することが増え、その際に細かく指摘していると最終的には喧嘩に発展する……ということが繰り返されていました。次第に二人の関係は悪化し、息子はますます私の注意を聞かなくなるという悪循環に陥っていました。

あるとき、喧嘩の後で、私は少し落ち着いて内省から始めました。

最初に、どこを見て、どう意味づけし、どう解釈したか？　これらは一瞬で行われているので、まずは一人でゆっくりと考えてみました。

内省（①）

○どこを見て？　　　　　↓私が注意したら、息子の声が大きくなった

○どう意味づけしたか？　↓息子が威圧しているように感じた

○どう解釈したか？　　　↓自分が悪いにもかかわらず反抗していると解釈した

次に、これを息子に話してみました（②開示）。

そうすると息子は、私も注意をするときに声のトーンが上がり、声が大きくなっていたと指摘しました。私自身は努めて冷静に話をしたつもりだったのですが、そうではなかったと息子はいいます。

――それで、私に対抗するために自分も声を荒げたのだといいました。

それを聞いて、もう一度考えてみると、確かに私は息子に最初の注意をするときに「また、注意しなければいけない。いい加減に自分で気がついてくれよ」とか「もう、うんざり」といった気持ちを持っていました。気がつかないうちに、それが声や表情など、態度に出ていたのかもしれません。「どうせ注意しても改善してくれない」とか「反抗期なのだから仕方ない」という、息子に対する見方を私が持っていることに気づきました。

それ以降は、注意をするときにも、そのことを意識するようにしました。特に、最初に話をするときには、口調や声の大きさに意識を向けました。その結果、私と息子とで感情的な喧嘩《けんか》に発展する回数は減り、お互いの信頼関係は少しずつ改善していきました。

些細な喧嘩は相変わらずありますが、それを推論のはしごで振り返ると、他者の理解と自己発見につながり、関係も良くなる機会に転じると感じています。

内省するのには時間が必要です。お互いが意見を出し合う前に、一人で考える時間を作るのがポイントです。

すべてのディシプリンと同じく、メンタル・モデルのディシプリンが進歩するには時間がかかり、進歩の兆候もわかりにくいものだ。ハーレーダビッドソンが組織学習のさまざまな取り組みに投資して数年たった頃、社長のジェフ・ブルースタインに「何か変化がありましたか？」と聞いたことを思い出す。彼の答えは簡潔だった。「社員がだんだんこう言うようになってきましたよ。『物事はこうなっているものだ』ではなく、『私は物事をこういうふうに見ている』とね。ささいなことに聞こえるかもしれませんが、この言い方に変わると会話の質が変わります」

（ピーター・M・センゲ著／枝廣淳子、小田理一郎、中小路佳代子 訳『学習する組織 ―システム思考で未来を創造する』2011年、英治出版刊、275ページ）

※著者注：学習する組織では、習得すべきことを指して、スキルというよりも、修養・鍛錬が必要な規範という意味で「ディシプリン」という言葉を使っていると私は解釈しています。

断定的に言い切っていた言葉遣いが「自分の見方を提示する」というふうに変わってきたら、メンタルモデルが浸透してきた兆しといえます。

メンタルモデルに気づく方法――免疫マップ

メンタルモデルを検証し、改善する際に有効なツールとして、ロバート・キーガンが開発した「**免疫マップ**」があります。

免疫とは、細菌やウィルスが体内に侵入してきても、それに抵抗して打ち勝つ仕組みです。組織において何かを変えようとすると、その変化をウィルスのように捉《とら》えて、変化を阻《はば》まれてしまいます。たとえば定時後の仕事を抑制するために残業禁止というルールを決め、実施した(変化)としても、なかなかルールは守られずに残業時間も減りません(抵抗)。その組織には、遅くまで仕事をするほどやる気があると思われるメンタルモデルがあったため、メンバーは皆、あの手この手でルールを回避し、遅くまで残っている状態が続きました。

(前略)私たちは誓いを立てるとき、なくすべき「悪い行動」と増やすべき「よい行動」にばかり目を向けるが、強力な阻害行動を取らせる裏の目標を明らかにしないかぎり、問題を正確に定義したことにならない。アルバート・アインシュタインの言葉を借りれば、問題を正しく定義することは、問題を解くことと同じくらい重要だ。（後略）

（ロバート・キーガン、リサ・ラスコウ・レイヒー著／池村千秋 訳『なぜ人と組織は変われないのか――ハーバード流 自己変革の理論と実践』2013年、英治出版刊、58ページ）

変化を起こそうとしても、メンタルモデルのおかげで免疫機能が働き、変化が妨げられてしまいます。決まりや仕組みを変えても、メンタルモデルの力で、元の状態に戻ろうとしてしまいます。免疫マップというのは、そうした免疫機能を明らかにするツールです。

免疫マップには、以下の六つのステップがあります。

ステップ1 改善目標をひとつ設定する

最初のステップは、改善目標の設定です。組織的なこと、あるいは個人的なことのうち、改善したいことを目標にします。たとえば「部下に仕事をまかせたい」といったことです。

目標としては、次の3条件に合致するものを挙げるようにします。

①その目標が自分・組織にとって重要なものであること

なんとしても目標を達成したいと思えるような、切実に必要としていることです。

②その目標がまわりの誰かにとって重要なものであること

その目標が達成できれば、まわりの人たちからとても歓迎されることです。

③その目標を達成するために主として自分自身の努力が必要だと認識できていること

「部下に仕事をまかせたい」というのは、現状のままでは自分自身が忙しくなりすぎるし、部下も育たないので、これは重要な目標といえます。そして、これが解決すると部下も喜ぶし、自分自身も時間の余裕ができ、その時間を新規の事業を考えたりすることに使えるので、会社にとっても良いことです。

そして、ここでは、自分が努力しないとできないということも認識されています。

ステップ2　阻害行動を洗い出す

この目標について普段どのような行動をとっているか（いないか）を考えます。目標達成を阻害する行動を、洗いざらいリストアップします。阻害行動については、ひとつだけでなく、複数挙げてください。例として「部下に仕事をまかせたい」と思いながらそうなっていない行動を次の観点で挙げていきます。

リストアップする行動は具体的であればあるほど好ましく、またそれは心理状態ではなく、まさに行動を挙げるようにします。その際には、自分が自分自身に対して密告者になったつもりで、徹底的に洗い出します。この段階で、どうしてそのような行動をとるのかといった解決策を考える必要はありません。

【例】×イライラする

○イライラすることでどんな行動をとるのか、とれなくなるのかを挙げる

↓部下が自分のまかせた仕事をできているか進捗が気になり、頻繁に確認のメールをしている。

↓まかせた仕事の出来映えが気になるために、まかせるときの指示を細かくしている。

↓まかせるときの指示を考えるのが面倒だと感じて、まかせること自体を諦《あきら》める。

ステップ3　不安感情を探し出す

次に、もしステップ2で掲げた阻害行動と反対の行動をとったときに起こる最も不愉快な、最も厄介な事態とはどういうものかを記入します。

○部下に頻繁に確認のメールをしないとすると……

最終的に期待していたものができず、仕事の予定が狂う。結果的に時間がかかり、大変になる。

顧客にも迷惑がかかり、会社の評価も下がってしまう。

○まかせるときの指示を細かくしないとすると……

最終的に期待していたものができず、そのことを部下に指摘することで、部下のやる気がさらに低下する。また、それによって互いの関係が悪化する。

○まかせることを諦《あきら》めないとすると……

ただでさえ忙しいのに、細かい指示をしたり、確認をしたりするための時間がかかり、いっそう忙しくなる。

ステップ4　裏の目標を見つける

ステップ2で洗い出した阻害行動が目指している「裏の目標」を明らかにします。裏の目標とは、隠された目標です。「部下に仕事をまかせたい」という目標が表の目標ですが、実際には「部下に仕事をまかせない」行動をとっています。そして、その行動は、不安感情から来ています。

〝変革を阻む免疫機能〟の本質は、合理的に、そして巧みに、不安から自分を守ろうとする点にあります。そのせいで改善目標（表の目標）と裏の目標がジレンマを起こし、変化を拒みます。これこそが問題の正体です。変革が進まないのは「意志」が弱いからではなく、このジレンマを解消できないからなのです。

裏の目標は、最も恐れている不安な感情を回避するものになります。例でいうと、裏の目標は「部下に仕事をまかせない」ということになります。

部下に仕事をまかせなければ、まかせた仕事の出来映えを気にして不安になったり、仕事をまかせるための細かな指示を考えるような余計な時間がかかったり、本来の仕事がさらに忙しくなったりするような不安感は減ります。

不安は、社会生活に最も強い影響を及ぼすにもかかわらず、最も理解されていない私的感情だ。免疫マップが描き出すのは、ある人の思考様式のなかにある通常は目に見えない部分であり、それは理性的な思考より感情に関わる部分である場合が多い。そのような目に見えないメカニズムは、不安に対処する役割を果たしている。その意味で、免疫マップは、ある人が生涯を通じてたえず感じ続けている不安（それは本人も気づいていないものの場合もあるだろう）にどのように対処しているかというメカニズムを描き出すものと言える。

（ロバート・キーガン、リサ・ラスコウ・レイヒー著／池村千秋 訳『なぜ人と組織は変われないのか――ハーバード流 自己変革の理論と実践』2013年、英治出版刊、68ページ）

ステップ5 強力な固定観念（メンタルモデル）を探す

ここまでの段階で、目標達成を妨げる行動が自らによって生み出される仕組みと、阻害行動を通じて自分の最悪の不安が現実化することを防ぐ仕組みがどのように形づくられているかについても、理解が進んだかと思います。

免疫機能を抑え込むためには、免疫システムの土台にはどういうメンタルモデルがあるかを知ることが必要です。裏の目標の根底にありそうなメンタルモデルを挙げてみましょう。このメンタルモデルは、自分が正しいと感じてきたものになります。

たとえば、次のようなことが挙げられます。

○仕事をまかせても、かけた時間に対して得るものが少ない
○部下に仕事をまかせ、育てるよりも、目の前の仕事が優先される
○会社が評価するのは部下の育成ではなく、目の前の数字（部署目標）である
○自分が期待するレベルの仕事は、部下にはできない

ステップ6　検証する実験を企画する

メンタルモデルを一気に変えていこうとしても、免疫機能が働きます。少しずつ実行するのがポイントです。ロバート・キーガンは、それには数カ月かかると覚悟をしておくこと、一夜にして目標を達成しようなどと思ってはならない――といっています（週に30分程度の時間を使うと、たいてい三

カ月くらいで際立った効果が見え始め、自信が湧いてくる）。

実験の目的は、いつもと異なる行動を意図的にとって、どういう結果が生じるかを確認し、それに照らしてメンタルモデルの妥当性を検証することにあります。

まず「現在の行動をどのように変えれば、強力な固定観念の正確さについて有益な情報が得られるだろう?」と考えてみましょう。そのうえで、具体的にどういう行動や発言をするか計画を立てます。

○実験は安全でささやかなものである
○実験は近い将来に実行可能でなくてはならない
○実験はテストが目的で、自分の行動を改善することが直接の目的ではない

たとえば、部下に仕事をまかせてみて、自分が期待していることとの差異を見てみます。

実験の計画ができたら、実行します。その際には、次の情報を取ります。

○あなたは実際にどのような行動をとったか?
○その結果、何が起きたか?

実験の結果を使って、メンタルモデルについて何がいえるかを明らかにします。たとえば、何名かの部下に仕事をまかせてみて、自分の期待していることとの差異を見てみた場合――

「期待との差異があった部下もいたが、なかった部下もいた。中には、期待を超える内容だった部下もいた」

「期待との差異はあったが、それほどでもなかった」

前述の六つのステップについては、最初は個人で行ってみることをお勧めします。この方法は「不安感情」とい

1. 改善目標	□部下に仕事をまかせたい
2. 阻害行動	□まかせた仕事を部下ができているか進捗が気になって、頻繁に確認のメールをしている □まかせた仕事の出来映えが気になるので、まかせるときの指示を細かくしている □まかせるときの指示を考えるのが面倒に感じて、まかせることを諦める
3. 裏の目標	<不安感情> □最終的に期待していたものができずに、仕事の予定が狂う ――結果的に時間がかかり、大変になる。顧客にも迷惑がかかり、会社の評価も下がってしまう □最終的に期待していたものができずに、そのことを部下に指摘することで、部下のやる気がさらに低下しそうで、お互いの関係が悪化する □ただでさえ忙しいのに、細かい指示をしたり確認したりの時間がかかり、さらに忙しくなる
	□部下に仕事をまかせない
4. 強力な固定観念	□仕事をまかせることは、かけた時間に対して得るものが少ない □部下に仕事をまかせて育てるよりも、目の前の仕事が優先される □会社が評価するのは部下の育成ではなく、目の前の数字（部署の目標）である □自分が期待する仕事は部下にはできない

う感情的なものを開示することになるからです。やり方に慣れたら「関係の質」が高い状態にして、最終的にはチームでミーティングを行います。目的は、組織のメンタルモデルを見つけ出し、その妥当性を検証して、より有効なメンタルモデルを考えることです。

私自身は、個人的な目標が達成できないとき、メンタルモデルを考えるために免疫マップを活用しています。

メンタルモデルと向き合う

時に、自分やチームにとって不都合なメンタルモデルが明らかになることがあります。そうしたものに向き合うには、勇気が必要です。普段いっていることと自分のメンタルモデルとのギャップに、戸惑いや恥ずかしさを感じることがあります。そのような感情を受け入れ、それでも向き合っていこうと思えるかどうかが大切です。そのためには、メンタルモデルを明らかにする強い目的意識を持ち、「関係の質」を高めておく必要があります。

それは、たとえば、自分自身が成長したいという思いであったり、チームの目的に共感し何としても成し遂げたい、良いチームにしたいといった気持ちなどです。

私自身、自分の考えとして「他人との関わりでは競争ではなく協力が大事」と思っています。しかし、自分のメンタルモデルに「そうはいっても、競争に負けてはいけない。究極的には協力よりも競争」というものがあります。いっていることと、自分の信念とが異なる——それに気づいたときには、自分自身が情けなく、失望もしました。しかし、それに気づけたことで、いまでは自分の行動を「競争ではなく協力」にしようと意識的に努力し、そのように努力している自分自身をも認めることができるようになりました。

仕事の場で、物腰の柔らかい人と話す機会がありました。私が「その雰囲気が素敵ですね」と伝えると、その人は「若い頃は人に厳しく、管理しようとしていました。しかし、いまは、その考え方は間違っていたと思っています。……でも、自分の中には厳しくしなければという気持ちが強くあって、それを私は抑《おさ》えているのです」と応えてくれました。私はとても共感しました。

（前略）したがって、泥棒が泥棒であることを自覚し、まっとうな人間に生まれ変わりたいと願うならば、意識的に盗みをやめ、意識的に正直な人間になろうと努力するしか道はない。正直な人間に生まれ変わろうとする努力は、自覚的かつ人為的なものであって、無意識的なものでも自然なものでもなく、うそ偽りに見える場合もあろう。これは根っから正直であること、つまり心的態度の自然な表出としての正直さとはまったくの別物である。だが、ほかにどのような方法があるというのだろう。悪漢から正直者へと生まれ変わるには、そうなりたいと努力する以外に道はないのだ。

組織についても同じことが言える。権威主義的な監督者が民主的な監督者になるにはそうなりたいと努力する意識的かつ人為的・意図的な移行段階を経なければならない。民主的監督者になりたいと努力する人は、もともと自然に民主的にふるまえる監督者とは明らかに別人だ。(中略)完全に自然発生的なものではないという理由で、なりたいと努力することを軽んじ否定することは簡単だ。しかし、目指す状態へと自発的に、そして徹底的に変化するには、こうした前段階を経る以外にないのである。

(A・H・マズロー著/金井壽宏 監訳/大川修二 訳『完全なる経営』2001年、日本経済新聞出版社刊、148ページ)

メンタルモデルは眼鏡のように簡単に他のものに代えることはできません。しかし、メンタルモデルに気づき、自分のありたい姿の行動をとるよう意識するということが、まさに成長することなのだと私は感じています。

第4章のポイント

○メンタルモデル（信念・固定観念）は、自分の見え方や行動に大きな影響を与えている
○メンタルモデルは通常、意識の奥底に存在しているため、ほとんど自覚されない
○メンタルモデルについて認識を深めていくためには、自分自身の解釈について次の三つの視点で掘り下げていくこと
①どこを見て（自分の見た事実）
②どう意味づけし（その事実をどんな言葉にしたか）
③どう解釈したか（その言葉を私はこう解釈した）
○目標が達成できないのは、その目標を阻害する行動をとっている裏の目標があるから（裏の目標は、自分自身の不安感情に由来している。その不安感情のもとになっているのはメンタルモデルである）
○自分や組織の目標を達成するためには、メンタルモデルに気づき、それを検証することがポイント

ちいさな実践の提案

1 内省を習慣化する

何かの判断をして――特に誰かの言動や行動を見て、感情的になったことについて内省をしてみ

てください。

○どこを見て（自分の見た事実）

○どう意味づけし（その事実をどんな言葉にしたか）

○どう解釈したか（その言葉を私はこう解釈した）

2 内省したものを開示してみる

自分が内省したものを相手に開示してください。お互いが感情的になっていないときの、落ち着いた状態でしてみてください。自らの見え方と、他者の考えていたこととのギャップに気づくことができれば成功です。また、相手の内省を促すように、柔らかく尋ねてみてください。

3 免疫マップを書いてみる

免疫マップをステップに沿って書いてみてください。免疫マップについてより深い理解を得るには、ロバート・キーガンの著作（池村千秋 訳『なぜ人と組織は変われないのか ― ハーバード流 自己変革の理論と実践』英治出版刊）を読むことをお勧めします。

第5章

ダイアログ

物事の本質を見つける方法

わが社の理念は、数年前に社長を中心として理念作成プロジェクトが立ち上がり、まとめられて発表された。

よく考えられた文章ではあるが、いまひとつ心に響くものがないように感じている。ほとんどの社員は理念があることは知っているが、皆、同じような感想を持っている。つまり、言葉としては知っているが、その意味が理解できていない状況である。

理念作成プロジェクトの提案で、職場では毎朝この理念を唱和しているが、繰り返し唱《とな》えればいずれ浸透するのだとも思えない。

我が社の理念を、自分自身、どう意味づけするか？　そうしたことを、腹を割って話し合ってみたらどうなるのだろうか？

※病んでいる組織の兆候：与えられた仕事の目的がよくわかっていない。自ら課題を発見できない（困ったことが起こってから問題になる）。

対話とは何か

「対話」とは何か？　――言葉としては一般によく使われているものですが、その意味するところは人それぞれ解釈が異なります。いろいろな人に対話の意味を聞いたところ、対話とは「向かい合って話すこと」であったり、あるいは「深く話し合うこと」であったり、はたまた「本音で語ること」であったり……。人により対話の意味はさまざまでした。

何か答えはないものかと対話に関する書籍を見てみると、そちらでも、またさまざまな定義がなされています。

『対話する力――ファシリテーター23の問い』（中野民夫、堀公俊 著、２００９年、日本経済新聞出版社刊）では「言葉を通して率直に話し合う中で、何か新しいものを一緒に見つけ出していく、共に創り出していくこと」と述べられています。

また『ダイアローグ 対話する組織』（中原淳、長岡健 著、２００９年、ダイヤモンド社刊）では、①共有可能なゆるやかなテーマのもとで、②聞き手と話し手によって担われる、③創造的なコミュニケーション――と定義されています。

対話（ダイアログ）を一般に広めたデヴィッド・ボーム（*David Bohm*）は、その著『ダイアローグ――対立から共生へ、議論から対話へ』（デヴィッド・ボーム著／金井真弓 訳、２００７年、英治出版刊）の中で、対話の意味をより深く理解するためには言葉の由来を知ることが有用といい、次のように紹介しています。――すなわち、ダイアログ（*dialogue*）とは、ディア（*dia*：～を通しての意）とロゴス（*logos*：言葉の意）というギリシャ語を語源とする「人々の間を通って流れている〝意味の流れ〟」ということです。

本書での「対話」の定義を行う前に、第4章（メンタルモデル）で説明しましたが、人が何かの出来事を見て自分なりの意見を述べる過程 ――つまり、考える過程（思考プロセス）を、もう一度考えてみましょう。

> 対話（*dialogue*）は討論（*debate*）とは異なる。対話は、各個人が自らのかけがえのない体験・信念・価値観にコミットして語りあうことであるが、討論は個人のコミットメントを問わず論理的に相手を説得する技術である。また、対話は参加者の文脈依存の暗黙知と文脈独立の形式知の相互変換の共創プロセスであり、主観と客観、個別と普遍の往還を行うプロセスである。（中略）
> 弁証法的知の綜合は、まず物事の本質的意味を追求する対話で行われる。形式的には矛盾し対立しているように見える事柄でも、その本質を追求し、対話により他者の視点を取り入れて新たな文脈に置くことにより、無意識のうちに前提としていた先入観を捨てて、新たな解を見出すことができる。
>
> （野中郁次郎、遠山亮子、平田透 著『流れを経営する ― 持続的イノベーション企業の動態理論』2010年、東洋経済新報社刊、54～55ページ）

思考プロセスとは、第4章で説明したように、出来事・情報のインプットから意見・行動のアウトプットへと至る間にある思考の過程です。

○どこを見て（自分の見た事実――【例】目をこすっていた）
○どう意味づけし（その事実をどんな言葉にしたか――【例】眠いのだろう）
○どう解釈したか（その言葉を私はこう解釈します――【例】眠い＝やる気がない）

思考プロセスには次のような性質があります。

○**解釈はあまり意識せずに行われ、解釈したということにも気がつかない**
……「目をこすっていたのを見て、眠いだろうと意味づけし、やる気がないと解釈した」というふうにではなく、目をこするのを見た瞬間に、やる気がないと即座に思い、どのように自分で解釈したのかということは意識されずに、あたかも事実であるかのように感じてしまう。

○**解釈は過去の経験などで出来上がっているものである**
……解釈は、過去に自分で経験したことや、人から聞いたことなどから出来上がる。

思考プロセスとは、いってみれば「**ブラックボックス**」※のようなものです。何かの出来事を見たり、何かを問われたりしたとき、それを一瞬で解釈し、答えを意見あるいは行動という形で出力します。ブラックボックスのおかげで迅速な判断ができるという利点があります。すべてのインプット(目にすることや聞こえること)を一から分析し、判断していったら、かなり時間を要するでしょう。しかし、重要な判断であったり、人と何かを創り出すような創造的なコミュニケーションなどにおいては、このブラックボックスが問題になってきます。

※ブラックボックス(black box)とは、内部の動作原理や構造を理解していなくても、外部から見た機能や使い方のみを知っていれば十分に得られる結果を利用することのできる装置や機構の概念。転じて、内部機構を見ることができないように密閉された機械装置を指して、こう呼ぶ。

ブラックボックスは過去の経験に基づいて判断するので、現時点の判断には合っていない恐れがあります。また、そもそも過去の経験に十分な妥当性があったのかという疑問もあります。

ブラックボックスは便利ですが、その処理がそもそも正しいのかを検証しないと、正しい判断が行えなくなる危険が高まります。かといって、このブラックボックスを検証しようとすると、往々にして次のような障害が立ちはだかります。

○そもそもブラックボックスの存在に気がついていない(気がついていないことは検証できない)
○自分の意見(思考の過程)に異を唱《とな》えられたり、疑問を投げかけられたりすると、自分が攻撃されたように感じて、自分の意見を守ろうとしてしまう

後者については、たとえば自分の意見に対して「なぜそのように思うのですか？」と理由を尋ねられると、多くの人は、その意見の正当性を明らかにしようとするよりも、自分の正当性を守るために己の意見を守ろうとしてしまいます。自分の口から出た意見は自分と一体化してしまい、その意見の正当性を守ろうとするがために、自分自身の解釈の過程を話すことに抵抗してしまうのです。対話が困難と感じられるのは、意見と自分を同一視してしまい、意見を冷静に検証することができなくなるからです。

整理すると、思考プロセスには次の特徴があります。

○解釈は無意識に行われ、そこに解釈があったと本人さえ気がつかない

○解釈は過去の経験からできているものである
○意見と自分を同一視することで、自分の意見を守ろうとし、そのもとになる解釈を疑わせないように隠してしまう

そして、このことが、次のような懸念を生みます。

○その解釈がすでに時代に合っていない可能性もあるが、そのことを検証しないので、新しい解釈を生み出せずに、時代に合っていない判断を下してしまう（昔はこれでうまくいっていたのだから、今回もうまくいくはずと思ってしまう）
○他人とコミュニケーションをとる際に、自分の過去の経験に基づく解釈で相手を理解するため、表面的な理解にとどまってしまい、深い相互理解がなされずに、誤解が広がっていく（たとえば「ああいう態度の人を何度も見てきた。今回も同じに違いない……」など）

逆に、もしこの懸念を解消し、思考プロセスを見えるようにして、メンタルモデルを検証することができたら、次のようなメリットが生まれます。

○時代に合った、より適切な行動をとれる可能性が高まる

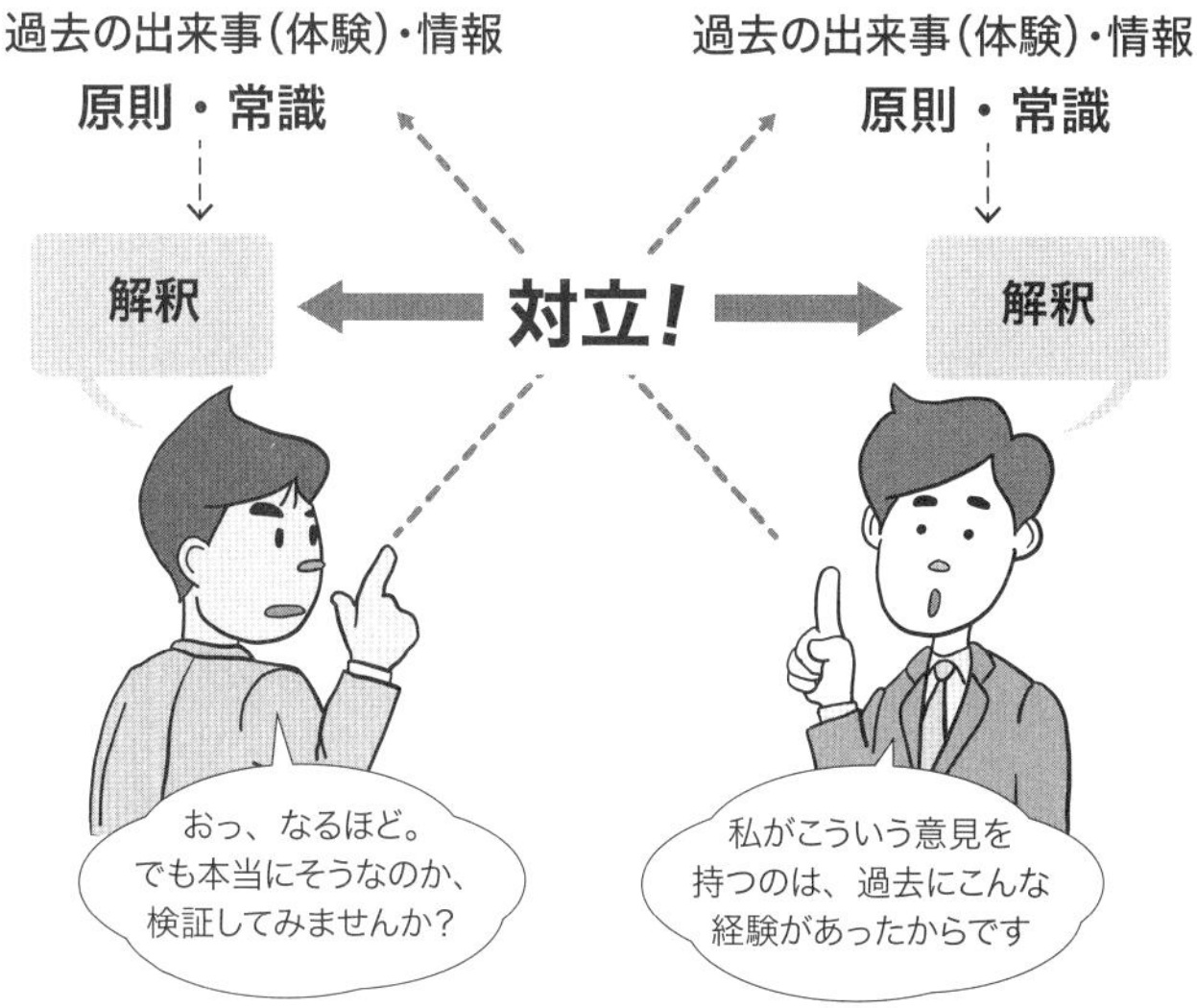
過去の出来事（体験）・情報
原則・常識
解釈
対立！
過去の出来事（体験）・情報
原則・常識
解釈
おっ、なるほど。
でも本当にそうなのか、
検証してみませんか？
私がこういう意見を
持つのは、過去にこんな
経験があったからです

○相手だけでなく、自分自身の理解を含めた相互理解が深まる
○思い込みを打破できる（新しい発想が生まれる＝協創できる）

本書では、対話とは「お互いの思考プロセスを開示して、新しい物の見方を創造する行為」であると定義します。

比喩的に対話を表現すると、お互いのブラックボックスを開示しながら相互の見え方を理解し、ブラックボックスが有効かどうかのテストを行って、そこから新しい価値（見え方）を見つけ出していくコミュニケーションといえます。

対話には意見の対立があったほうが、対立点が明確なので議論を掘り下げやすくなりますが、しかし必ずしも意見の対立は必要ありません。同じ意見でも、意識してお互いの思考プロセスを開示し合うことは可能だからです。

対話の必要性

また、ホンダにおいては、三つのレベルでの質問をすることにより、対立を弁証法的に解消している。第一のレベルAでの問いは、製品スペックについての質問である。たとえば、エンジンのスペックを最終的に決定するには、燃費と馬力、安全性とスピードなどの対立を解消しなければならない。ホンダの技術者たちは、バランスをとったり妥協点を探したりするのではなく、もう一段上のA0レベルの質問をすることで、こうした対立を解消しようとする。第二のA0レベルとはコンセプトについての質問であり、そもそもどういうコンセプトのエンジンが必要であったかという本質に立ち返るものである。コンセプトが決まれば、そのコンセプトを実現するのに必要なスペックを決めることができる。

もしも対立がA0レベルでも解消されない場合には、問いは第三のA00レベルへと上げられる。ここでは、なぜ、何のためにという実存的な問いが問われる。なぜホンダがその車を開発しなければならないか、あるいはホンダそのものの存在理由という「コト」についての問いである。この「A00は何か」という対話は、ホンダでは日常業務において常に繰り返され、組織成員が自分の仕事の本質について深く考えることを習慣づけている。

こうした本質を問う密度の高い対話においては、実存的な文脈が深い思いや感情となって共有される。そこで最も重要なのは、論理形式ではなく意味生成である。（中略）

本質追求の対話はえてして哲学的な議論となり、時間もかかることから、ビジネスの世界では迂遠なことに見えるかもしれない。しかし、本質を考えることなく、ただ目の前の問題を解決しようとすれば、表面的な改善や既存の選択肢からスペックを選ぶにとどまってしまう。対立を乗り越え、それまで存在しない新たな解にたどり着くには、本質追求の実存的質問により、自分とは異なる視点の存在を理解・受容し、それらの視点を自己の視点と綜合するための対話が不可欠なのである。（後略）

（野中郁次郎、遠山亮子、平田透 著『流れを経営する ― 持続的イノベーション企業の動態理論』2010年、東洋経済新報社刊、56〜57ページ）

ホンダでは、対立が発生したら本質に立ち返るということをしています。そもそも議論（何かの結論を出すための話し合い）の前提には、本質的な部分に関する共有が必要です。たとえば前提となることや、何のためにするのかといったところ、あるいは言葉の共通理解などです。

そうしたものへの共通理解がないままに議論を始めても、最終的な結論は良いものにはなりません。

チームで協力して何かをする際の「会話」「対話」「議論」の関係図

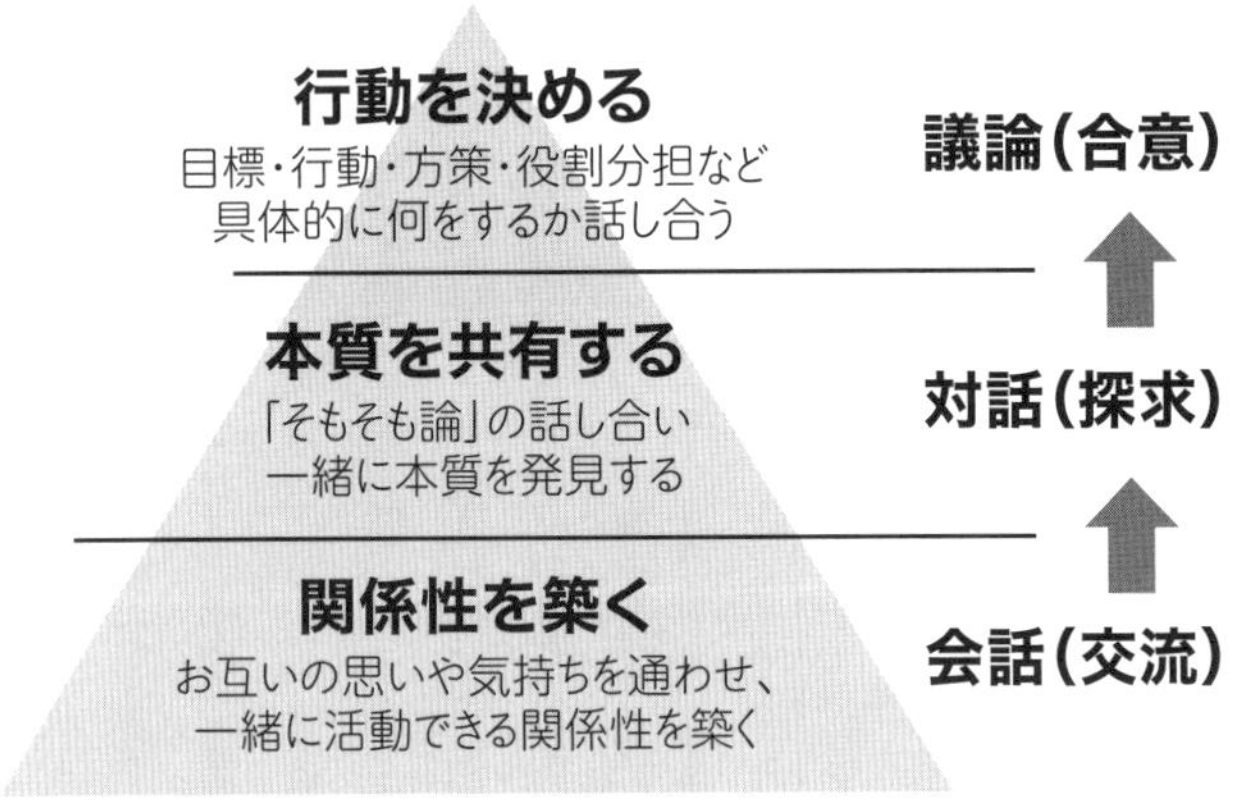

※ 中野民夫、堀 公俊 著『対話する力 ― ファシリテーター23の問い』（2009年、日本経済新聞出版社刊）の図表や記述をもとに著者が作成

上の図は、会話による「関係の質」を高め、本質的なことを対話で共有し、議論を行って結論を出すことを示しています。関係性のベースがないと、お互いの思考プロセスを開示し合うことになる対話を行うことは難しい。そして、対話によって本質的なところの共通理解が生まれないと、議論をしても、最終的に決まったことの腹落ち感が少ない（もしくは、前提が異なることが後で発覚し、いつまでたってもその議論で結論に至らない……）。

ホンダの事例にもあるように、会話、対話、議論は、それぞれ行ったり来たりします。議論で対立が発生したら対話に戻って本質を話す、そこで共有できれば議論に戻る……といったふうにです。

昨今、ビジネスの世界で対話が必要といわれていますが、その理由として二つのことがあります。

まず一つ目は、コミュニケーションの質に関わることです。最近では、本質的なことを話す機会が減っているように見受けられます。それは仕事の余裕がなくなってきていることのようにも思われます。こういった傾向は、以前に比べて品質、コストや納期など、仕事の条件が厳しくなっていることからきているのでしょう。

私が新人だった頃には、先輩だけでなく顧客にも、いろいろと若輩者に教えてくれる余裕がありました。私の仕事先としては製造業の顧客が多かったのですが、ある顧客はシステムを設計する前に私を工場見学に連れて行き、エアコンもなく巨大な轟音を立てる大型プレス機械の前で「私はこの厳しい作業環境をより良くしたい。そのために新システムを作りたいのです」といったことを聞かせてくれたりしました。

先輩とも会社だけのお付き合いではなく、仕事が終わってから飲みに誘われたりしたこともありました。そのような機会に、日々仕事をどういう思いでやっているか、何がやりがいかなど、本質的な対話が自然になされていたように思います。

しかし、最近では先輩も顧客も忙しく、そうした一見すると直接的に仕事には関係がないように見えるコミュニケーションは減っているように感じます。

また二つ目として、仕事自体の内容が変わってきてもいます。以前は、ある程度、仕事の改善点はわかりやすいものでした。作業の効率化を進めれば、（現在と比べて物が売れる時代だったので）ある程度は利益が上がる状況でした。ところが、いまや物が売れない、これまでのやり方に従った改善では大きな効果は期待できない——つまり、解決すべき問題を模索する時代になってきています。

こうしたことから、新しい視点による創造的な案を出すための手法として、対話が注目を集めています。

しかし、知識は単にデータや情報を集積したものではなく、「意味のある情報」である。ジョン・デューイによれば、意味とは事象に固有の性質というよりも、その事象がわれわれの未来の行動に対してどのようにかかわりを持ちうるかという可能性であり、それについての共通理解である（Dewey, 1916）。つまり、情報と異なり、知識においてはまず「私がどう思うか」「それは私にとってどういう意味があるか」という主観による価値判断（解釈）の過程が重要なのである。現象・データの背後にある意味を読み取るのは人間の主観であり、その主観が人により異なるからこそ、新しい意味（知識）が創造され、ひいては新しい価値の創造につながるのである。

（中略）

先に述べたように、他人とは異なる意味を現象やデータに見出すからこそ、新しい知識は創造されるのであり、その知識にどのような価値を見出すのかもまた、価値観という人間の主観による。たとえば、雨の日に家族を満載して自動車の間をすり抜けていくスクーターは、インドのムンバイであれば誰でもが目にする光景である。しかし、ラタン・タタはここに「スクーターしか買えない所得層にも手が届く安全で全天候型の乗り物に対する潜在的で巨大な需要」という意味を見出し、それが劇的に低価格な乗用車「ナノ」の開発へとつながった(*Johnson et al., 2008*)。

(野中郁次郎、遠山亮子、平田透 著『流れを経営する――持続的イノベーション企業の動態理論』2010年、東洋経済新報社刊、6ページ・10ページ)

対話の方法

では、具体的に、どのようにしたら対話になるのでしょうか。

① 一人称で語る

自分の意見を述べるときには「私は~と思う」「私は~の経験をした」というふうに、一人称で語るようにします。私たちは、問題を話し合うときに、主語を「私は」とするのではなく「われわれは」「一般的には」「よくいわれているのは」などのように、自分の意見ではなくて評論家的、受け売り的な意見にすり替えがちです。こうしてしまうと、自分の思考プロセスの開示はできなくなってしまいます。

【会話例】

「私がこういう意見を持つのは、過去にこんな経験があったからです」

そして、自分の意見を述べた後、その意見を否定されたときには、反射的に自分の意見を正当化せずにはいられなくなります。その意見を自分自身で重要と感じていればいるほど、相手を感情的に攻撃することで自分の意見を守ろうとします。――人は、往々にして、自分自身と自分の意見とを同一視してしまいます。

人が持っている意見は、過去の出来事（体験）・情報に基づいた「思考の結果」なのです。――誰かから聞いたことや聞かなかったことといった、あらゆる経験は、人の記憶にプログラムされています。人は、こうして出された意見と自分とを同一視し、その意見を守ろうと反応します。意見に異議を唱《とな》えられると、まるで自分自身が攻撃され

たかのように感じてしまいます。

対話では、人は自分自身の思考の観察者になるように努めることが大切です。何を観察するかというと、自分の思考のプロセスです。そうすれば、たとえ意見が対立しても「対立しているのは私たちの意見であり、意見に対するこだわりであって、私たちではない」と思うことになります。

たとえば、自分がとても大切に思っている信条・信念に対して「なぜ、そう思うのですか？」と問われたときのことを想像してみてください。どんな感情が湧いてきましたか？　何か、自分の信念が、もしかすると否定されるかもしれない……と不安な気持ちに襲われた人もいるかと思います。

そこで、そのような気持ちを持ちつつ、自分がそう思うようになった経験を語ったとします。そうして、それを聞いていた人が「私は、そういう思いとは少し違う考えを持っています。私のその考えは〜という経験からきています」と話したとします。――さて、そのときには、どんな感情が起こるでしょうか？

もしかすると、自分が正しいと思っていたこと（もっと極端にいうと、自分そのもの）が崩れ去ってしまうのではないかという、強い不安を覚える人もいるかと思います。

しかし、実際には、どちらかが間違っていて、どちらかが正解であるということはありません。意見というのは、要するに、それぞれの異なる見え方なのです。つまり、最終的には、自分の考え・解釈は、自分で選べるのです。他の人の考えを聞いて、自分の考えをアップデートさせても、させなくても、どちらでも自由です。いったん自分の考えを手放して他の人の考えを聞くことができれば、より良いものにそれを変化させることができるのです。

自分のアイデンティティ、自分らしさ、自分そのものと思っていることでさえ、自分で選びアップデートすることができるのです。

もっとも、そう理屈ではわかっていても、こうした思考プロセスを意識できないと、自分の考えとは自分そのものだと思ってしまいます。自分そのものが変えられることは恐怖以外の何物でもありません。

対話に慣れ、何度か自分の考えが変わることを体験すれば、人は自分自身と自分の思考とを切り離して考えられるようになります。そして、自分の思考に対して、より創造的で、より受身でない姿勢をとり始めることができるようにもなります。

②前提（当たり前の考え）を疑う

まずは、自分の考えを絶対と思わないことが大切です。さらに、相手に対しては意見の背景や意味について尋ねます。このときは相手も、自分自身と自分の意見とを同一視していますので、尋ね方には工夫が必要です。

まず最初に対話ということについて説明し、こうして前提を疑い、背景を尋ねる意図・目的を話します。話す機会がない場合には、できるかぎり柔らかく尋ねます。また、その場合には、まず自分の考えの意図や背景から説明するという態度が必要です。

「どうしてそのような意見をお持ちになったのか、背景を聞かせてもらえますか？」

「その言葉はどういう意味でいっているのですか？」

「おっ、なるほど。その考え方には私も賛成です。しかし、あえて、ここではもう一度考えてみませんか？」

現在、当たり前のように思っていることの中にも、何年か前には当たり前ではなかったことも多くあります。きっと何年後かには、現在の当たり前も変わってくるでしょう。前提・当たり前・常識は、時代とともに変わるのです。

③ 判断を保留する

私たちは、誰かの意見を聞いたときには、即座に評価・判断をしてしまいます。対話では、その意見はどのような思考プロセスから出たものなのか、一時的に判断を保留して検証する必要があります。

自分が賛同できないと感じる意見があっても、良い悪いの判断はしばらく保留にします。

○賛同できない意見を聞いたとき
「その考えは違うな……。いや、ひとまず、どこからその考えが出てきたのか聞いてみよう」
○誰かの発言で自分の気分を害されたとき
「嫌な気持ちだが……、ひとまず、その発言の内容を聞いてみよう」

しばらくそのままにする（保留する）ことで意味合いがよりはっきりとし、メンバーは徐々にその意味することを共有し合い、それによって相互理解と創造的な思考が可能になります。

そのときに抱く感情や気持ちを無視するのではなく、何らかの感情を覚えつつも、その先の相手の考えをひとまず聞いてみる、という態度です。

対話を目的として実施するケース

対話を行うにあたっては、二つのケースがあります。一つは、対話することを目的として、話し合いの場において行うケースです。この場合に行われる話し合いのテーマとしては、多くは本質的な事柄が設定されるかと思います。たとえば〝会社の理念〟についての話だったり、〝私たちの考える顧客満足とは？〟であったり……。最終的に結論を出すことを目的とはせず、共通理解を深めるような場合です。

そして、もう一つは、普通の会議――いわゆる結論が求められる話し合いの中で対話になるケースです。

対話を目的として行う場合、重要なのは「テーマ」になります。また、最終の「ゴール」も大切です。対話とは、何かの結論を出す話し合いではありません。しかし、だからといって、無目的で行うものでもありません。ここでいうゴールとは、結論というよりも「状態」です。

どのようにしてテーマを決めたらよいのかということに正解はありません。結果的に良いテーマであったと思うのは、対話を終え、当たり前だと思っていたことがそうではなかったことに気づいたり、新たな物の見方を発見できたりした後のことになります。対話をすることで知らなかったことがわかったということもありますが、それはあくまでも副次的なことで、本来は新しい創造（気づき、新たな物の見方）が目的です。

◆対話を進める上で効果的なテーマを発案するヒント

ステップ1　参加者が話し合いに貢献できるよう、問題から「普遍的な部分」を見つけ出す

○普遍的な部分とは、誰しも関わりがありそうな問題、体験したような事柄です。

○普遍的な部分を見つけるヒントとして、参加者の属性に見出せる共通項を考え、その共通項の中で〝ありがちな問題〟を考えます（たとえば、組織に属している参加者が多いのであれば、セクショナリズムに関するテーマには普遍的な課題を感じてもらえる可能性があります。また、チームリーダーであれば、部下のモチベーションは普遍的なテーマになり得ます）。

ステップ2　普遍的な部分について、〝オープン〟、〝ポジティブ〟、〝未来視点〟、〝緊急ではない重要なこと〟という観点で「問い」を検討する

○最初はオープンな問いにします。オープンな問いとは、ＹＥＳ／ＮＯで答えられることではなく、いろいろな答えがあるような問いです。クローズにすると討議になってしまい、発想が広がりません。

○過去に起こったことに関する是非の判断を求めるものにはしません。

（×）「どのようにしたら組織は良くなるのか？」

（○）「良い組織とは、どのようなものだろうか？」

○ポジティブ（デメリットの低減ではなく、メリットの増大）でエネルギーを引き出すものにします。

○早急な行動を求めるものにしません（緊急ではないが重要なことを問いにします）。

また、注意すべきポイントとして、次のようなことがあります。

○簡単に答えが出ない問いとし、具体的すぎる問いにしません。

……あまりに早く簡単に答えが出たり、皆で一つの答えに落ち着いてしまったりすると、発見や創造が生み出せません。問いが具体的すぎることや、YES／NOで答えられてしまうことは避けます。

○議論が広がりすぎる問いにしたり、また抽象度の高い問いにしたりしません。

……テーマの範囲が広すぎる場合、対話の内容が定まらずに発散しすぎることが懸念される場合は、あらかじめ前提を問いに埋め込むことも検討します。たとえば「私たちはどう考えるのか？」というのが少し大きすぎると感じたら「私たちは組織の一員としてどう考えるのか？」と、一般的な話にならないよう、組織の一員として考える前提を問いの中に含めるということです。「どうしたら世界で最高の会社になれるか？」という問いには競争するという前提が入っていますし、また「どうしたら世界のために最高になれるか？」という問いには貢献することが前提として含まれています。

「定義」→「意義」→「要素」→「行動」で考える方法もあります。

○「良いチームとは、どのようなものか？」（定義）

○「良いチームが、なぜ大切なのでしょうか？」（意義）
○「良いチームを作るために、どんなことが重要でしょうか？」（要素）
○「良いチームを作るために、どんなことができるでしょうか？」（行動）

いずれにせよ、問いには、こうすれば良い問いになるという明確なものがあるわけではありません。何度か試してみたり、あるいは対話の途中で、より良い問いが見つかったらそちらで対話をしたりすることが大切です。

日頃の会議の中で実施するケース

実際の仕事上では、こちらのほうが多いと思います。会議の中で、会話、対話、議論を行ったり来たりしながら、最終的に会議の目標（多くの場合は結論や実行計画の策定）に向かって話し合いを進めていきます。

最終的に何らかの結論を出すのであれば、議論が必要になってきます。話し合いの段階を時間経過で見ると、初期の段階では前提の確認や言葉の定義など共通認識を作るための対話の時間の割合が多く、その後、終期に向けて次第に優劣を競い、結論を出す議論の割合が増えていきます（下の図）。

ビジネスでは、基本的には結果を出すことが求められます。それに対して対話は結論を出さないということで、ビジネスでそれをどのように使えばよいのか戸惑っているケースもよく耳にします。社内で対話をしたところ、上司からは「雑談との違いがわからない」といわれた……、という声も聞かれます。

次ページの図は、会話、対話、議論を行ったり来たりして、最終的に議論をして結論を出すイメージ図です。ビジネスでは、議論からスタートして、話が噛み合わなかったり目的（そもそも何のために？）が不明確だったりした場合には対話モードに移行し、対話で不明確だった前提が共有できて論点が明確になったところで議論モードに移行します。

そして、議論や対話をするにしても、率直に意見をいえないような環境の場合は、会話を通じて関係性を良くするといったことになります。会議の中で「会話 ― 対話 ― 議論」を行ったり来たりするのは難しく感じるかもしれませんが、うまくいっている会議を観察すると、自然にこの流れで話し合いが進んでいます。――私は、現在どういうモード（会話・対話・議論）にあるのかを意

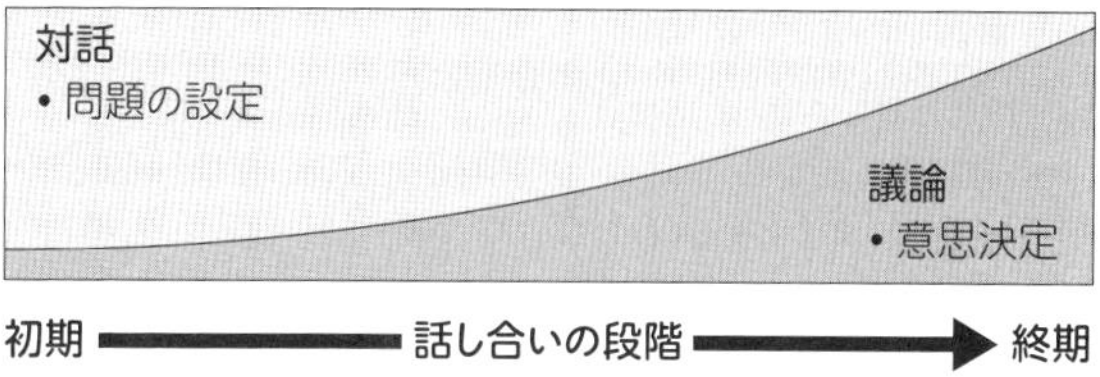

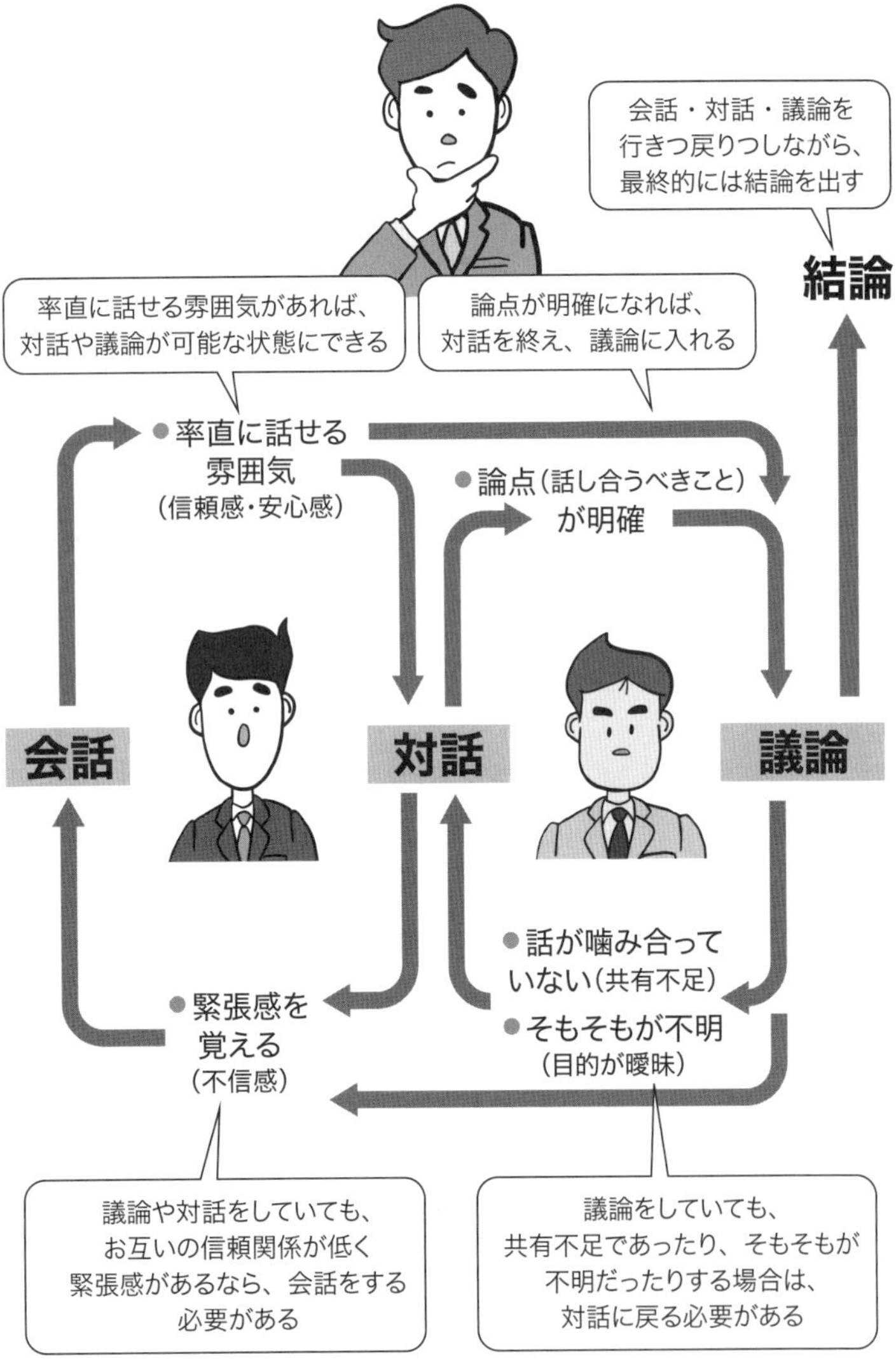

会話・対話・議論を
行きつ戻りつしながら、
最終的には結論を出す
結論
率直に話せる雰囲気があれば、
対話や議論が可能な状態にできる
論点が明確になれば、
対話を終え、議論に入れる
●率直に話せる
雰囲気
（信頼感・安心感）
●論点（話し合うべきこと）
が明確
会話
対話
議論
●話が噛み合って
いない（共有不足）
●緊張感を
覚える
（不信感）
●そもそもが不明
（目的が曖昧）
議論や対話をしていても、
お互いの信頼関係が低く
緊張感があるなら、会話をする
必要がある
議論をしていても、
共有不足であったり、そもそもが
不明だったりする場合は、
対話に戻る必要がある

識して、話し合いを進めています。

私は以前、NPO団体で理事をしていました。そこでは月に一度のペースで理事会が開催されるのですが、主に問題解決の場となっていました。しかし、次第に会員の数が増え、拠点数が増えるにしたがい、問題・課題も増えて、時間内に議題を完了するのが難しくなってきました。

私たちは、意識的に対話の時間を設け、論点の整理や、そもそもの前提を共有する時間を持つようにしました。結論を出さない対話の時間は一見すると無駄のようにも感じられましたが、最終的には、それが議論の時間短縮につながったと感じています。

会員の大切な会費で運営しているので、無駄な時間は許されません。対話の時間を取るというのはチャレンジでしたが、私たちは結果を出すために、あえてその場では結論を出さない対話の時間を作る選択をし、それによって、結果的には、その後の活動につながる成果が出せたのだと思います。

どこまで対話で話すべきかの判断にもなりますが、論点が明確になった、その時点で共有すべき前提が明確になった——と感じたところが、議論に移るタイミングです。

対話で大切な心構え

◆対話のスピードをスローダウンする

テーマについて深く考えるため、ゆっくりと話します。

対話では、あえて結論を求めません。探求（新しい発見）のプロセスということを意識して、自分自身の仮定や思考が何であるかを知るために、自己分析に時間をかける必要があります。「うーん、自分は何でこんな意見を持っているのだろう……」といった具合です。誰かに何か質問をされて、すぐに答えられた場合、それは考えたのではなく、あらかじめ用意してあった答えを話したのかもしれません。探求する、深く考えるというのは、自分自身がどのような過程でそう考えたのかを自己分析することであり、それには時間がかかります。

対話に慣れていないと、普段の話し合いのスピードで話を進めてしまいがちですが、そうなると探求にはならず、結果的に議論になってしまいます。意識的にかなりゆっくりめに話す、話す時間とは別に一人一人考える時間を設ける、などの工夫が必要です。

◆お互いを仲間と見なす（互いの視点に敬意を払う）

人は（自分の）意見と自分とを同一視します。自分の意見に反論されると、自分が攻撃されたように感じます。これは習慣になっているところでもあるので、そうすぐには自分の意見を客観視できるようにはなりません。

対話に参加するうえで必要なのは、互いを〝仲間〟と考えようとする意欲です。意見が異なっても「対抗者」ではなく「異なる意見を持つ仲間」と見なします。仲間だからといって、意見に同調したり、同じ考え方をしたりする必要はありません。意見の相違にこそ価値があると考えます。

特に、敵対する可能性のある相手の場合は、対話の前に時間を設けて「この対話の意図を相手に伝える」「共通の利益を共有する」といったこと——つまり、意見が異なっても共通の利益を求めるということを説明するのが大切になってきます。ただし、こちらが対話しようと思っていても、相手が議論しようと思っていたら上手くいきません。まず最初に、対話の意図と、お互いの共通利益を話し合うことから始めてください。


対話とは、言葉を使った真剣勝負です。自分自身の思考のプロセスを内省し、開示し、異なる意見に耳を傾け、自分と自分の思考とを切り離し、より優れた思考を共に作りだしていくものです。よく〝対話の会〟のような集まりがありますが、そこで行われている対話では、結論を求めずに自由に話すということが多く、結果的にあまり話が深まらず、思考プロセスの開示とはいえない会話になってしまっていることも多くあります。

目的を持たずに始めるのが対話というふうにいう人もいます。私は、対話というのは結論を求めないものだが、ある状態を目指すという意味では目的も目標も必要なものだと感じています。

以前、私に、ある会社で職場をオープンな雰囲気にしたいという依頼がありました。そのために、コミュニケーションを改善する研修をしてほしいとの依頼です。

コミュニケーションを改善する研修としては、いわゆる聞き方や話し方などの研修があります。顧客との打ち合わせでは何名かの担当者に研修内容を説明したのですが、担当者ごとに反応はさまざまでした。ある担当者は聞き方・話し方の研修がよいといい、また別の担当者は、それはすでに実現できているからこちらがよいという……といった具合でした。

なかなか研修内容が決まらない状態が続いた後、そもそも「オープンな雰囲気の職場」とはどういう職場なのか、という問いが発せられました。本質的な部分が共有できていない状態で、個別の手段（研修）の話をしても、まとまりません。

結果的に、そのときは対話のワークショップを開催し、まずは「オープンな雰囲気の職場」の共通理解を作り出して、その後にそれを実現する手段（研修など）を検討しようということになりました。

第5章のポイント

○人が考える過程、何かを見て解釈する思考プロセスには、次の特徴がある
・解釈は無意識に行われ、そこに解釈があったと本人も気がつかない
・解釈は過去の経験からできているものである
・自分の意見と自分自身とを同一視することで、その意見を守ろうとし、そのもとになる解釈を疑わせないように隠してしまう（守り）
○対話とは「お互いの思考プロセスを開示して、新しい物の見方を創造する行為」
○対話ができると、次のことが期待できる
・時代に合った、より適切な行動ができる可能性が高まる
・相手だけでなく、自分自身への理解を含めた相互理解が深まる
・思い込みを打破できる（新しい発想が生まれる＝協創）
○対話をするときは、①一人称で語り、②前提を疑い、③判断を保留する
○対話を活用するケースとして、大きく次の二つが考えられる
①対話をすることを目的として実施
②普段の会議の中で実施
①の場合は適切な「問い（テーマ）」が大切であり、②の場合は話し合いの場を観察することが大切

ちいさな実践の提案

1 話し合いの観察

話し合いを観察して、いま会話・対話・議論のどの段階にあるかを判断してください。

また、次のようなところも観察してください。

○率直に話せる雰囲気か?
○緊張感を感じるか?
○論点が明確か?
○話が噛み合っているか?
○そもそもの話(前提)が明確か?

2 対話について教える

この章に書かれている内容を、身近な人に教えてください。この章のことに限らず、人に教えるためには、自分自身が深く理解しているこ

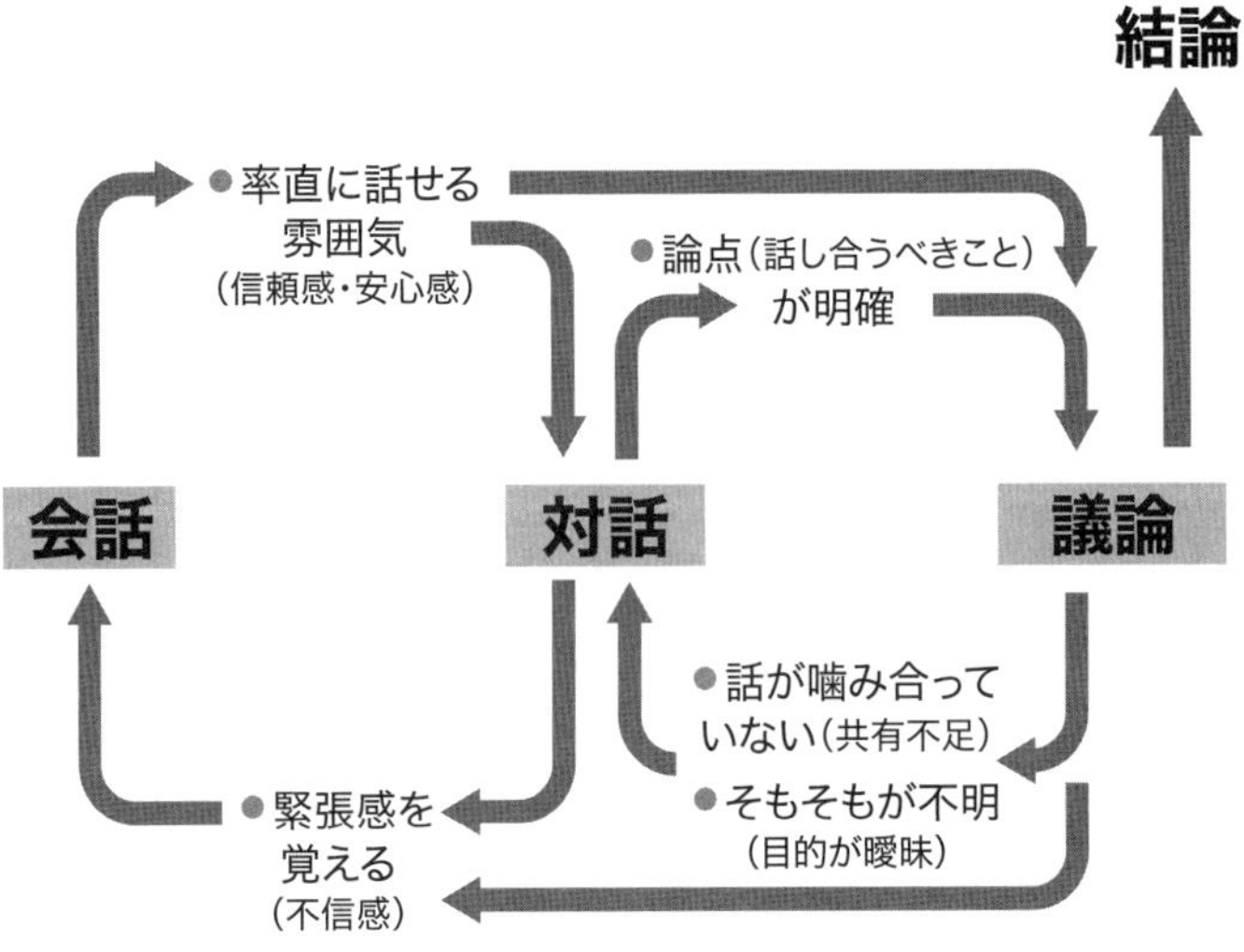

とが必要になります。それが自分自身の学びにつながります。

❸ 対話の実施

あなたが話し合ってみたいと思う興味のあるテーマで、身近な人と対話をしてみてください。たとえば、若手の育成に頭を悩ませているのであれば、次のようなテーマになるでしょう。

○「人（大人）を育てるとは、どういうことか？」
○「人を育てることが、なぜ大切か？」
○「人を育てるために、どんなことが重要か？」
○「人を育てるために、どんなことができるか？」

一つのテーマにつき30分ぐらいで、結論を意識せずに対話をしてみてください。その際、自分と異なる意見に接したときには、判断を保留する感覚を意識してください。

第6章

システム思考

個別最適から全体最適へと意識が変わる方法

上司から見た日頃の会議

会議では意見を口にしない参加者が多くて困っている。意見をいわないのであれば、参加している意味はないと思う。意見はないか？　といっても、発言する人間は決まっている。メンバーからは意見が出ないので、結果的に私が意見をいって決まることが多い。どうしたら意見をいってもらえるのだろうか……。会議では意見を必ずいう、というルールでも作ろうかと考えている。

部下から見た日頃の会議

会議では、いつも上司の意見で結論が決まる。そうであれば、わざわざ会議など開催しなければいいのに……。何か意見はないかと尋ねられても、どうせ最後には上司の意見で決まると思うと、意見を口にするモチベーションも湧かない。通常業務も忙しいので、一刻も早く会議が終わって、解放されたい。

客観的に見た状況

最初は部下が意見を述べることもあったが、その意見に対して上司から否定的な発言があったことで次第に部下からの発言は少なくなり、それに合わせて上司の発言時間が増えてきた。その状況が徐々にエスカレートしてきて、最近では、ほとんど部下からの意見はなくなり、上司の発言時間がいっそう増えてきた。部下はやる気をなくし、上司はそのような態度の部下を見て腹を立て、いまやすっかり会議の雰囲気は悪くなっている。

※病んでいる組織の兆候：チームで問題が起きると、犯人探しになってしまう。

システム思考とは？

システム思考とは、問題を含む状況の全体像を〝見える化〟し、全体を見据えて根本的な原因を探る考え方です。システム思考の〝システム〟とは「個々の要素が影響し合いながら機能する仕組み」です。

システムを理解するうえで身近なのは、私たちの身体――つまり、人体です。人体では、いろいろな器官（要素）が影響し合い、身体として機能しています。

身体で問題（病気）が発生した場合は、各器官は互いに影響し合っているので、身体全体を見ないと根本的な解決（治療）にはなりません。

たとえば胃が痛くなった場合、単純に胃に原因があるとは限りません。もしかすると原因は歯が悪いことで、きちんと噛めないために消化不良になっている可能性もあります（胃に負担がかかって胃痛になっているのかもしれません）。この場合は、根本的な原因（歯）に対処しなければ、胃薬を飲んで（対症療法）一時的に胃痛を解消しても、問題の最終的な解決には至りません。

ビジネスの例では、次のようなことが考えられます。――利益を増やす目的で製造部門の業務改善を実施し、解決策として在庫を圧縮して、結果としてコスト（原価）は下がりました。しかし、その結果、顧客からの問い合わせが増えてしまい、営業部門の工数が増え、会社全体で見ると最終的には利益が減少してしまいました……。製造部門内での最適が会社全体の最適とはならないケースですが、そう

原因を究明したい課題

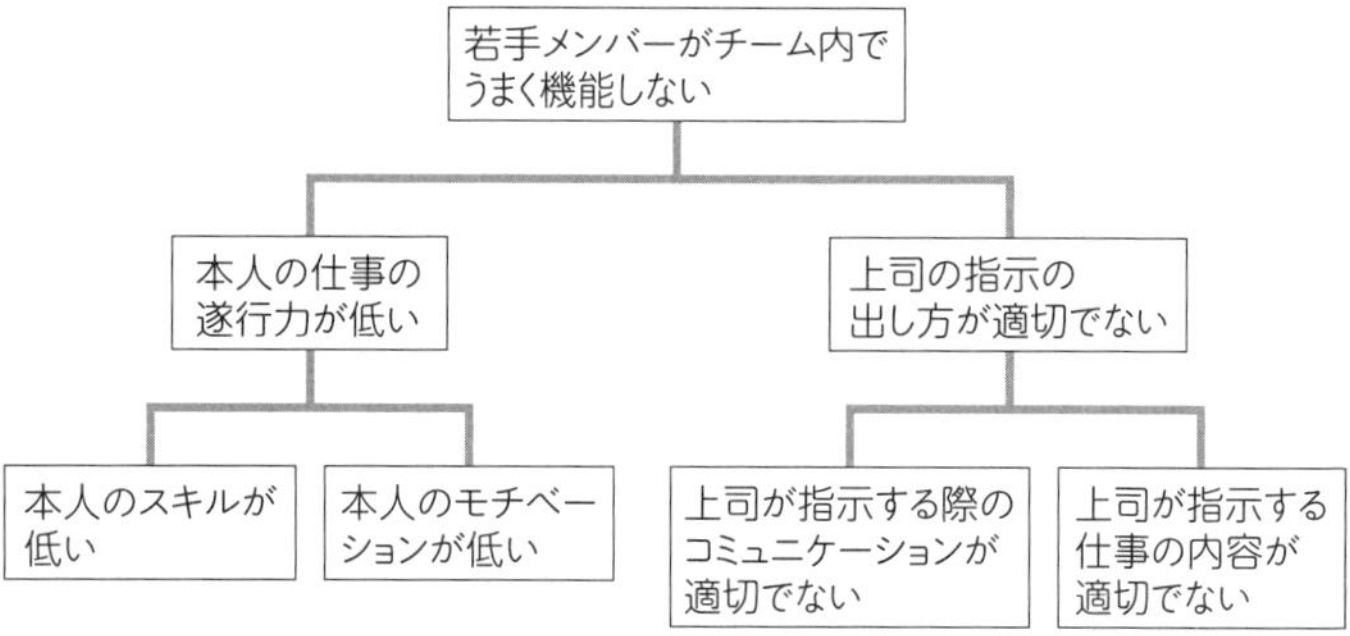
若手メンバーがチーム内でうまく機能しない
本人の仕事の遂行力が低い
上司の指示の出し方が適切でない
本人のスキルが低い
本人のモチベーションが低い
上司が指示する際のコミュニケーションが適切でない
上司が指示する仕事の内容が適切でない

なってしまったのは全体像を把握していなかったからです。

問題を解決へと導くときに使われていた、従来主流だったやり方は「**分析思考**」（構造分析）と呼ばれている手法です。この方法では、発生している問題から、その原因となる要素を因果関係で結び付けていきます。そうすると、いちばん根本的な問題から徐々に細かい問題へと分解されていき、ピラミッドのような構造（あるいは、木を逆にしたような構造）になります（この構造は「**ピラミッドストラクチャー**」とか「**ロジックツリー**」などと呼ばれています）。

図の例は「若手メンバーがチーム内でうまく機能しない」という問題について解決策を考えるケースです。ここでは、まず最初に「若手メンバーがチーム内でうまく機能しない」原因を考えます。その結果、「本人の仕事遂行力が低い」という本人の問題と、「上司の指示の出し方が適切でない」という上司の問題に分解できたとします。次に、それをさらに分析していきます。「本人の仕事の遂行力が低い」原因からは「本人のスキル」と「本人のモチベーション」の二つが導き出されました。そして、ツリーが完成した後に全体を見据えて、最終的に最も大きな原因は本人のモチベーションが低いことだと考え、それの解決策を検討することになりました。

ただ、この方法には大きな欠点があります。それは、問題を原因と結果のように直線的にしか捉《とら》えていないために、問題が循環している場合にはまったく無力だということです。

悪循環があると、たとえば「本人のモチベーションが低い」「上司が指示する際のコミュニケーションが適切でない」など、似たような問題が、ただ表現を変えて、ピラミッドの裾野に何度も現れます。

「本人のモチベーションが低い」→「仕事の遂行力が低くなる」→「（その結果上司が）信頼しなくなる」→「（結果として）上司が指示する際のコミュニケーションがうまくいかない」→「（さらに）本人のモチベーションが低下する」……といった悪循環の構造は、こうしたピラミッド構造のやり方では把握できません（次第に関係が悪化したり、あるいは売上が落ちていったり、会員数が減っていったり……といった問題は、往々にして循環的です）。

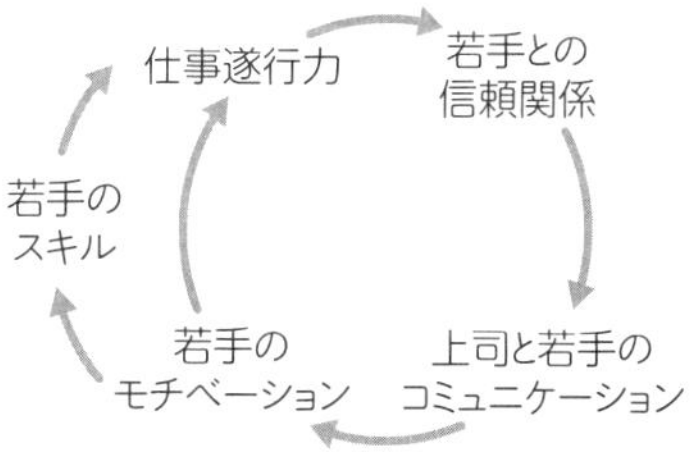

悪循環があると、簡単には問題を解決できません。単純な問題であれば従来の直線的な分析で解決できますが、循環的な問題を解くためには、それに対応したやり方が必要になってきます。

単純な問題であれば、原因もわかりやすく、対策も容易です。しかし、複雑な問題だと原因もわかりにくい。そして、現在のビジネスでは、解決すべき問題は複雑なことがほとんどです。

人は複雑と感じると、どこから手をつけてよいのか途方に暮れてしまい、その結果、手をつけられそうなところから始める、または諦《あきら》めて何もせず放置してしまう、ということになりがちです。

複雑な問題をいかにシンプルに捉《とら》えることができるかが、問題解決のポイントです。ただ、シンプルにしすぎて本質的なところを見落としては、意味がありません。

さらに、一部の人にしか理解できないような複雑なものでは、実践することができません。一部の人にしか理解ができないと、問題の対策を実行した後の検証もまた困難になるからです。

シンプルで、誰もがわかりやすい形で全体像を表現でき、問題への対策後の検証もできる——そのような手法（ツール）が必要です。

**従来の思考（分析思考）と
システム思考の違い**

分析思考	システム思考
問題を捉えるとき、全体を構成している部分に**分割して考える**	問題を捉えるとき、より大きな問題の一部として捉え、他の部分との**つながりを考える**
問題を静的に捉える	問題を動態的に捉え、変化の過程を見ていく
問題を「原因→結果」が直線的に連鎖していると捉える	問題の相互関係を考え、循環していると捉える

そして、全体を見据えたうえで、どこに手を打つか……。実現可能で、最も効果が大きく、副作用の心配が少ない部分を探して、その部分（や、その関係）の問題解決を行います。

全体の把握　↓　手を打つ個所を決める　↓　解決策を検討　↓　解決策を実施　↓　検証

全体の把握をする前に手を打つ箇所を決めてしまうと、だいたい緊急でストレスが最も大きい箇所に対処してしまいがちです。そうすると、そのときは一時的に問題が解消したように見えて、長期的には事態をさらに悪化させてしまうことになる場合が多々あります。

全体像を表現するツールの一つが「**因果ループ図**」です。これを使いこなせるようになると、チームで課題を考える際のレベルが数段アップします。

因果ループ図を作成しているところ

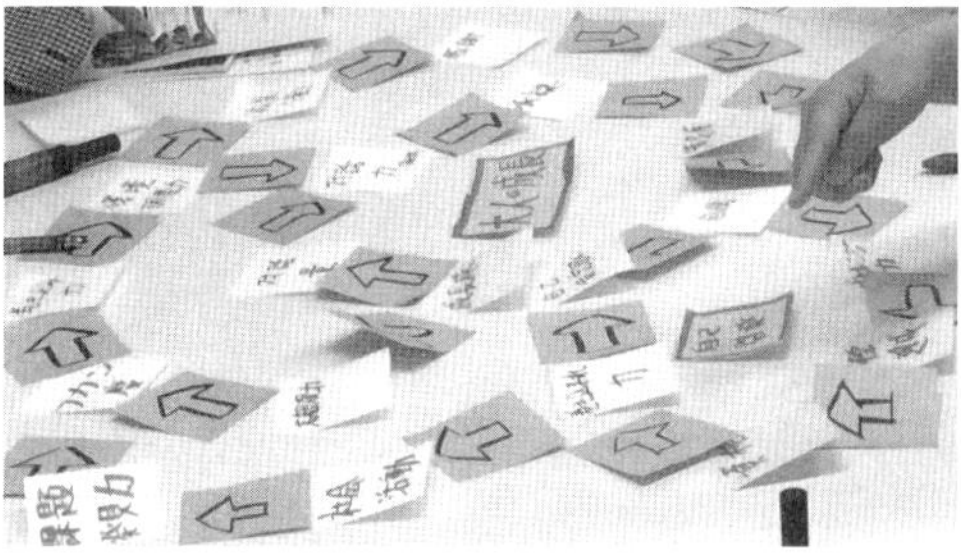

「因果ループ図」解説

システム思考では「**因果ループ図**」というもので全体像を表現します。因果ループ図とは、因果関係（相互の関係）を表現したもので、変数（時間とともに変わる要素：【例】在庫量、利益など）を因果関係でつなげたものです。

因果関係の例として、ガソリンの価格を考えてみましょう。

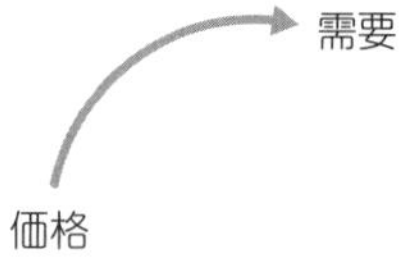

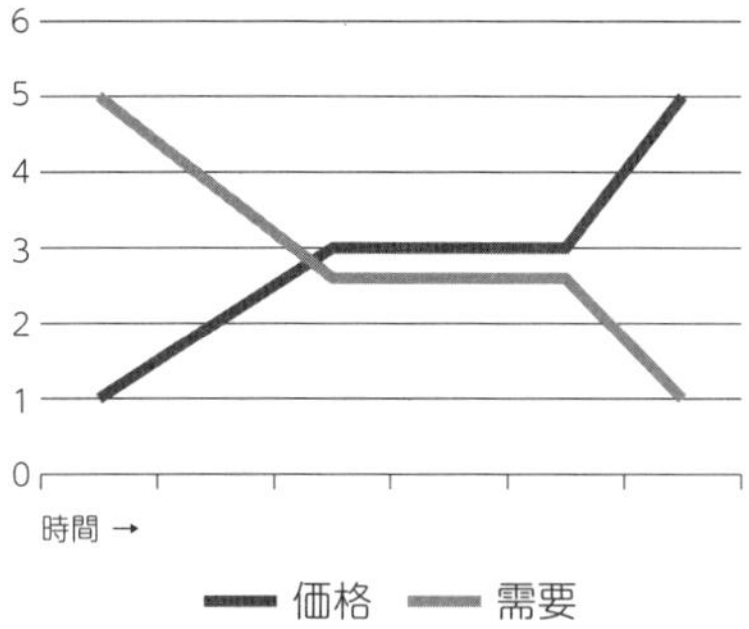

ガソリンの価格は変動します。オイルショックのときには異常に高騰したことを覚えています。ガソリンの価格が変動すると、何に影響を与えるでしょうか。考えつくのは、ガソリンの価格が上昇すると、その需要は低下するだろうということです。たとえば自動車によるガソリンの消費意欲が抑えられたり、ガソリンとは別の代替手段（自動車ならガソリン車からディーゼル車への買い替え）が使われたりして、結果としてガソリンの需要は減ります。

逆に、ガソリンの価格が下がると、どうでしょうか。ガソリンの価格が上がるのとは逆の現象で、需要は増えそうです。つまり、ガソリンの価格と需要には、因果関係がありそうです。価格が原因となり、需要が結果となります。この場合は、原因から結果へと矢印をつなげます。

本当に因果関係があるかは証明が難しいので、あまり厳密に考えなくていいでしょう。主観が入ってもかまいませんので、原因から結果へと矢印を引きます。

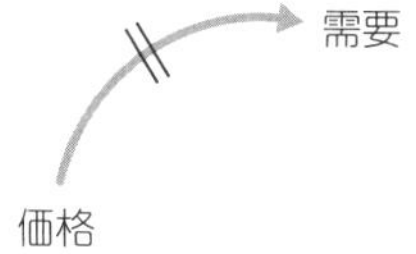

これを折れ線グラフ（時系列で要素が変化したグラフ）で表現すると、右図のようになります。

また、価格が変動した後に需要が変動しますが、これが遅れを伴う場合は矢印に二重線を引き、遅れを表現します。これもあまり厳密に考えずに、他の因果関係との比較で遅れが発生しそうなところに書いてみてください。折れ線グラフで表現すると上図のようになります。価格の変動が起こった後で、少し遅れて需要が変動しています。

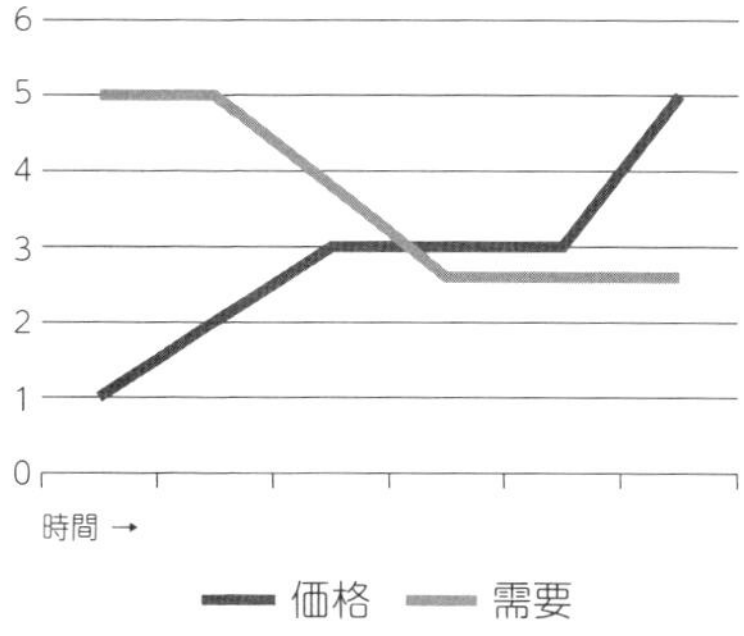

さらに、変化の方向ですが、原因が増えると結果も増えるというように変化方向が同じ場合は、矢印の先に（＋）を書きます。原因が減ると結果も減るという場合も、変化方向は同じなので（＋）になります。

変化の方向が逆の場合 ——つまり、原因が増えると結果が減る、もしくは原因が減ると結果が増えるという場合は、矢印の先に（−）を書きます。前ページの図例の場合は、価格が上がると需要が減る、また価格が下がると需要が増えるというように変化の方向が逆なので、（−）を書きます。

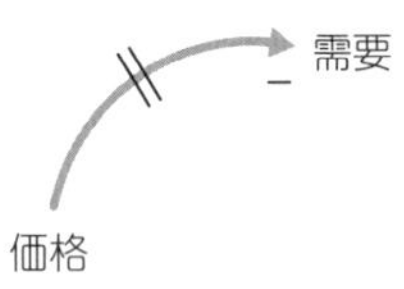

ただ、これは、因果ループ図に慣れるまでは、考える必要はありません。変化の方向を考えると、それだけに時間がかかってしまい、全体像の把握が進まない恐れがあります。最初のうちは（＋）（−）は考えずに、因果関係の「矢印」と「遅れ」の二つだけを考えてみてください（本書では、これ以降、因果ループ図を使って解説する際に、変化の方向が自明な場合には＋−の表記を省略します）。

——さきほどの例の説明を続けます。今度はガソリンの需要です。

需要が増えたり減ったりすることで変動しそうな要素としては、何が考えられるでしょうか？　一つは、ガソリンの在庫です。需要が増えると在庫が減り、需要が減ると在庫が増える……。これを因果関係で表現すると、次ページの右の図のようになります。変化の方向は逆なので、（−）になります。

同じように、ガソリンの在庫に変動を受けそうなことを考えると、価格が影響を受けそうです。在庫が増えると価格は下がり、在庫が減ると価格が上がる……。これで環状につながりました。

出来上がった全体を見ると、循環（ループ）しています。需要が高まると在庫が減り、在庫が減ると価格が上がり、価格が上がると遅れを伴って需要が減少します。そして、需要が減少すると在庫が増え、在庫が増えると価格が下がり、価格が下がると遅れを伴って需要が増大します。

「原因と結果」という関係から、原因が結果に、その結果が次の原因に……と最終的には循環し、このループでは需要、在庫、価格は、ある一定の値に収束します。これを「**バランスループ**」といいます。

ここまで説明してきたように、因果ループ図を構成している要素自体はシンプルです。基本は、変数と変数をリンク（↓）でつなげたものです。因果関係に時間差が発生する場合には、遅れも表現します。

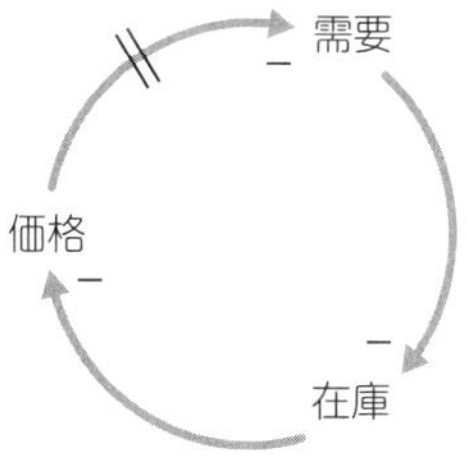

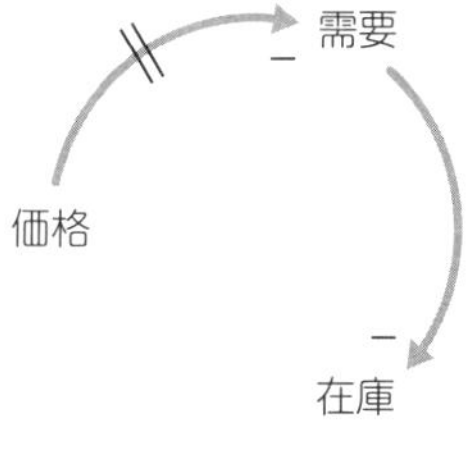

ガソリンの価格形成

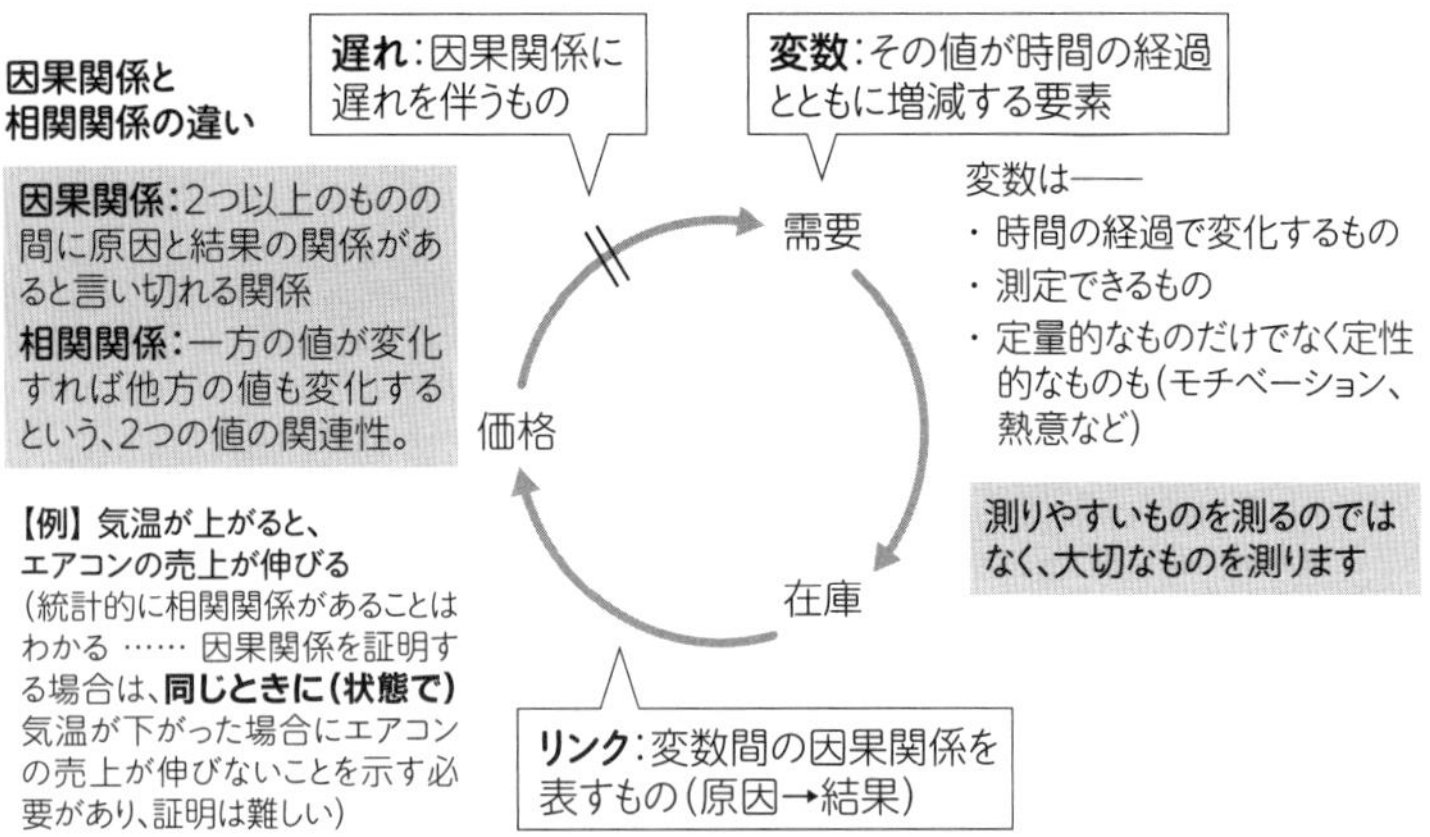
因果関係と
相関関係の違い
因果関係：2つ以上のものの間に原因と結果の関係があると言い切れる関係
相関関係：一方の値が変化すれば他方の値も変化するという、2つの値の関連性。
【例】気温が上がると、エアコンの売上が伸びる
（統計的に相関関係があることはわかる …… 因果関係を証明する場合は、同じときに（状態で）気温が下がった場合にエアコンの売上が伸びないことを示す必要があり、証明は難しい）
遅れ：因果関係に遅れを伴うもの
変数：その値が時間の経過とともに増減する要素
需要
価格
在庫
変数は——
・時間の経過で変化するもの
・測定できるもの
・定量的なものだけでなく定性的なものも（モチベーション、熱意など）
測りやすいものを測るのではなく、大切なものを測ります
リンク：変数間の因果関係を表すもの（原因→結果）

ガソリンの価格形成の例以外で、もう一例説明します。たとえば会議における問題でよく聞かれるのは、上司だけが意見を述べているという現象です。これは、一方的に意見をいう上司がいて、だんだん部下の意見が少なくなるケースです。

この問題について上司側に話を聞くと、部下の意欲がないので仕方なく自分が意見を述べているのだといいます。一方、部下側に話を聞くと、会議では上司が自分の意見ばかり述べ、最終的にそれで決まるので、やる気がなくなる、ということです。そして、そういうことが繰り返されると、部下はますます意見を口にする回数が減ります。

部下の発言回数が減ると、上司の部下に対する印象は下がります（たとえば、やる気がないと判断される）。部下の印象が低いので、上司は部下の発言を期待できなくなり、自分（上司）の発言回数が増えます。上司の発言回数が増えると部下は意見をい

いにくくなって、発言の意欲そのものが減っていき、その結果、さらに発言回数が減る……という循環です。

このループ図は、さきほど挙げた一定の値に収束するものではなく、値が増え続けます。これを「**自己強化ループ**」といいます。

原因と結果に関する一方向の考え方を「**線形的な思考**」といいます。線形的な思考では、互いに相手が悪いということになり、結果として問題は解消しません。人間関係の問題を線形的思考で考えると、往々にして相手を変える、または除外するしかなくなります。そして、相手を変えたり除外したりすることは難しいので、結果的に問題は解消されることがありません。

システム思考では、結果は原因にもなり、そして、その原因が次の結果へとつながります。一方的に影響を受けるだけのものは一つもありません。結果は原因にもなり、それが循環（ループ）していると考えます。これを「**輪状的な思考**」といいます。

上司が自分で意見を述べる回数が増えると、部下の意見を述べる意欲が下がり、それが部下の意見の回数を減らし、その行動を見て上司は自分が持つ部下の印象を下げます（やる気がないのだな、など）。そうして上司は、自分で意見を述べる回数を増やすことになります。

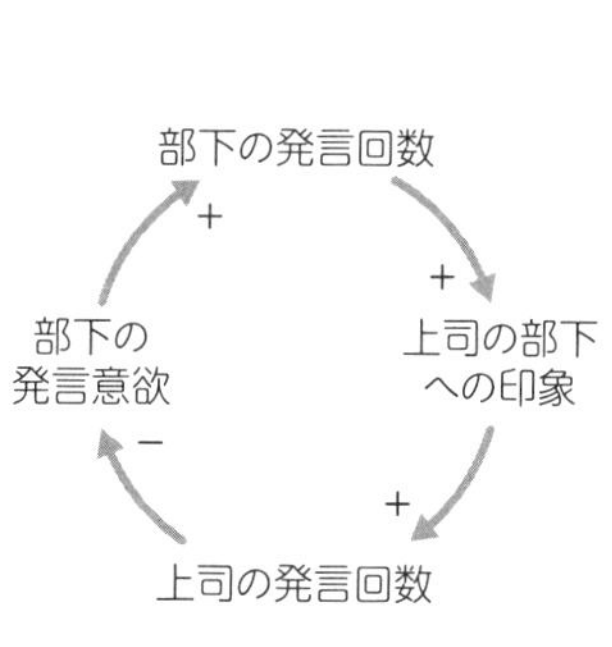

システム思考で重要なのは、こういった動的（ダイナミック）な状態を認め、この構造そのものをパターンとして認識し、それをどうやって望ましい形に変えればよいかと考えることです。実際、この構造は、上司―部下だけでなく、いろいろなところで見られます。たとえば親子の会話だったり、プロジェクトチーム内の会議だったり……、だいたいポジション・パワーに違いがある中で起こりがちです。――こういうときは、相手が悪いのではなく、自分が悪いのでもなく、どのようにすればこの構造に変化を起こせるかを考えることです。たとえば、意見を述べる回数を意図的に増やしてみる、その結果この構造に変化が起きたかを検証してみる……といった具合です。

一見すると複雑な状況のように見えるが、実は〝ありがちなケース〟というのは、よくあることです。システム思考を身につけるとは、そうした状況を**循環するパターンとして認識**し（パターンとして認識することにより複雑なこともシンプルに理解できるようになる）、他責（誰かが悪い）ではなく、構造に問題があるこの事案をどのようにすれば変化させられるか？――というふうに意識が変わることです。**私たちは構造の一部であり、それから影響を受け、それに影響を与えている存在です。**自責とは、自分が悪いということではなく、自分も問題の一部である事実に気づくということなのです。これまでの線的な思考、他責思考では、相互依存的で複雑な問題の根本的な解決はできません。

システム思考を身につけた人と話すと、そのことは会話内容からわかります。その人は、何か問題が起こった場合——たとえば政治家が汚職に手を染めたときには「あの議員に問題がある」「人格に問題がある」という他責的な発言をするのではなく、「あの議員が選ばれるシステムとは、どのようなシステムか？」「自分自身がこのシステムにどう影響を及ぼせそうか？」「どういう構造から汚職が起こったのか？」「自分の中にも汚職をした議員と同じ考えがないだろうか？　もしあるとすれば、そこから改善の変化を生み出せるかもしれない……」と考えるのです。

因果ループ図の描き方

システム思考を理解するために、因果ループ図を描いてみましょう。最初から完璧なものを目指すよりも、変数を見つけるのに慣れたり、原因と結果が循環しているということを実感したりするために作成してください。

①テーマを決める

当事者として語れるテーマであり、解決すべきテーマであり、かつ、なかなか解決しない（簡単に答えが見つからない）テーマが適しています。たとえば、次のようなものです。

「残業時間がなかなか少なくならないのはなぜか？」

「顧客満足度とは何か？」

「人材をどう育成していくか？」

「チームワークを良くするには？」

「他部署との連携を良くするには？」

「仕事のモチベーションを上げるには？」

②テーマで対話をする

テーマについて対話を行います。テーマについて内省し、開示し、他の人の考え（思考プロセス）を質問していきます。対話の中に出てくるキーワードを書き留めておきます。キーワードは変数の候補になります。時間とともに変化するものになります。たとえば、チームワークのことをテーマに対話をしている場合は「結束力」「納期」などです。顧客満足がテーマなら「顧客満足度」や「社員満足度」「顧客の期待」などが出てくるのではないかと思います。

③変数候補を作成する

変数候補を変数の形に変換します。「結束力」ならそのままでよいのですが、「納期」は、たとえば「納期のプレッシャー」などといった形に変換します。ここは、さほど完璧でなくても大丈夫です（余談ですが、システム思考に慣れてくると、問題状況に接したときに、いろいろなことが変数の形で思い浮かぶようになります。たとえば不具合が連発していたら「不具合件数」「メンバーのモチベーション」「チームの関係性」……などです）。

ここは、慣れが必要なところです（変数は時系列で変化する要素のことなので、折れ線グラフが書けるかどうかをイメージしてください）。

変数候補を出すのに最初は苦労するかと思います。他のやり方としては、次のようなことがあります。

○ブレーンストーミングを使い、テーマに関係しそうな変数を出す
○ロジックツリーを使い、ツリー構造を作り、それぞれの要素を変数として出す（変数候補を出すのに使用し、出した後のツリー構造は使わない）

④因果ループ図を描き始める最初の変数を決める

（※どこから始めてもかまわないが、今回は、例として「顧客満足度」にする）

これをもとに因果関係を考えていきます。

(1)原因を考える

顧客満足度に影響を与える原因を考えます。変数候補の中から選び出しても、また考え出してもか

まいません。何があれば顧客満足度が上がるのか、あるいは下がるのかを考えます。一般にいわれていることではなく、自分がもし顧客だったらと仮定して、過去の経験から満足度が上がったり下がったりしたことを思い出しながら、対話で進めてください。

ここでのコツは、なぜ（WHY）と尋ねる前に、なぜ以外の4W1Hを問いかけることです。なぜ（WHY）という問いは、真因を探るのに有効といわれています（トヨタでは〝なぜ〟を5回繰り返し、真因を見つけ出します）。ただ〝なぜ〟（WHY）と問いかけると、問いかけられた人の〝考え〟が答えとして返ってきます。〝考え〟はメンタルモデルに影響されますので、事実から離れた解釈が語られる可能性が高まります。たとえば「モチベーションはなぜ上がりましたか？」と尋ねて「お客さんの喜ぶ顔が見られたからです」という答えが返ってきたとします。これは事実のようですが、経験や、いろいろと見聞きしたことに基づいて考えた答えです。「いちばん最近モチベーションが上がったのは、いつですか？（どこで？　だれと？　何を？　どのようにしていたときですか？）」と尋ねると、直近の具体的な経験が語られます。「そうですねえ……二カ月前にお客さんと打ち合わせをしたとき、すごく熱心に話をされて、このお客さんの要望を叶えたいと感じたところですかね」といった具合です。

5W1Hの〝なぜ〟（WHY）以外、〝いつ〟（WHEN）、〝どこで〟（WHERE）、〝誰と〟（WHO）、〝何を〟（WHAT）、〝どのように〟（HOW）は、どれも考えではなく、〝事実〟を尋ねる質問です。事実はメンタルモデルの影響が〝考え〟よりは少ないので、最初は意識的に〝なぜ〟（WHY）を少なくして、事実を尋ねるようにしてください。

4W1H（〝なぜ〟以外）を使う

たとえば「いちばん最近、あなたが顧客の立場で、満足度が上がったのはいつですか？　それは、どんな状況でしたか？」という具合に、直近でそう感じた経験を思い出してもらうように問いかけます。そうすると、それを語るうちに、自分自身がどのように考えていたかと、事が明らかになってきます。その後に〝なぜ〟と問いかけると、最初から〝なぜ〟と問いかけたときよりも具体的な内容を語り出してもらえる確率が高まります。

次に、そうした経験を変数の形に変換します。たとえば「こちらの事情を理解してくれた」といった経験の場合には、変数を「顧客理解度」とします。

○変数名には動詞は使用せず名詞を用いる

【例】（×）「販売する」→（○）「販売数」

○肯定的か、少なくとも否定的でない表現を用いる

【例】（×）「仕事に対する不満度」→（○）「仕事に対する満足度」

⑵ 結果を考える

次に、原因と同じように結果を考えます。顧客満足度が影響を与える結果です。これも原因と同様に、変数候補の中から選び出しても、また対話においてて考えてもかまいません。原因同様に4W1Hを中心として、自分が顧客だった場合のことを思い出し、満足度が上がったときに何が上がったり下がったりしたかを考えてください。〝なぜ〟（WHY）をまったく使わないというより、WHENの質問をした後でWHYと聞く、といった具合に、補完的に使ってください。

原因のときと同様に、変数の形に変換します。たとえば「幸せを感じた」といった経験の場合は「顧客の幸福度」とします（○○度と付けると変数らしくなります）。

⑤変数と変数を因果関係でつないでいく

対話をしながら、変数と変数を因果関係でつなげていきます。変数の意味合いが変わってきたら、それに適した変数名を検討して進めてください（場合によっては、一つの変数が二つに分かれたりすることもあります）。最終的にループ（循環）になるよう意識してみてください。この段階では、あまり正解に拘《こだわ》らないでください。因果ループ図は、あくまで仮説です。

因果ループ図の注意点としては、次のようなことがあります。

○自分の考えを主張するために使わないこと（皆で検討するためのツールである）

○因果ループ図は仮の姿で、因果ループ図に終わりや正解はない（システム思考は繰り返し行うプロセス）
○問題をすぐに解決しようとはしないこと（まずは問題の理解から）
○因果ループ図の正しさについては過度に心配しないこと（問題を理解するためのツールである）

因果関係は事実ではありません。そこに因果があると思っているという「メンタルモデル」です。表現されている因果ループ図は、そこに集まっているメンバーのメンタルモデルが表出されたものといえます。

⑥レバレッジポイントの発見

因果ループ図が作成されたら、レバレッジポイントを探ります。レバレッジとは梃子《てこ》のことをいいます。小さな力で大きな効果を起こせるポイントの意味です。

システム思考では、代表的なパターンに応じてレバレッジポイントが用意されています。因果ループ図を描くことに慣れたら、代表的なパターン（「**システム原型**」という）を学ぶことをお勧めします。

※推奨図書：ダニエル・キム／バージニア・アンダーソン著『システム・シンキングトレーニングブック――持続的成長を可能にする組織変革のための8つの問題解決思考法』日本能率協会マネジメントセンター刊

レバレッジポイントを見つけるコツは、一概にはいえません。大きな問題のレバレッジポイントは必ずしも大きなものとは限りません。実は、とても小さな行動の自己強化ループで好循環を作り出すことにより、変化を起こせることもあります。——大きな問題にはそれに匹敵するぐらいの大きな解決策が必要だと人は思い込んでしまいますが、必ずしもそうではありません。

また、根本原因がわかったとしても、直接それを解消することだけがレバレッジポイントではありません。根本原因を含む因果関係をどのように変化させるかを考えることが必要です。問題部分をクローズアップするだけでなく、うまくいっているところを見つけ、それを広げていく——つまり、自己強化ループの好循環を作り出すにはどうしたらよいかを考え、結果として因果関係を変えていき、問題を解消させることも考えてください。

「このループの中でうまくいっている点は何か?」
「どうすれば、それを広げていけるか?」

問題を含む全体構造の中で、いかに持続的な自己強化ループにより好循環を作り出すか、そして、それを阻害する要因をどのように低減させていけるかを考えてください。

⑦変化の方向を考える

（※遅れを表現してみる）

リンクの変化方向を因果ループ図に書き込んでみてください。原因と結果の変化方向が同じならば（＋）――つまり、原因が増えれば結果も増える、あるいは、原因が減れば結果も減るのであれば（＋）です。

原因と結果の変化方向が異なるならば（－）です。こちらは、原因が増えれば結果が減る、あるいは、原因が減れば結果が増えるということになります。

ループしているところの（＋）と（－）の数を数えてください。マイナスの矢印の数が偶数（0を含む）なら自己強化ループ、奇数であればバランスループになります。

また、遅れも表現してみてください。全体を見て、原因と結果に時間差がある矢印に、遅れマークを付けてみましょう。

システム思考の実践事例

いったん変化が始まると、変化が変化を呼ぶようなことがよく起こります。人間は、行動と思考が食い違うのを嫌います（この食い違いを「**認知的不協和**」といいます）。小さな変化を起こすために新たな行動を取り始めると、自分の行動を否定することが難しくなっていきます。行動が変わると自己像が変わり始め、ますます新しい行動が強化されていきます。

私は以前、ある会社に管理職（課長）として転職したことがあります。その会社は、社内の雰囲気が悪くなりかけていました。中堅どころの人が何名か辞めたことで、上と下とのコミュニケーションが疎遠になっていました。下の人たちは混乱し、上の人たちは会社の悪い点をあげつらっているような感じでした。私はそのような職場に入ったのですが、まず部下との信頼関係を作るところから始めようと思いました。

私はクルマでの通勤だったのですが、交通渋滞を避けるために、始業時間よりもかなり早く会社に到着していました。そこで私は、会社内の掃除を、当番であろうとなかろうと、することにしました。掃除は、もともと朝は、社員が当番ですることになっていました。

社内でいちばん早く会社に到着し、掃除をしながら皆を出迎えていると、そのうち、課長が早くから来てやっているんだから自分たちもやろう……という感じになり、メンバーたちも当番を超えて自発的に掃除の範囲を広げていくようになって、掃除をしながらのコミュニケーションが増えました。また、掃除のクオリティが上がっていくと会社に対して愛着を抱くようにもなり、会社の活動に積極的に参加するようにもなりました。

同時に、部下も私を信頼してくれたのか、相談を受ける件数も増えていきました。私自身、部下からの相談には親身になって回答することを心掛けました。――私は、部下からの相談件数を増やしたいと思っていました。それが信頼関係を測る尺度だと考えていました。また、相談してきた部下の思いを聞くことで、この会社を良い会社に変えたいという思いが私自身の中でも強まっていくことに気づきました。

その後、私は自発的に課長どうしで連携し、会社をより良くするための作戦会議を開くことにしました。メンバーを味方に付け、横の連携をも広げていた私は、上司に対しても発言力が強くなっていることを実感しました。私の中には、この会社を変えられるという確信が、次第にできていきました。

会社におけるトップの影響は大きい。しかし、トップを変えなければ何も変わらないというのであれば、結局は何も変わらないでしょう。自分ができることは、たとえ小さくてもあるはずです。その小さいことでうまく好循環を作り出すことができれば、いずれ大きな変化を起こせます。

やるかやらないかは、自分に与えられた権限の問題ではありません。自分にも変化を起こせるという確信と、変えたいという思いこそが大事なのです。

システム思考は、単なる図（因果ループ）の表現スキルではありません。他責から自責へと意識が変容することを促す考え方なのです。

メンタル・モデルの欠けたシステム思考は、空冷星形エンジン搭載のダグラスＤＣ－３に翼のフラップがないようなものだと考えるに至った。ボーイング２４７の技術者たちがエンジンを小型化せざるを

得なかったのは、機体にフラップが欠けていたからだ。まさにそれと同じく、メンタル・モデルのディシプリンが欠けていれば、システム思考の動力も相当小さくなる。二つのディシプリンは本来切り離せないものだ。なぜなら、重要な問題の原因を明らかにするために、一方は隠された仮定を明らかにすることに焦点を合わせ、もう一方は仮定を再構築することに焦点を合わせているからだ。

（ピーター・M・センゲ著／枝廣淳子、小田理一郎、中小路佳代子 訳『学習する組織 ― システム思考で未来を創造する』２０１１年、英治出版刊、２７７ページ）

システム思考を企業に導入してもうまくいかないという声をよく聞きますが、原因は二つあると私は考えています。

一つは、組織内での対話ができていないことが挙げられます。対話で深く話し合いができていないと、表面的なこと（多くは一般的なこと）の因果ループ図になってしまいます。たとえば、給料が上がるとモチベーションが上がる、といった因果関係です。一般的にはそうかもしれませんが、自らの過去の経験を振り返り、給料が上がったときにどんな気持ちだったか？……など一人称で経験が語られないと、新しい発見はありません。

二つ目は、システム思考で考えようとしているテーマそのものが、複雑な因果関係を含んでいるものです。たとえば、別部署との連携がうまくいかないとか、多職種との協働が難しいなどのことです。

テーマの範囲が広がると、難易度も上がります。内容もそうですが、他部署の人も参加者として巻き込んでいく必要も生じてきます。最初のうちは自組織など比較的コンパクトな範囲でシステム思考に慣れることが必要です。

システム思考の考え方自体は、さほど難しいものではありません。ただし、ループ図を描くには慣れが必要なので、簡単な例で何度も繰り返しやってみることが大切です。個人的な感想ですが、月に一度こうしたループ図を描くトレーニングをして、ある程度、思ったように表現できるようになるには、対話のスキルも必要なことから、慣れるには一年以上はかかります。ただ、一度身につけると非常に便利なものなので、チャレンジしてみて損はありません。

私は、医療に関する仕事をしている友人と、月に一度、システム思考を使って勉強会を開催していたことがあります。毎月、医療に関わるテーマ（たとえば〝医師不足〟など）について、皆で対話しながら因果ループ図を描きます。月に一度、二時間の勉強会を二年間続けることで、医療現場の理解も深まり、システム思考の使い方も上達しました。このようにテーマを決めて、定期的な勉強会を開催することもお勧めです。

以下に、システム思考の活用事例を紹介します。私は、日本ファシリテーション協会（以下、ＦＡＪ）という特定非営利活動法人（ＮＰＯ）の会員です（２００３年の設立翌年から会員となりました）。Ｆ

ＡＪは、ファシリテーションの普及を通じて社会を良くしようとの目的の団体で、会員の数は私の入会当初は１００名ほどでしたが、すでに約１８００名（２０１６年度現在）以上となり、全国（北海道から沖縄まで）に拠点があって、たいへんアクティブに活動している団体です。

ファシリテーションの調査・研究、ファシリテーター教育、協働プロセスの支援、ファシリテーターの交流などを通じて、日本にファシリテーションが普及し定着していくことを目指していきます。そうすることによって、ビジネス分野においては、生産性・モチベーション・リーダーシップ力を向上させ、社会的な分野では、市民社会・地域経営・国際交流の質を高め、教育の分野では、多面的な視点を持つ人材が育成されることを願っています。そして、協会の活動を通じて、多様な人々が協調しあう自律分散型社会の健全な発展と、協働の精神の増進に寄与していきます。

（特定非営利活動法人　日本ファシリテーション協会　設立趣意書より抜粋）

私はこの会の理事を２０１２年から２０１６年の五年にわたって務めましたが、最初に理事になったときに理事会で、設立趣意書に謳われている〝自律分散〟とはどういうことか、システム思考を用いて理解を深めたいと提案しました。それというのも、設立当時の理事はすでに退任しており（理事の任期は通算で最大五年という規定があるため）、会の規模が大きくなって新しい会員も増え、そのような環境では理事として、当初の設立趣意を理事間で腹落ち（深く納得）させることが大切と考えたからです。

　理事は十人前後で、一年任期です。そして、通算でも五年が最長ということから、いわゆる役員の新陳代謝の良い組織といえます。そのために、設立当初の理念を継承していくことが大切で、それには対話やシステム思考という手法が有効と私は考えました。

　最初は対話から始めました。――まずは私たちの会が自律分散の組織であるという仮説に立って、それぞれがどのようにこの会に関わってきたかを各自一人称で話しました。

　どのような経緯でこの会に入会したのか？　そして、いまも継続して活動をしているのはどういう理由か？　活動の動機づけの源泉は何か？　どのようなことがあったのか？――そのようなことを対話で話しながら、変数の候補を挙げていきました。

　変数の候補としてある程度の数が挙がったところで、それらの因果関係を考え、つなげていきました。最終的に、それはループとなり、この組織が自律的に持続しながら発展している状態にあるとの共通認識ができました。それは、そのまま、私たちの考える〝自律分散〟という概念の「**見える化**」でした。私たちは、そのループ図に「自律的な人とコミュニティを生み育てるエンジン」と命名しました。

　そのときに参加していた理事は、「因果関係のループ図が出来上がっていく中で、自分がこれまで体験してきたことがどんどん思い出され、『この団体が自分自身の自律性をどのように高めてきたか』、または（当時はまったく見えていなかった）『この団体がどのようにデザインされた場だったのか』ということが腑に落ちた」と、感想を述べました。

次に、この自律分散的な組織を持続させていくために必要なレバレッジポイントを考えました。このレバレッジポイントについては参加者それぞれの考えが異なり、最終的に一つにまとめるというよりは、それぞれが大切と思えることの具体的なもの（活動やイベント・出来事）を見える化してみようということになりました。

この話し合いを通じて、対話とシステム思考が、自分たちの行う活動について各自を納得させ、参加のモチベーションを高めるのに有効であると実感しました。

他の事例としては、こんなこともありました。――ある会社では、以前、設計→構築→保守という一連の流れの中で、それぞれの部署間（設計部、構築部、保守部）の連携に課題があり、全体最適ではなく個別最適に陥っていました。そこで、それぞれの部署のメンバーで対話をし、因果ループ図を作成しました。

出来上がった因果ループ図には自己強化ループが多くあり、それが悪循環となって次第に悪化していることがわかり、このままでは、ますます悪化していくということが実感できました。そうして、最終的に全体最適化をしなければ会社として存続・発展できないことの共通認識が形成されました。

この構造をどのように変えるかということで、再び対話が始まりました。全体を最適にするには、現状より負担がかかる部署もあり、そうしたことを会社としてどう考えていくかなどについても話し合われました。

そして、因果ループ図を作る過程で、お互いのことを理解できました。次第に、どの部署が問題であるという他責ではなく、自分たちもこの構造に働きかけることができるという自責の思考に変わっていったのです。

第6章のポイント

○システム思考とは、問題を含む状況の全体像を見える化し、全体を見据えて根本的な原因を探る考え方である。
○全体を見なければ個別最適な解決策を実施してしまい、最終的には問題が解決しない。
○循環しているような問題では、問題を細かく分割していく思考法では対処できない。
○問題が複雑だと感じると、人は解決を諦《あきら》めるか、または手をつけられそうな解決策を取ってしまう。
○全体が見えないと、緊急でストレスを避ける解決策を選択してしまいがち。その結果、一時的には痛みは緩和されるものの、さらに問題を悪化させてしまうことが多い。
○何が原因か、誰が悪いのかといった犯人捜しではなく、その問題を含む関係を変えることで、問題を解決していくように考えること。誰が悪いとしてしまうと他責思考に陥るが、関係を変えるのであれば、自分にもできる部分がある（自責）という思考に変わる。
○問題解決には、いかに持続的な好循環ループを作り出すかが大切。そして、それを阻害する要因に気づき、対処していくこと。

ちいさな実践の提案

1 因果関係を考える練習

自分自身のモチベーションについて、因果ループ図を描いてください。因果ループ図は、本来いろいろな視点で作ることが大切ですが、慣れるために、まずは一人でやってみてください。

①（自分の）モチベーションから因果関係を考えてみる

原因　→（仕事の）モチベーション→　結果

［　　］→（仕事の）モチベーション→［　　］

まず、結果――つまり、モチベーションが上がる（または下がる）と影響を受ける変数を考えてみてください。次に、原因――つまり、モチベーションが上がる（または下がる）ことに影響を与える変数を考えてください。

②次に、考えた結果の変数についても、モチベーション同様に結果を考える

また、考えた原因の変数についても同様です。

③あとは同じように各変数から原因と結果を考えていく

（※最終的にループ状態になるまで考えましょう）

②の例

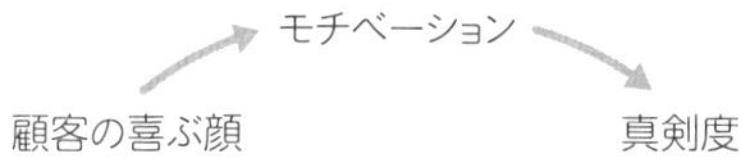

③の例

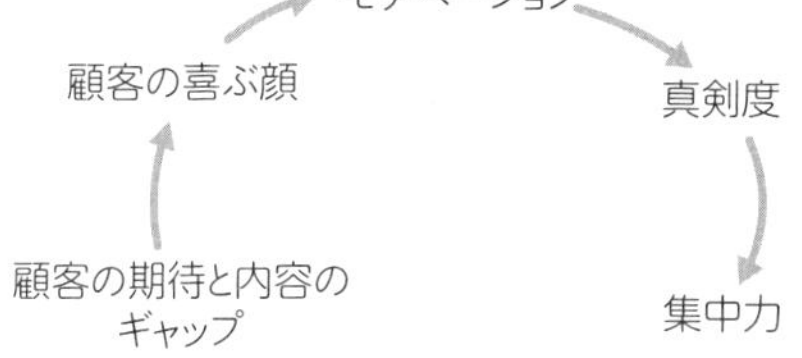

④循環ループになっているところを見て、次のことを考える
○どのように好循環を継続できるか？
○この好循環を阻害する事は何か？

④の例

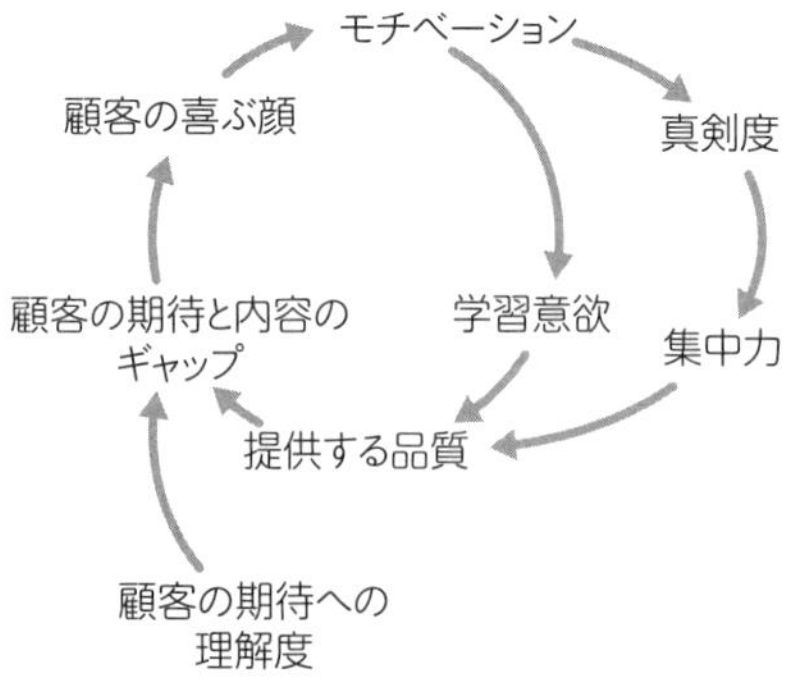

❷本を読んで因果ループ図にしてみる

システム思考を習得するのには時間がかかります。

私は以前、本を読んでそれを因果ループ図にする練習をしていました。社会課題に関して書かれた本がお勧めです。それをすれば、本の理解も深まりますし、因果ループ図に慣れることもできます。

次の図は、以前、私が本を読んで描いたものです。

チームの「思考の質」を測るための指標です。これが正解ということではなく、最終的には、このレベルマトリクスを参考にチーム独自で表を作成してください。「思考の質」のあるべき姿の状態をレベル3として、その実現に向けて進んでいる状態を2、1と表現してください（レベルは、1から3に向けて向上していきます）。

ファンドのリスク過大構造

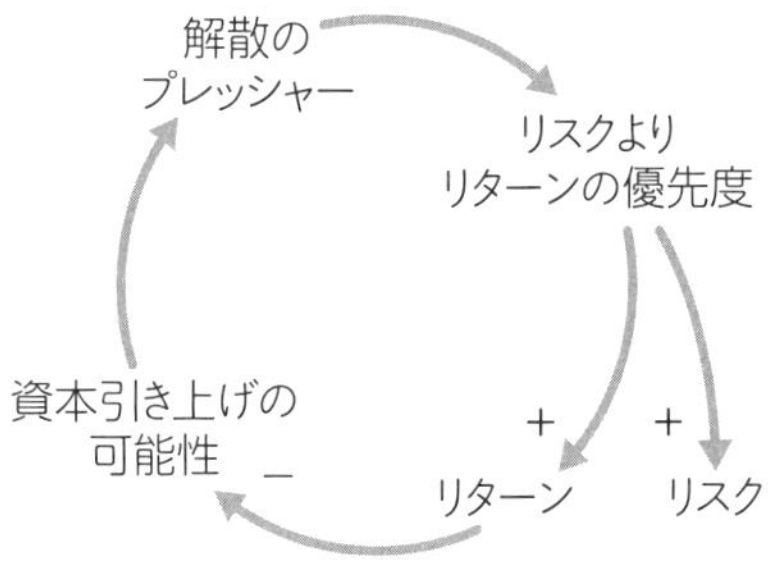

なぜ金融のプロ（ファンド）が
サブプライムローンに投資したか？

運用側（ファンド）は、ライバルにリターンで負ければ解散させられる→当人たちにとって最大のリスク
…… この結果、素人よりもプロ（ファンド）のほうがリスクを無視する構造がある

「思考の質」(第4章/第5章/第6章)	
1	○メンタルモデルが思考や行動に影響を与えることがわかっている。 ○会話、対話、議論の違いがわかっている。 ○**全体視点の重要性を理解している。** ○"原因と結果"という線形的な思考から、因果関係の輪状的な思考になっている。
2	○**対話を通じて、自らのメンタルモデルに気づくことができる。** ○必要に応じて対話を行うことができる。 ○課題を因果ループ図で描くことができる。 ○レバレッジポイントの候補を見つけることができる。
3	○対話を通じて、自らと他者のメンタルモデルから、新たな視点を創造できる。 ○会議(話し合い)の中で、会話、対話、議論をシームレスに行きつ戻りつして結論を出すことを支援(ファシリテート)できる。 ○**相互依存的な問題について、他責ではなく、自責(自分も問題の一部)の視点で見られる。**

第３部

「行動の質」

チームの自発的な行動を促す

自発的な行動を起こすには？

何か行動をするとき、自発的に行動しようと思うときと、そうでないときがありませんか？　その違いは何でしょうか？　――自分自身の経験を振り返ると、行動しようとしている対象が自分の仕事の範囲内にあるかどうかがポイントだと思われます。

かつて顧客の業務システム開発をしたとき、私は「業務設計チーム」に属しており、顧客が使用するコンピュータの画面レイアウトの仕様を決めるのが私の仕事の範囲でした。

コンピュータの画面には顧客の仕事に必要な情報が表示され、そこで［保存］などのボタンを押すと適切な処理が行われて、別の画面へと遷移していきます。

私の仕事の範囲は、画面の項目とその配置、さらにはボタンを押したときに実行する処理を決めることになります。画面のボタンを押したとき次にどのような動きをするかということについては「標準化チーム」が担当する仕事ということになっていました。――大きなプロジェクトだったので、たくさん画面があり、ボタンを押したときには同じような動きをしないと顧客が使いにくいという当然の理由からです。

ボタンを押したときの動きは標準化チームの仕事だと思っていた私は、その設計をすっかりまかせていたのですが、あるとき標準化チームから、特定のボタンについては設計しないという返答がきました。理由を聞いてみると、私の担当業務でしか使用しないボタンなので、他の業務画面と統一する必要はないから標準化チームでは対応しないとのこと。私は、たとえ現時点ではそうであっても、今後、他の画面でも使用するケースは出てくるかもしれないので、それも標準化チームが担当すべきではないか、と意見しました。話し合いを行った結果、最終的には私がそれを設計することになりました。ただ、私の納得感は低く、自分の仕事ではないのに……と不満を覚えました。

仕事の範囲をきっちり決めていても、その範囲の解釈を巡り、どちらともとれるようなことはよく起こります。当時のプロジェクトではたくさんのチームがあり、前述したような小トラブルが、いろいろなチーム間で（たとえば、業務設計チームvsデータベース設計チーム、業務設計チームvs製造チームなどのように）頻繁に起こっていました。

このようなときでも「関係の質」が良いチームどうしだと速やかに話し合いが行われ、仕事の範囲が再設定されていましたが、一方で「関係の質」があまり良くないチームどうしだと、互いにそれは自分の仕事でないと主張して譲らずに対立し、なかなか範囲の設定が決まらなかったり、また決まったとしても納得感が低くてメンバーが自発的とは程遠い状態になったりしていました。

仕事が高度化するにつれ、その内容は専門分野ごとに細分化されて、役割分担がなされ、こうした問題が頻発するようになります。それを解消するには、第1部で解説したように「関係の質」を高くしてチーム間でのコミュニケーションの場を設け意思疎通を円滑にすること、さらに第2部で取り上げた「思考の質」を高めて自分の仕事のつながりが感じられるようにする——つまり、仕事の全体像を見えるようにすることが大切です。

第3部では、さらに一歩進めて、「行動の質」を高めるために必要なことを解説していきます。

まずは、行動を起こす際にその源泉となる「**モチベーション**」について、です。自分のチームの中にモチベーションの低い人がいて、一緒に仕事をすると自分までモチベーションが下がったという経験はないでしょうか？　そういう人とはどういう関わり方をしたらよいのか、私も悩んだことがあります。自分に有効なモチベーションアップの方法がその人には通じない、どうしたらよいのか……褒《ほ》めたり厳しくしたり、あるいはインセンティブを用意したりもしてみました。また、それでも改善されない場合は、最終的にはその人自身に問題があるのだと評価して、諦《あきら》めたりしたこともありました。

何がその人のモチベーションになるのかは、人それぞれです。さらに、環境の変化に伴って、モチベーションの内容も変わっていきます。かつてうまくいっていたのに、それが通用しなくなることもあります。——たとえば、最近の若手は、昔ほど昇格・昇進などには興味を示さないようにも感じられます。

モチベーションは、チームで仕事をするうえで重要なテーマです。第7章では、モチベーションに関する理論を解説し、実際の仕事の中でその理論をどう活用していけばよいかを考えていきます。

第8章では、集中することについて説明します。仕事の効率を上げるには、その仕事に集中することが大切です。特に知的作業に関しては、集中しているかどうかで効率はまったく違ってきます。

私は、自分自身、気が散りやすい性格だと思っていました。もちろん、集中して仕事ができたときもありますが、なぜ集中できたのかについては、あまり考えたことがありませんでした。

私は会社員から独立起業したのですが、独立すると、会社によって拘束される時間というものはなくなります。始業開始・終了時間から解放されるというと聞こえはよいのですが、要は自分自身でそれを決めなければいけないということです。質の高い仕事をしながらも自分の自由な時間を作るには、仕事をしている時間の効率を高めなければならない——すなわち、集中しなければいけないことに気がつきました。

そんなときに、私は**「フロー理論」**に出会いました。集中するとはどういうことか？　集中するために必要な条件は何か？——ということについてのヒントがあり、私は、それをさっそく自分の仕事に取り入れました。その結果、仕事の効率は上がり、仕事をしながらも、こうして二冊目の本を執筆できました。それもこれも、この理論を取り入れたからだと、私は感じています。

これからはテレワークなど仕事をする形態も変わり、独立しなくても自分の仕事は自分自身で管理していく比重が増すと思います。そこで求められるのは、いかに集中するかです。もちろん、チームでの仕事の効率を上げるためにも、個々のメンバーの集中度を高めていくことは重要です。

第9章では、目標設定について説明します。何かを決めても、行動しなければ何も変わりません。行動するためには目標を設定して、行動を起こし、それを習慣化させる必要があります。――ここでのポイントは「**習慣化**」です。これまでと異なる行動を起こすには、意思決定が必要になってきます。人が意思決定をするには、心理的エネルギーが必要です。

行動を起こすたびに意思決定をしていたら心理的に消耗していき、それがある一定水準を超えると、次第に元の状態に戻ってしまいます。習慣化というのは、考えなくても行動する状態です。つまり、意思決定を自動化することなのです。誰しも、朝の歯磨きという行動にあたって、いちいち意思決定などしていないと思います。何も意識することなく、歯磨きは行います。目標を達成するための仕事の行動も、この状態にすることができれば、自然に目標をクリアすることができるようになります。いってみれば、自分自身の自動運転です。目標を入力(設定)したら、あとは自動で目標地点まで運転してくれる――その間の意思決定は、無意識という習慣化の力にまかせてしまうのです。

「行動の質」を高めるということは、チーム活動で成果を出すうえでも重要ですが、個人の「人生の質」を高めるうえでも非常に重要なことだと思います。

第7章

モチベーション

創造的な仕事のモチベーションを高める方法

うちのメンバーは、いわれないと動かない。指示したことをしてくれるのは良いのだが、何かもっと提案がほしいと感じる。会議でも、何か意見がないかと指名すると発言する。意見があるなら、自分から率先して発言してほしい。業務の改善についても、ノルマを与えると提案があるが、自発的とは言い難い状態のように感じる。何か提案をしたら報奨金を出すような制度をとってみたこともあり、一時的に提案は出てきたが、次第に尻すぼみとなり、やがてまた出てこなくなった。どうしたら、自発的に行動するようになってくれるのだろうか？　組織の中に〝指示待ち族〟が増えているように感じている。

※病んでいる組織の兆候：メンバーから自発的な提案がない。メンバーが仕事の〝やらされ感〟を感じている。

モチベーション（やる気）に関する相談を私はよく受けます。メンバーのモチベーションが下がっているから何か良い方法がないか？——というものです。これをすればモチベーションが上がるという特効薬的なものを望まれるケースが多いのですが、そもそも何が原因でモチベーションが下がっていると思っていますか？　と尋ねてみると、仕事が忙しい、人間関係が良くない、あるいは、その人自身に問題がある……といった答えが返ってきます。しかし、本当にそうなのでしょうか？

結果を出すために成果主義を導入し、モチベーションの面でうまくいっていない組織を、ずいぶんと見ました。それに対して対症療法的な対策をとったのでは、思わぬ副作用が生じる恐れがあります。モチベーションのメカニズムを理解したうえで現状を分析し、効果的な対策を講ずる必要があります。一時的にモチベーションが上がったとしても、その状態を持続的に維持できなければ意味がありません。

動機づけ衛生要因

そもそもモチベーションとは何か？　一時的でなく持続的にモチベーションを高く維持し続けるためには、何をどうしたらよいのでしょうか？　そのヒントになる理論を紹介していきます。人間のモチベーションは複雑で、人それぞれで異なります。理論がすべて適用できるとは限りませんが、過去の知見の蓄積である理論を理解し、現在でも役立つことがないかと考えることは大切です。

F・ハーズバーグは、仕事に対する〝満足をもたらす要因〟と〝不満をもたらす要因〟が異なることを示し、前者を「**動機づけ要因**」、後者を「**衛生要因**」と呼びました。——動機づけ要因を与えることにより満足感を高め、モチベーションを向上させることができます。一方、衛生要因に対して手を打つことにより不満は解消されますが、そのことがモチベーションを高めるとは限りません。

衛生要因の代表的なものに報酬（金銭）があります。私たちは、生きていくために、報酬を得る必要があります。十分な報酬がない場合には、当然、不満が溜まり、モチベーションは上がりません。しかし、報酬がある程度、満足できるレベルに達すると不満は解消されますが、それ以上にモチベーションは上がりません。報酬によって、モチベーションを下げる要因は解消されましたが、それを上げる要因は報酬とは別のところにあるからです。報酬が上がればモチベーションも比例して上がるだろうという考え方は、この理論によれば、間違っているといえます。

動機づけ要因の代表的なものには、仕事の達成感があります。仕事をすることで感じられる喜び、大変だったけどやりきったという満足感——そういったことを感じられると、モチベーションは上がります。

つまり、衛生要因（不満を解消する要因）の改善だけでは、モチベーションを高く維持することはできません。現状でモチベーションが下がっていると見ているのであれば、何が原因かを見極め、適切な手を打つ必要があります。

衛生要因が問題（たとえば、報酬が低い、人間関係がうまくいっていない、など）なのに、仕事でより達成感を味わってもらうために権限移譲し、やることの裁量を増やしても、うまくいきません。同様に、動機づけ要因が問題（たとえば、仕事そのものが単調で面白くないと感じている、など）なのに報酬を上げることでモチベーションを上げようとしても、それも無理です（一時的には上がるかもしれませんが、最終的には、報酬がなければやる気が起きないという、報酬への依存を強めることになって、長期的に見ると逆効果になります）。

これを因果関係で説明すると、図のようになります。不満が高まると仕事への集中力が殺がれます。不安も同様です。集中力が殺がれると仕事の質も下がり、仕事から得られる喜びも減ります。これは、すなわち、モチベーションの低下につながります。

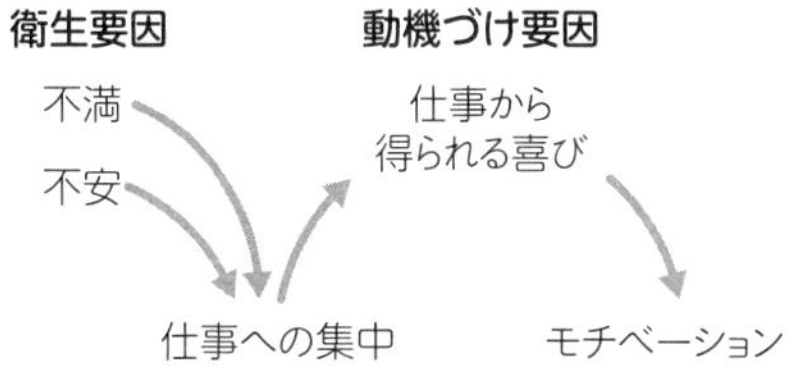

職場の人間関係で心配事があったり、あるいは報酬が低く不満なことがあったりしたら、仕事に集中するのが難しいと感じることもあるのではないでしょうか。この不満や不安の部分が、衛生要因になります。
まずは、この衛生要因を改善する——つまり、不満や不安を少なくして仕事への集中力を高め、結果として仕事から得られる喜びをたくさん感じられるようにすることで、モチベーションを高めます。

私は三回ほど転職した後に独立したのですが、最初に入社した会社では先輩にも非常に可愛がってもらえ、職場の人間関係も良好でした。報酬は決して多くはありませんでしたが、生活していくうえで必要十分なものでした。いま振り返ると、衛生要因に問題はありませんでした。

当時、私の課題は、仕事そのものに面白さや達成感を感じることでした。コンピュータの保守が主な業務でしたので、何も起こらないことが良しとされ、保守点検はルーチン化されており、達成感を覚えることは難しく感じられていました。また、何か問題が起こって迅速な対処をすれば顧客からも感謝されるかもしれない……と妄想したりもしましたが、何も起こらないことがほとんどで（それが普段の保守点検がうまくいっていることの証《あかし》でもあったのですが……）、そうした感謝の声を聞くことも少ない毎日でした。石の上にも三年ということで、三年間、私なりに仕事の喜びを模索しましたが、最終的には別の仕事（システムの設計）を選択することにしました。保守も非常に大切な業務なのですが、当時の私は、そこから仕事の喜びを継続して発見していくことに限界を感じました。

内発的動機

衛生要因に対処した後で、どのように動機づけ要因を高めていくのか？――そのことに関しては、2010年にダニエル・ピンクが『モチベーション3・0―持続する「やる気《ドライブ》!」をいかに引き出すか』（講談社刊）という本で、モチベーションに関する重要な示唆を提示しました。

ダニエル・ピンクは、モチベーションをコンピュータのOS（オペレーティング・システム：WindowsやMacOSなど）にたとえ、バージョン1・0〜3・0に分けて、それぞれについて解説しました。

◆モチベーション1・0

人間の歴史がまだ浅い頃、たとえば今から五万年ほど前には、人間の行動の基礎をなす前提はシンプルきわまりなかった。それは生き残ることだ。食料を集めるためにサバンナを歩き回るときや、剣歯虎《サーベルタイガー》から身を隠そうとわれ先に茂みを探すときまで、生理的動因が人間のほとんどの行動を決めていた。この初期のOSを〈モチベーション1・0〉と呼ぶことにしよう。これはあまり高度だとは言えないし、アカゲザルや大型類人猿、その他多くの動物と大差がない。だが、人類の役に立ち、十分な効果を発揮した。それだけでは十分でなくなる時がくるまでは。

（ダニエル・ピンク著／大前研一訳『モチベーション3・0 ― 持続する「やる気！《ドライブ！》」をいかに引き出すか』2015年、講談社刊、50ページ）

モチベーション1・0は、生存を目的とした動機づけです。しかし、人間がさらに複雑な村社会を形成したりするにつれ、これだけでは対処できなくなってきました。モチベーション1・0は生存のためには、もちろん重要ですが、

モチベーション1.0	生物学的動機づけ	生存を目的としている
モチベーション2.0	外的な報酬と罰による動機づけ	活動によって得られる外的な報酬と結び付く
モチベーション3.0	内的な動機づけ	活動自体からもたらされる内的な満足感

次の動機づけ――簡単にいうと、報酬を求める一方、罰を避けたいという動機づけが必要になります。新しいOS、いうなれば「モチベーション2・0」は、この観点から生まれました。

◆モチベーション2・0

> とくに過去二〇〇年の間、この二番目の動機づけを利用することが、世界経済の発展にとっては必要不可欠だった。産業革命について考えてみよう。蒸気エンジンや鉄道の登場、電気の普及など、技術開発が産業の繁栄に重要な役割を果たした。技術開発以外にも、重要なイノベーションがあった――とくに、フレデリック・ウィンスロウ・テイラーというアメリカのエンジニアの業績がそうだ。テイラーは、当時の企業は非効率的で、無計画に経営されていると考えていた。そこで一九〇〇年代はじめに、「科学的管理法」という方法を編み出した。彼の発明は、〈モチベーション2・0〉というプラットフォームを土台として起動する、巧妙に開発された「ソフトウェア」であった。これはすぐさま幅広く採用された。
>
> この手法では、労働者は複雑な機械の部品のような存在だとみなされる。彼らが正しい方法で、正しい時間に、正しく仕事をすれば、工場はスムーズに機能する。それを確実にするためには、相手がこちらの望むとおりの行動をすれば見返りを与え、逆の場合には罰を与えるだけでよい。このような外的な力――外発的動機づけ――に対して、人は道理をわきまえて反応するものだ。（後略）
>
> （ダニエル・ピンク著／大前研一訳『モチベーション3・0 ―持続する「やる気!《ドライブ!》」をいかに引き出す

か』2015年、講談社刊、52ページ）

モチベーション2・0は、かなり長期にわたって稼働してきました。私たちの生活に組み込まれているので、その存在にすら気づきません。優秀な者に見返りを与え、成績の芳しくない者には罰を与える……。しかし、これでは、人間は動物と大して違わないということになります。新鮮な餌を鼻先にぶら下げるか、ビシビシとムチ打つかしないと正しい方向に進ませられない、と考えているのと同じです。

二〇世紀が進むにつれ、経済が著しく複雑化し、新しい高度な能力が必要になったとき、〈モチベーション2・0〉のアプローチに対して異を唱える者も現れてきた。ウィスコンシン大学でハリー・ハーロウに師事したアブラハム・マズローは、一九五〇年代に〈人間性心理学〉という分野を開拓した。人間はネズミのようにポジティブな刺激を求め、ネガティブな刺激を避けて行動するという認識に対して、マズローは疑問を投げかけたのだ。一九六〇年、マサチューセッツ工科大学（MIT）で経営学を教えていたダグラス・マグレガー教授は、マズローの思想をビジネスの世界に導入した。マグレガーは、人間は本来自発的ではないので、外的な報酬や罰がなければ大したことができない、とする仮説に挑んだ。人間には別の、もっと高尚な動機があると考え、マネジャーやビジネスリーダーがこうした原動力を重んじれば、企業に利益をもたらす可能性があると主張した。（後略）

（ダニエル・ピンク著／大前研一 訳『モチベーション3・0 ― 持続する「やる気《ドライブ》！」をいかに引き出すか』2015年、講談社刊、53〜54ページ）

本書を書いている年は豪雨による災害が多く、私が住んでいる広島でも集中豪雨による災害が発生しました。災害の現場で私が驚いたのは、ボランティアの人たちの行動です。自分の時間を使って、報酬もなく、誰かの指示ではなく自らの意思で動く……。私が出会ったボランティアの一人は、広島出身で現在は東京で仕事をしているけれども、災害の報道を聞いて、何かできることはないかと一週間ほど有給休暇を取って広島に戻ってきた、といっていました。

いったい、どこからこのモチベーションが生まれてくるのか？　参加の動機は人それぞれなのですが、いえることは、外的な報酬（金銭など）を求めるような人や、罰を恐れてやっているような人は皆無だということです。つまり、この「モチベーション2・0」では説明できないような動機に基づいた行動なのです。

もちろん、参加することで自らの評判を高めたり、何かの経験を経ることで結果的に経済的な利得を得ようと考えたりする人もいたかもしれません。ただ、私が出会ったほとんどの人は、純粋に、参加することで他人の役に立ちたいと考え、そういう自らの行動に価値があるという非常に力強い内発的な動機を持って動いていました。

行動科学者は、仕事は二つに分類することができるといいます。「**アルゴリズム**」(段階的手法)と「**ヒューリスティック**」(発見的方法)です。アルゴリズム的な仕事とは、一つの結論に至る一本の道を、実証された手順に沿って進める仕事です。いわゆる〝ルーチンワーク〟です。一方、ヒューリスティックな仕事では、可能性を試行錯誤して新たな解決策を考案する必要があります。いわゆる〝創造的な仕事〟といえます。

二〇世紀を通して、多くの仕事がアルゴリズムだった。それは、一日中同じ方法で同じネジを締める仕事だけに限らない。ブルーカラーだけではなくホワイトカラーも、担当業務はルーチンワークの場合が多かった。つまり、仕事——会計でも法律でも、コンピュータ・プログラミングでもその他の分野でも——の大半を、スクリプトや仕様書、慣例など、正しい解答を導く一連の手順にまとめることが可能だった。だが現在、北米や西欧、日本や韓国、オーストラリアのほとんどで、ホワイトカラーのルーチンワークは消えつつある。その種の仕事は一番コストがかからない国や地域へと、どんどん委託されるようになっている。(中略)

> ……コンサルティング会社のマッキンゼーによれば、新たに作られる雇用のうちアルゴリズム的な仕事の占める割合は、アメリカでは三〇％にすぎず、七〇％はヒューリスティックな仕事が占めている。（後略）
>
> （ダニエル・ピンク著／大前研一訳『モチベーション3・0 ―持続する「やる気！《ドライブ！》」をいかに引き出すか』2015年、講談社刊、69～70ページ）

ＡＩの普及が予測される現在、単純なアルゴリズム的な仕事は、ますます減っていくことでしょう。今後は、かなりのことがＡＩで行えるのです。これから人に求められるのは創造的な仕事です。組織のモチベーションに関する考え方も、それに対応したバージョンにアップデートする必要があります。ハーバードビジネススクールのテレサ・アマビルなどの研究者は、外的な報酬と罰（つまり、モチベーション2・0）はアルゴリズム的な仕事には効果を発揮するが、ヒューリスティックな仕事には、むしろマイナスに作用する恐れがあると気づきました。

私は、システムエンジニアをしていたときに、自分で最新技術をまとめたものを、自主的に社内の掲示板に掲載していました。反応は、あまりありませんでしたが、まとめることで自分も勉強になり、たまに質問がくると嬉しくて、それが喜びになりました。次第に反応も増えたので、勉強会を開催したりもしました。

しかし、上司が、私のこの活動が良いということで、勉強会への参加をポイント制にし、ある程度ポイントが貯まったらご褒美《ほうび》を出す（外発的な動機）といいだしました。私は、直感的に嫌な予感がしたのですが、ポイント制を導入した結果、勉強会の参加者は減り、さらに掲示板を見る人も少なくなって、活動自体が萎《しぼ》んでいきました。

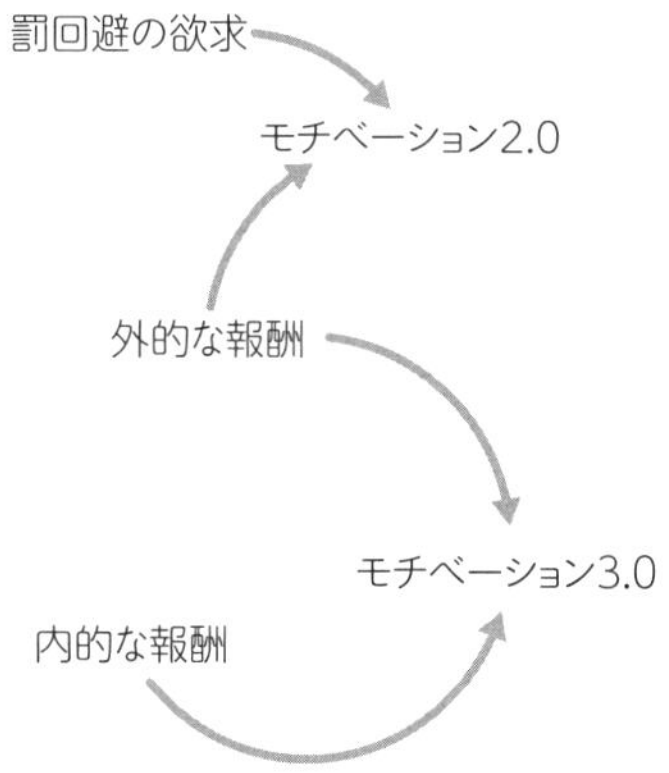

外的な報酬を与えると、ルーチンワーク的なモチベーション2・0は高まり、ただ副作用として創造的なモチベーション3・0は低くなります。モチベーション3・0を高めるには、内的な報酬が必要となるのです。単純にモチベーションを高めるというだけでなく、現状どのような仕事をしているのか――ルーチンワーク的なものか、創造的なものかを見極める必要もあります。

アメとムチの致命的な7つの欠陥

1. 内発的動機づけを失わせる。

2. かえって成果が上がらなくなる。
3. 創造性を蝕《むしば》む。
4. 好ましい言動への意欲を失わせる。
5. ごまかしや近道、倫理に反する行為を助長する。
6. 依存性がある。
7. 短絡的思考を助長する。

（ダニエル・ピンク著／大前研一訳『モチベーション3・0 ―持続する「やる気！《ドライブ！》」をいかに引き出すか』2015年、講談社刊、113ページ）

◆モチベーション3・0

活動から得られる外的な報酬と欲求が結び付いているのがモチベーション2・0ですが、モチベーション3・0は、外部からの欲求よりも内部からの欲求をエネルギーの源としています。活動によって得られる外的な報酬よりも、活動そのものから生じる満足感と結び付いています。

みなさんはどうですか？　自分自身に活力を与えるもの、朝起きて今日も一日頑張ろうと思える活力の源は、あなたの内部から生じているのか？　それとも、外部から強制されているのか？――チームのメンバーはどうでしょうか？

ダニエル・ピンクは、内発的な動機で動く人の特徴として、次のことをいっています。

○内発的な動機で動く人は、長期的には、ほとんどの場合、外発的な動機で動く人をしのぐ成果を上げる。ただ、短期的には必ずしもそうではない。外的な報酬には即効性があるが、デメリットも多い。そして、最終的には継続しない。

○内発的な動機で動く人は、金銭や他者からの評価を軽視しているわけではない。内発的であっても外発的であっても、報酬が基本的なラインに達しない場合、報酬が同様の仕事に従事する人と比較して不公平な場合——つまり、衛生要因に問題がある場合には、モチベーションは著しく低下する。

内発的な動機づけをベースとするモチベーション3.0の要素を、ダニエル・ピンクは**自律性**、**マスタリー**、**目的**という三つに整理しました。

自らの意思で行動を決める(自律性)、意義あることの熟達を目指して打ち込む(マスタリー)、さらなる高みへの追求を大きな目標(目的)へと結び付ける……。つまり、この三つを促進できる環境を整えると、内発的な動機が高まるということになります。以下、それぞれについて説明します。

自律性

私は十六年前に独立しました。自営業者は会社員に比べて大変なこともありますが、私は独立して良かったと強く思います。中でもいちばん良かったと感じていることは、決められた時間、決められた場所で仕事をしなければいけないという制約が減ったことです。——この原稿も、早朝に近所のお気に入りのカフェで書いています。

おかげで、子どもが小さい頃には、子どもの成長を近くで見ることができました。お昼は子どもと公園に行ったり、子どもが学校に入ったら授業参観に行ったり、と。出張や顧客との会議で拘束される時間もありますが、会社員時代に比べると、時間の自由が増えました。その結果、余計な気掛かりに心を砕くことが減り、仕事に集中できるようになりました。創造的な仕事をするうえで、この〝自由〟は重要な要素と感じられます。

独立した当初、私はビジネスパートナーとコンピュータ・システムの開発の仕事をしていたのですが、ゴール（要求内容と納期）を相談して決めたら、後のやり方はすべておまかせすることにしました。私自身、決められた時間、決められた場所から解放された結果、仕事に集中できたからです。パートナーは自由に時間を使っていたようですが、できた内容が要求したものではなかったり、納期に遅れたりといったことは、一度もありませんでした。それどころか、納期はいつも、かなりの前倒しでした。サポートが必要なときには手助けをしたりもしましたが、いわゆる管理というマネージメントは最小限で済みました。

自律性とは、選択して行動することを意味します。自律的になるということは、責任をないがしろにするという意味ではありません。仕事には責任を持たなければなりませんが、人間の本質について異なる仮定を立てるということなのです。

モチベーション2・0は、自由を与えれば人間は怠ける、だから自律的にやらせれば責任回避をするだろう、という仮説です。一方、モチベーション3・0では、人は本来、責任を果たすことを望んでいるので、時間ややり方をまかせるのが目的に至る早道だ、と考えるのです。

自律性を具体的に理解するために、以下の四つの側面で考えてみましょう。

① 課題（Task）

取り組む課題を自分で決める、ということです。仕事の時間をすべて自分で決めるのは難しいかもしれませんが、その一部を自分たちで決めるということであれば、実現できる可能性が増えます。たとえば、日本の製造業の小集団活動は、業務の一部の時間を使い、何を改善するのか、どう取り組むのかを自分たちで考えて決めています。課題は与えられるものではなく、皆で知恵を絞り、自分たちで発見します。

改善活動は、実際の行動に結び付かなければ効果はありません。継続している小集団改善活動を見学させてもらうと、皆さん楽しそうにしています。逆に、うまくいっていない小集団活動は、やらされ感が強く感じられ、ミーティングで決まったことがいつまでも実施されません。

私は仕事で、顧客の組織の課題を発見するミーティングを支援させてもらっています。与えられた課題をこなすのと、自分たちで見つけた課題に取り組むのとでは、モチベーションに大きな差が生まれます。

② 時間(Time)

自分の時間の主導権を握ることができれば、より仕事に集中することが可能になります。これは私も独立して実感していることです。最近では、フレックスタイムやテレワークを導入する会社も増えてきました。人間観——つまり、人間というものをどう見るかということについて、目を離したら怠けるという見方をしていると、こうした制度を導入することには心理的な抵抗があると思います。反対に、人は自分の仕事をより良いものにしたいはずという見方をしていれば、時間や場所の自由度を上げることに抵抗は少ないでしょう。ＩＴ技術が発達した現在では、時間の自律性を増やすことは、以前よりは容易になってきています。

③ 手法(Technique)

仕事のやり方が厳密に決まっていると工夫の余地がなく、機械的な作業になってしまい、モチベーションは上がりません。以前、システム開発をするときに、やること（要件）が決まっていないのに、手法（ツール）だけは決まっていたことがあります。大規模なシステムだったので、政治的な意図からツールが指定されていたのです。プロジェクトが進み、要件が明確になっていくにつれ、その手法では実現しにくいことがはっきりしてきました。また、その手法を使うために、やることが制限され、そういった事情を顧客に理解してもらうのに、かなりの時間を要しました。まるで手枷《かせ》足枷状態で仕事をしているような感覚です。良いシステムを作りたいと思うエンジニアのプライドは傷つき、モチベーションの低下した経験が、私にはあります。

④チーム（Team）

組織では、共に働く人（メンバー）を選べないことが多いものです。何をするかより誰とするかに価値観を置いている人にとっては、自律性という点で、メンバーを選べるということは非常に重要な要素になります。

私の属しているNPOでは、やりたいことを表明でき、それに賛同する人を募れる仕掛けがあります。何かの理由――たとえば、志を共有できるとか、共にいると成長できるとか、リスペクトできるとか、自分とは異なる考え方をしているから視野が広がるとか――から、そういう人と共に活動したいと思い、また実際に活動できることは、非常に大きなモチベーションになります。

人と人が出会い、つながっていく、ネットワークが育つような場をどう作るか……。それが、これからの会社でも必要とされていることだと私は感じます。

NPOなどボランタリィな団体が、どのように成長していっているのか？ 内発的な動機を活動の源としているそうした組織から会社組織が学ぶことは、たくさんあると思います。アメリカの大学生の人気就職先ランキングの分野別トップ10の中には、非営利団体がいくつか含まれています。

○文系・人文科学／教養／教育での8位＝ティーチ・フォー・アメリカ（Teach for America）
○理系・自然科学での1位＝メイヨー・クリニック（Mayo Clinic）
（2016年 国際コンサルティング会社ユニバーサム調査結果より）

——以上、四つの側面から自律性について考えてきました。現状の組織で、この四つをいきなり実現させるのは、現実的ではないことかもしれません。しかし、人手不足で、創造的な仕事が求められている時代の流れの中で、いずれこのことは実現されなければならないでしょう。

また、これら四つのうちのどれを望んでいるかは、人それぞれです（私の望んでいる優先順位は、チームが一番目、時間が二番目です）。まず重要なのは、自分自身がどれを最も望んでいるか、それから次に、メンバーがどれを望んでいるかを理解することです。そのうえで、メンバーごとに、望んでいるものについて自律性を増やしていくステップが大切です。

マスタリー（熟達）

マスタリー（mastery）とは、何か価値あることを上達させたいという欲求です。スタンフォード大学の心理学教授でモチベーションと熟達について四十年近く研究をしているドゥエックは、次のようにいいます。――「人の信念が熟達の内容を決定づける」自分自身と自分の能力に対して抱く私たちの信念（つまり、**メンタルモデル**のこと：ドゥエックは、これを「**自己理論**」と呼んでいる）が、自らの経験に対する解釈を定め、熟達の限界をも定めてしまう可能性がある、といっているのです。

ドゥエックによれば、人は知能《インテリジェンス》に関して二つの異なる観念を抱いているという。「固定知能観」を抱く人は、知能とは存在する分しかないと考える。もともと限られた量しか備わっていないので、増やすことはできないという考え方だ。一方、「拡張知能観」を抱く人は異なる見方をする。知能は人によって少しは異なるかもしれないが、最終的には努力によって伸ばすことができる、と考える。肉体的資質になぞらえれば、拡張知能観の人は、知能を体力のようなものだとみなす（体力をつけ、筋肉をつけたいなら、バーベルを上げるか鉄分を含むほうれん草を食べればいい）。固定知能観の人は、知能を身長のようなものだとみなす（成長がストップしたあとにもっと背を高くしたくても、残念ながら無理な相談だ）。知能が定められた量しかないと考えるなら、教育や仕事の経験はすべて、自分にどれくらいの知能があるかという測定手段となる。知能を増やせると考えるなら、教育や仕事上の経験は成長する機会となる。片や、知能は（残高を）証明するものという見方で、片や、知能は（どこまでも）発達させるものという見方である。

（ダニエル・ピンク著／大前研一訳『モチベーション3・0 ― 持続する「やる気！《ドライブ!》」をいかに引き出すか』2015年、講談社刊、209〜210ページ）

あなたは、どちらの観念（メンタルモデル）を持っているでしょうか？　深く内省する、もしくは対話することで、自分自身の観念に気づくことができます。――こうして本書を読み、何かを得ようとしているということは、あなたは「拡張知能観」を持っているのだと思います。熟達については、第8章で詳しく述べます。

目的意識

十九世紀後半の哲学者ニーチェは「なぜ生きるかを知っている者は、どのように生きることにも耐える」という格言を残しています。やるべきこと、特にそれが自分以外の「より大きな目的」であれば、それは大きなモチベーションとなります。

ナチスの強制収容所での過酷な体験を持つ心理学者のビクター・フランクルは「人生におけるミッションというものは、つくるものではなく発見するものである」といっています。

（前略）フランクルの言葉を続けよう。「すべての人が、人生における独自の類い稀な力と使命を持っている……。その点において、人は誰でもかけがえのない存在であるし、その人生を繰り返すことはできない。したがって、すべての人の使命、そしてその使命を果たす機会は、一人ひとり独自のものなのである」

（スティーブン・R・コヴィー著／フランクリン・コヴィー・ジャパン株式会社 訳『完訳 7つの習慣――人格主義の回復』2013年、キングベアー出版刊、165ページ）

目的の持つ大きな力の例として、1997年に起きた阪神淡路大震災の際のボランティアの活躍があります。阪神淡路大震災は、たいへんな被害をもたらしました。次々とテレビに映し出された映像は、どれも信じられないような光景でした。しかし、その一方で、現場で働くボランティアの姿にも私は驚きました。あの厳しい状況で自発的に動く人たち……。ボランティアを突き動かしていたのは、やるべきという義務感ではなく、やらずにはいられないという使命感だったのではないかと思います。

あの大変な状況で、行政ができないところに踏み込んで積極的に活動する姿に、私は使命感の持つモチベーションのエネルギーを感じました。仕事においても、このような使命感を持つことができたら、そのモチベーションは素晴らしい成果を生み出すことでしょう。

「経済的報酬」ではない「意味的報酬」で束ねられた事例として、20世紀初頭にイギリスの南極探検隊の隊長を務めた、アーネスト・シャクルトンの話がある。「求む男子。至難の旅。僅かな報酬。極寒。暗黒の長い日々。絶えざる危険。生還の保証なし。成功の暁には名誉と称賛を得る」という、この求人広告に5000名の応募があった。そして、選ばれた27人とともに南極に向かい、途中遭難するも、奇跡的に全員を無事生還させた。

この物語が語っているのも、「経済的報酬」以外で、人々は動機付けられるということだ。

（小笹芳央、勝呂 彰 著『モチベーションエンジニアリング経営 ― 人材流動化時代の新たな経営手法』2008年、東洋経済新報社刊、45ページ）

やるべきことを見つけるヒントは「**ミッションステートメント**」を書いてみることです。ミッションステートメントとは、自分の人生の目的と意味を表現する文書のことです。人生の中で自分はどうありたいのか、何をしたいのかを表現し、文書にします。〝個人的な憲法〟ともいえます。

ミッションステートメントを書くということは、具体的に、自分自身に次の問いかけをすることになります。

○私にとっては何が大切なのか？
○私はどういう人になりたいのか？
○私は何を後世に残したいのか？

ミッションステートメントは短期間で書けるものではありません。本当に自分のものにするには、数週間あるいは数カ月を要するかもしれません。しかし、それだけの価値がある作業です。私もミッションステートメントを書く過程で、自分の使命を発見しました。

私のミッションステートメントは「自由闊達にして愉快なる職場づくりをサポートする」です。私自身、会社員として仕事をしてきましたが、仕事には人生のかなりの時間を費やします。仕事が充実していたかどうかは、その人の人生が良いものであったかどうかということに大きな影響を及ぼすものだと私は思っています。

会社員時代には納期や条件が厳しい仕事もありましたが、仕事で本当に辛《つら》かったのは、仲間で支え合うことがない職場でした。

仲間が支え合い、自由に何でもいうことができれば、厳しい仕事も乗り越えられる。厳しい経験も、後で仲間と語り合えれば、素敵な人生の思い出となる……。

そう考えていたときに、ソニーの創業者の一人、井深 大氏の起草した「東京通信工業株式会社設立趣意書」を目にしました。その中には、設立の目的の一つとして「真面目なる技術者の技能を、最高度に発揮せしむべき自由闊達にして愉快なる理想工場の建設」と書かれていました。井深氏は、自由闊達にして愉快なる理想的な工場が、技術者の技能を最高度に発揮できる環境といいましたが、私は、技術者に限らず創造的な仕事をする人の力を最高に発揮する環境として、自由闊達にして愉快なる職場が必要と感じ、それを自らのミッションにしました。

他人事でなく自分事として動いてほしい――と、よくいわれます。では、どういう条件のときに自分事にできるのでしょうか？　自分が関係していると感じられたときに自分事になる、という考え方もあります。たとえば、遠く離れた国で起こっている紛争は自分との関係が薄いのに対し、これが近くの国で起こった紛争だと自分に影響する可能性がある（たとえば難民が押し寄せるなど）……のように自分事になるという考え方です。

私は、これは主体的に自分事にするのではなく、仕方なく自分事とせざるを得ない条件だと考えています。

主体的に自分事にするには、自分の使命（ミッション）が必要だと思います。自分でできることがあって、それを成し遂げたいと思うことが必要です。自分に影響があるから自分事にするのではなく、それが自らの使命だからやるのです。——災害が発生したときに駆け付けてくるボランティアの人々を見ると、自分たちへの影響があるからというのが動機なのではなく、自分の使命に突き動かされて動いているのだと感じられます。

もし社員が自分事として動かないと思うのであれば、その会社にミッションがあり、それを社員が共感しているか確かめてみてください。会社のミッションと社員自身のミッションがすべて一致する必要はありませんが、少なくとも両者に矛盾がないことは確認する必要があります。

行動科学の分野ではモチベーションに関する知見が蓄積されているにもかかわらず、ビジネスの世界では、相変わらずモチベーション2.0、または、少しだけ進んだモチベーション2.1(モチベーション2.0に加えて若干の裁量が増えたりしたもの)が幅を利かせています。なぜなのでしょうか?仕事をするうえできわめて重要な、モチベーションに関することであるにもかかわらず、です。

その理由の一つは、強固なメンタルモデルにあると思います。「机上の空論だろう」「うちの組織には適用できない」「うまくいくはずがない」といったことで、どのように取り入れたらよいのかという考えには至りません。また、「人は目を離したらサボるに違いない」「報酬を与えればモチベーションは上がるだろう」ということもあるかもしれません。

私たちには選択肢があります。人間の動機について、現代科学ではなく古い慣習に基づいた見解に固執することもできるし、あるいは研究結果に耳を傾け、会社や個人の慣習を一新して新たなOSを開発し、自分自身や会社やこの世界がもう少し良くなるように貢献することもできます。——それは容易ではなく、すぐに達成されるものではないでしょう。だから、なるべく早く着手しなければいけません。

私は以前、あるワークショップのファシリテーターを依頼されたことがあります。そのワークショップは組織の業務改善に関わるアイデアを出すというものでしたが、優秀な者（アイデア）には報酬を与えるということになっていました。創造的アイデアを出すのに報酬は不要である（むしろ報酬は逆効果）うえに、エンジニアはわずかな報酬のために改善案を出すのではなく仕事に関する自分自身のプライドのために出すという側面もあるのではないかと私は話したのですが、報酬がなければ誰も参加してくれないと主催者からは頑《かたく》なにいわれました。

仕事の内容が変化し、それに合わせて、必要とされるモチベーションが外発的なものから内発的なものに変わりつつあるのに、目を離すと人は怠ける、罰がないと人は不正を働くという、コントロールをベースにした考えのメンタルモデルを、主催者たちは手放すことができなかったのです。

モチベーションを上げる第一歩として、私たちの中にある〝人の動機づけ〟に関するメンタルモデルを検証するところから始める必要があります。

人間は単に、鼻先にぶら下がるニンジンを追いかけて走るだけの馬とは違うとわたしたちは知っている。子どもたちと一緒に時間を過ごしたり、自分が最高に輝いている姿を思い起こせば、受身で命令に従うだけの従順な姿勢が人間の本来の姿ではないとわかる。人間は本来、活発に積極的に活動するようにできている。人生でもっとも豊かな体験は、他人からの承認を声高に求めているときではない。自分の内なる声に耳を傾けて、意義あることに取り組んでいるとき、それに没頭《フロー》しているとき、大きな目的のためその活動に従事しているときだ、とわたしたちは知っている。

つまるところ、この不一致を解消し、モチベーションについての理解を二一世紀に持ち込むことは、ビジネスにとって重要となるだけではない。人間性の肯定でもあるのだ。

（ダニエル・ピンク著／大前研一訳『モチベーション3.0 ―持続する「やる気《ドライブ》！」をいかに引き出すか』2015年、講談社刊、248ページ）

チームの中で話すべき問いは「どうしたら社員が自発的になるのか？」ではなく「なぜ社員が自発的でないのか？」です。人は本来、自発的なものなのです。

第7章のポイント

○ハーズバーグの理論は、仕事に対する満足をもたらす要因と不満をもたらす要因は異なるとし、前者を「動機づけ要因」、後者を「衛生要因」と呼んだ。

○モチベーション1.0は、生存を目的とした動機づけである。

○モチベーション2.0は、相手がこちらの望むとおりの行動をすれば見返りを与え、逆の場合には罰を与える。これを「外発的動機」と呼ぶ。ハーズバーグの理論では、モチベーション1.0、2.0は「衛生要因」に当たる。

○モチベーション3.0は、活動によって得られる外的な報酬よりも、活動そのものから生じる満足感を重視する。これを「内発的動機」と呼ぶ。ハーズバーグの理論では「動機づけ要因」に当たる。

○モチベーション2.0は、ルーチンワーク的な仕事には効果がある。

○創造的な仕事には、モチベーション2.0は逆効果になる。創造的な仕事には、モチベーション3.0が必要。

○内発的動機で動く人は、長期的には、ほとんどの場合において、外発的動機で動く人を凌《しの》ぐ成果を上げる。ただ、短期的には、必ずしもそうではない。

○モチベーション3.0の要素は、自律性、マスタリー、目的という三つに整理される。

○自律性には四つの側面がある。――課題、時間、手法、チームであり、どれが自律性を高めるのかは人それぞれであって、それを確認する必要がある。

○マスタリーとは、何か価値あることを上達させたいという欲求である。
○目的とは使命である。それを何のためにするのかという問いに答えるものであり、ミッションステートメントを書くことで使命は見つけやすくなる。

ちいさな実践の提案

1 モチベーション分析を行う

モチベーション分析を整理するシート（モチベーション分析シート）を用いて、話し合いを行います。

① 対話

あるべき姿と現状を対話し、前提を共有します。

「どのような気持ちで仕事に臨みたいか？」

「現状、どのような気持ちで仕事に臨んでいるか？」

良い悪いというよりも、各人がどのように、あるべき姿と現状を見ているかを話します。

そこから、前提となっている考え方（メンタルモデル）を共有します。

②対話

あるべき姿と現状をどのように見ているか共有できたところで、何が問題・課題であるかを、衛生要因・動機づけ要因に分けて、対話で探します。

「職場の環境での問題は何か？」
「仕事を面白くなくしている問題は何か？」

③議論

論点が整理されたところで、対策を考えます。

○解決策をブレーンストーミングで出す
○解決策を評価軸で絞り込む
評価軸は、効果・難易度です。
（※非ルーチンワークについて、モチベーション3.0を前提とする〔報酬は効果が低い〕）
○解決策を決定する

<table>
<tr><th colspan="6">モチベーション分析シート</th></tr>
<tr><td colspan="3">A：あるべき姿</td><td colspan="3">B：現状（ルーチンワークと、非ルーチンワークの割合）</td></tr>
<tr><td colspan="2">C：環境（衛生要因）の問題・課題</td><td colspan="4">D：仕事（動機づけ要因）の問題・課題</td></tr>
<tr><td colspan="2">E：対策①</td><td colspan="2">F：対策②（楽しみを増やす）</td><td colspan="2">G：対策③（苦しみを減らす）</td></tr>
</table>

第8章

フロー

仕事に集中し、どんなことからも成長していける方法

今日中に仕上げなければならない企画書の作成に取り掛かっていたときに電話が鳴った。顧客からで、来月の打ち合わせの時間を設定したいとのことだった。

来月の予定を確認し、時間を決めて電話を切った。

その後、企画書に取り組み、良いアイデアが思い浮かびそうなところで、今度はメールで、トラブルの報告が部下から入った。対処方法をメールに書いて返信した。

再び企画書に戻るが、今度は上長に呼び止められ、昨日の会議の内容について質問を受けた。

そうこうしていたら、昼休みの時間になった。ランチに行きたいが、企画書作成のペースがいっこうに上がらないので、昼食抜きで仕事を続けることにする。

会社で仕事をしていると気が散ることが多いのが悩みである。このままだと残業になるが、今日はノー残業デーなので、午後から何も邪魔が入らないことを祈るばかりである。私の周囲を見回すと、そういう人が多いように感じる。

※病んでいる組織の兆候：仕事で気を散らされることが多い（突然の会議招集など）。

集中とは何か？

この章では、「行動の質」（効果）をいかに上げるかについて述べます。行動の効果を上げるためには、適切な目標を設定することと、実際の行動に集中することが重要です。

行動に集中する方法として、この章では**「フロー理論」**を紹介し、第9章では適切な目標の設定についで述べていきます。


あなたにも熱中してやっていることがあると思います。私は、子ども時代にやっていた模型作りを最近、再開しました。細かな作業の連続ですが、頭の中の完成イメージに向けて、コツコツと作業を進めます。手を抜かずに自分なりのベストに向けてやっていると、時間を経つのを忘れます。

最初に、その模型の資料収集から始めます。実物が存在する場合は実物を見に行くこともあります。背景や歴史を調べ、どのような完成イメージにするかを考えます。次に、組み立て説明書を熟読します。後々の工程のことを考え、最適な組み立て手順を再構築します。そして、ようやく組み立て開始です。組み立てでは単純な作業の繰り返しになるところもありますが、完成をイメージし、モチベーションを維持します。——組み立てが終わると塗装になります。下地を作り、塗装をしていきますが、完成イメージによっては、何層か色を変えて塗装することもあります。——そして、最後に仕上げです。模型をよりリアルにするために、いろいろな手法を使います。一つの模型を完成させるのに投入される工数は、かなりのものになります。作成する過程の楽しさを知らない人が見たら、完成品を購入したほうが完成度も高く、安上がりではないかと思われるかもしれません。

ほかに、バスケットボールにも熱中しています。決して若くない身体にムチ打ちながら、息は上がるし、身体のあちこちに痛みを感じながらも、時間が経つのを忘れてコートを走り回ります。集中すると不思議な感覚を覚えることがあります。自分が考えているよりも先に身体が動いていく感じです。フェイントといって、シュートを打つと見せかけて、実際には打たずに相手をかわす技がありますが、自分自身が自分のフェイントに騙《だま》されることがあります。この感覚（身体が勝手に動く感じ）になると、普段より良いプレイができているように感じられます。

私が熱中してやっているのは趣味だけではありません。コンピュータのプログラミングをしているときには、時間があっという間に経ったことが何度かありました。周囲のことが気にならずに、昼食を取っていないことにも気づかないぐらいに、私はコンピュータの前での作業に没頭していました。

何かの活動に集中すると、その活動の効率が高まることは経験上わかると思います。集中していないとミスが発生する確率も高まります。たとえば、テニスをするときに「相手が強そうだ」とか「友人が見に来ているので、いいところを見せたい」などとテニスのプレイ以外の考え——いわゆる雑念に気を取られると、だいたい、うまくいきません。

人が発揮する能力は、次の式で表されます。

P＝p－i

発揮する能力（*Performance*）＝持っている能力（*Potential*）－障害（*interference*）

人間が本来持っている能力は、障害がゼロならば、そのまま100パーセント発揮されます。雑念（ミスを恐れる不安感、自信のなさなど）が障害となって、パフォーマンスを大きく阻害しているのです。どうすれば集中できるのか？　いかにして雑念をゼロに近づけられるのか？　その答えのヒントとなるのが「**フロー理論**」です。

何かの作業をするときに、作業以外のことも考えている場合があります。特に気になることがある場合など、作業よりもそちらのことを考えていたりします。たとえば、仕事に行く前、家を出るときに家族とケンカしたことや、いま財布にお金が残っていないとか、気になっている週末の予定のことなど……。こういう状態で仕事をしても、効率は上がりません。P＝p－iの式でいくと、気になることはi（障害）なのです。これでは、最高のパフォーマンスは発揮できません。iを減らす――つまり、作業そのものに集中することが、パフォーマンスの向上には必須です。

人間が集中できること――いいかえると、注意を向けられることには限界があります。この限界を、注意を向けることのできる「容量」といいます。誰も同時に三人の相手の話を理解しながら聞くことはできません。電話をかけながらクルマを運転すると事故が増えるのは、運転で必要とされる注意が電話で話をすることに向けられて減ってしまうからです。

人間の処理能力は1秒間に約120ビット※であるといわれています。これが、すなわち処理能力の限界＝容量ということになります。私たちは、いろいろな作業をするときに、この120ビット／秒をやりくりして、さまざまなことに注意を向けて活動していますが、集中している状態というのは、この処理能力の限界値＝120ビット／秒のすべてを、集中すべき作業のすべてに使っている状態です。

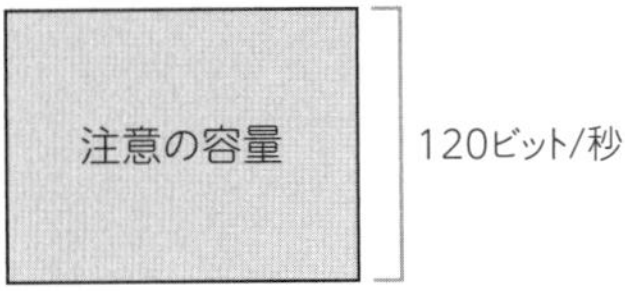

※1ビットとは、確率の等しい二つの事柄の一方が実現したときに得られる情報量です。たとえば、一枚のコインによる占いの結果は、1ビットの情報量を含んでいます。ここでは、ビットの内容より、人が処理できる能力が1秒あたり120あるということだと理解してください。

人の話を聞いて理解するには40ビット／秒が必要といわれています。つまり、人の話を聞くだけでは、注意の全容量を使い切りません。この計算でいくと、人の話を聞くと（120ビット－40ビット＝）80ビットほど何かほかのことに注意を向けられます。そのせいで、私たちは人の話を理解しながらも、自分の経験と比較して相手を評価したり（人の話を理解しようとして耳を傾けているときに評価をしながら聞くのは良くありません）、また話を聞きながらパソコンを使うなどの〝ながら作業〟をしてしまいます。話し手側にとっては、聞いている人が〝ながら作業〟をしているのは、気持ちのよいものではありません。

集中するためには、相手の話の理解に120ビット／秒を使い切ることがポイントです。話を聞く場合は、より深く理解するために、相手の表情や声の調子に注意の目を向けます。さらに、適切なタイミングで頷《うなず》いたり、相手の言葉を要約して返したりということを行います。こういうことをしていくと、最終的に120ビット／秒に近づき、余計なこと——つまり、相手への評価や相手とは何の関係もない自分の気掛かりなどの雑念についてあれこれ考える余地がなくなり、結果として相手の話に集中した状態になります。

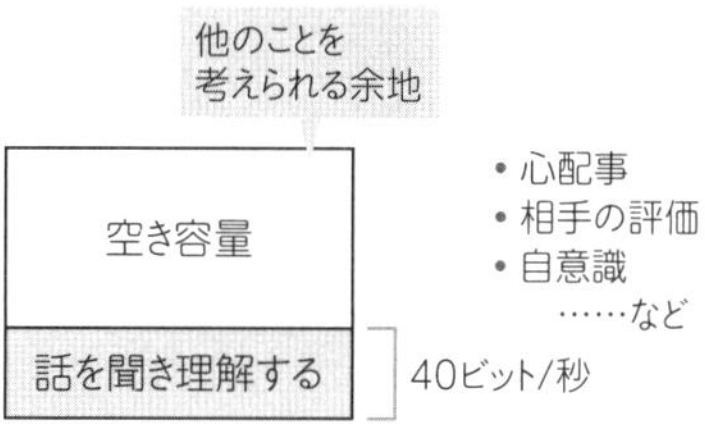

余談ですが、話をしている相手に集中してください、といわれることがあります。しかし、集中してくださいといわれても、何をどうするのが集中することか理解できていないと、実際には集中はできません。頑張って集中しなければ……という思いが、逆に集中を妨げる結果にもなってしまいます。——シロクマのことは考えるなといわれるとシロクマのことをつい考えてしまうのと同じです。

集中するには、ちょっとしたコツがあります。相手の表情の変化に注意を向ける、そのとき相手がどんな感情を持っているか読み取ることを意識する、相手の話を聞きながら自分の言葉で要約してみる（つまり、こういうことをいっているのだな、と……）――こうして話を聞くことに関わる思考を心掛けることで、相手の話に集中することができるようになります。集中するとは「気を逸《そ》らしやすいこと（雑念）から気を逸らすこと」なのです。

ほかには、話を集中して聞いてもらいたい場合には「集中して聞いてください」というのではなく「後で質問してほしいので、どんな質問をするか考えながら聞いてください」といえば、聞き手は、質問を考えること――つまり、話を聞くことに関連する作業に注意の目を向けるので、結果的に話を集中して聞いてもらえます。

集中しているとき何を感じているか？

集中しているときの状態を、心理学者のミハイ・チクセントミハイは「**フロー（最適体験）**」と呼びました。私たちは、集中しているときに、どのようなことを感じているのでしょうか？

しかし、自分は不可知の力によってもてあそばれているのではなく、自分が自分の行為を統制し、自分自身の運命を支配しているという感じを経験する時はだれにもある。まれにそれが生じると我々の気分は高揚し、長いこと待ち望んでいた深い楽しさの感覚が生じ、その感覚は生活のあるべき姿を示す道標として記憶に残るのである。

（M・チクセントミハイ著／今村浩明 訳『フロー体験 喜びの現象学』1996年、世界思想社刊、3〜4ページ）

チクセントミハイは、何かに集中し切ったフロー状態では楽しみを感じるといいます。楽しみとは、気持ちがよく、心地がよいという感じです。そして人は、またその状態を体験したいと思うようになります。

確かに私自身も、傍《はた》から見ると手間のかかる自己満足の無給活動（趣味とは、だいたいそのようなものですが……）の模型製作や、身体的には苦痛を感じることの多いバスケットボールをしているなど、経済的・身体的には一見すると非合理的な活動をしています。しかも、そこに楽しさを感じ、また何度でもやりたくなってもいるのです。——私の友人はマラソンを趣味にしていますが、次第に距離が伸びてきて、最近ではフルマラソンに挑戦しています。

チクセントミハイは、快楽と楽しさは別のものであるといいます。快楽とは、意識の中の情報が生物学的プログラムまたは社会的条件づけによって設定されて期待となり、それが叶ったことで生じる満足の感情と定義されています。

一方、楽しさとは、単に期待が満たされたり、欲求や欲望が充足されたりするだけでなく、そうするようにプログラムされたことを超え、予期しなかったこと、おそらく事前には想像さえしなかったことが達成されたときに生じるものと定義されています。楽しさは、新規な感覚、達成感覚によって特徴づけられます。

快楽 ≠ 楽しさ

たとえば、食事をするにも、食欲を満たす（快感）と、食事を楽しむ（楽しさ）とは異なります。空腹のときに何かを食べると満腹感を感じ、欲求（食欲）が満たされます。一方、食べることを楽しむためには、食べながら集中する必要があります。食材のいろいろな感触や舌で感じる多様な味覚、はたまた料理人の意図などをイメージしながら、しっかり味わうことになります。

楽しさには自発的な努力の過程が必要で、身体と精神を限界まで働かせ切っているときに生じることが多いと、チクセントミハイはいいます。

長い距離を走るのは身体にも負担をかけ、とても楽しいと私には思えないのですが、マラソンが趣味の友人によると、走っている最中は苦痛であり、とても快楽を感じる余裕はないながら、自分の身体の状態や道路の状態に注意の目を向け、ゴールするためにどうするかということに集中するのだそうです。そうしていると、自分の身体が厳しい状況下でも新しい反応を示すことが発見できて楽しいとも語っていました。

以前、豪雨による災害が発生したときのことです。集中的に降った雨が山肌を崩し、大量の土砂と水が付近の家屋に浸入して、たいへんな被害を引き起こしました。数日後には民家の家屋に浸入した土砂を掻き出す作業が始まりましたが、たくさんのボランティアの人たちが集まって来ました。

私もこの作業にボランティアで参加しました。家屋に浸入した土砂は水を含んで非常に重く、重機が入らない場所も多かったため、作業は人力中心で、チームを組んで行うことになりました。まだ夏の暑い時期だったので肉体的には大変でしたが、作業中は皆が集中していました。家屋を傷めないよう注意を傾けて泥を掻き出し、自分の体調の変化にも気を配って、水分補給や休憩を適時とりました。チームで声を掛け合いながら作業をしていると、次第に土砂で埋まっていたところが見えてくるのを嬉しく思いました。

被災箇所を元の状態に戻すのは難しくても、できるかぎり前の状態にしようと、私は自分なりに目標を決めました。作業を一日やり切った後で肉体的に疲れは感じましたが、それ以上に私は達成感を覚えました。

企業研修にあたって私がよく受ける相談は、社員が自発的に動かないということです。受身の態度で自分からは進んでやらない、どうしたらいいですか？　――という相談です。社員に自発的になってもらうために報償を出したり、危機感を煽《あお》ったりなど、いろいろと試してみましたが、なかなかうまくいかない、なんとかならないでしょうか……ということでした。そういうときにヒントになるのが、このフロー理論です。

楽しい活動なら自発的に行われるということは、社員が自発的でないのは、自発的になされない活動（仕事）は面白くない（楽しくない）から、という可能性があります。

そうすると、仕事を自発的にしてもらうためには、仕事そのものを楽しくすればうまくいくという仮説が立てられます。第7章で述べたように、その仕事が楽しくないからといって報酬で誘っても、単純作業ならまだしも、創造的な活動では効果がありません。

さらに、楽しさは集中している状態（フロー状態）のときに感じることが多いのであれば、仕事を集中できる状態にすれば、そこから各自が楽しみを見出し、自発的に行動することが期待できます。ただ、実際に仕事に集中するためには、本人がどのように仕事に取り組むかという意識――つまり、単に報酬が得られるだけでなく、そこが自分自身のチャレンジの場だという意識が大切になりますが、本人にできること以外にも、集中できる環境（仕事の目標設定などのサポート）を上役が整えることも大切です。リーダーは、メンバーが集中しやすい環境を整える必要があります。趣味のような活動と仕事は違うといわれるかもしれませんが、意外なことに、チクセントミハイは、娯楽よりも仕事をしているときのほうが人ははるかにフローになりやすいということを発見しました。

我々のもう一人の被験者、リコ・メデリンという名の労働者は、仕事の中でこの感情をしばしば経験した。（中略）彼の部署の前を通るユニット（製品の部分になる部品のまとまり）に彼がしなければならない作業には四三秒かかり――同じ正確な操作を一日に六〇〇回近く行う。ほとんどの人はこのような作業にすぐ退屈してしまうだろう。しかしリコはこの仕事を五年以上も続けており、まだその仕事を楽しんでいる。その理由は、彼は自分の仕事に、オリンピック競技者が自分の種目に立ち向かう時と同じ方法で取り組んでいるからである。どれだけ自分の記録を更新できるだろうか。トラックで自分の最高記録を数秒縮めるために数年もトレーニングするランナーのように、リコはベルトコンベアー上の彼の時間を短縮するために自分を訓練してきた。外科医と同じ細心の注意をもって、彼は道具の使い方、動き方について彼自身の手順を考え出した。五年後、彼の一日の平均最高時間は一ユニットにつき二八秒になった。（中略）しかし彼は自分が群を抜いていることを他の者にほとんど話さず、彼の成功は気づかれないでいた。彼はそれができるということが分かるだけで十分なのである。なぜなら最高の動作で働いている時の経験はとても素晴らしく、作業速度を落とすことは彼にとってほとんど苦痛に近かったからである。「こんなに楽しいことはないよ」とリコは言う。「テレビを見ているよりずっと良い」。リコは間もなくこれ以上彼の動作を改善できなくなるところまで達することを知っている。そこで彼は週二回、電子工学の夜間コースをとっている。卒業証書をとったら、彼はより複雑な仕事を探すだろう。そこで彼はこれまでと同じ情熱をもって仕事と取り組むだろう。

（M・チクセントミハイ著／今村浩明 訳『フロー体験 喜びの現象学』1996年、世界思想社刊、50〜51ページ）

チクセントミハイが調査をしたところ、楽しい経験をしているときの感じを尋ねられたときに被験者が述べたのは、以下の少なくとも一つに該当するケースで、しばしば全部を挙げました。

①達成できる見通しのある課題に取り組んでいる
②自分のしていることに集中している
③明確な目標がある
④直接的なフィードバック（反応）がある
⑤没入状態で行為している
⑥自分の行為を統制しているという感覚
⑦自己についての意識が消失している
⑧時間の経過の感覚が変わる

以下、それぞれを解説します。

①達成できる見通しのある課題に取り組んでいる

課題は、努力すれば達成できるものであることがポイントです。適切な能力を必要とする「挑戦」が課題達成に含まれている必要があります。簡単にできることであれば、その活動に集中しなくても容易に実現できますし、反対に難しすぎると、取り組む前から諦《あきら》めてしまい、活動に集中することができません。

②自分のしていることに集中している

集中していないと、自分のしていることへの疑いや問いかけを、絶えずしてしまいがちです。「なぜ、こんなことをしているのだろう……。何か他のことをすべきではないのだろうか……」私たちは繰り返し自分の行為の必要性に関して自分の心の声で疑問を投げかけ、批判的な評価をしてしまいます。活動に集中していたら、そのような疑問・評価について考える余地はなくなります。

③明確な目標がある

④直接的なフィードバック（反応）がある

③と④は併せて説明します。活動に集中できるのは、活動の目標がつねに明確で、その活動がうまくいっているかどうかのフィードバックがあるからです。

テニスのプレイヤーは、ボールを相手に打ち込まねばならないことをつねに知っています。そして、ボールを打つごとに、うまくいったかどうかがわかります。垂直の壁を登るクライマーは、落下せずに山を登るという、ごく単純な目標を持っています。彼は、登攀中の時々刻々、この目標に合致しているという情報（フィードバック）を受け取っています。

ある活動の目標は、必ずしもテニスのように明瞭でないこともあります。またフィードバックも、クライマーのように単純ではないかもしれません。

何を目標とし、それがうまくいっているかどうかといったフィードバックをどのように感じるかのセンスを洗練させていくことが大切です。たとえば、営業担当が営業活動をするその目標は、最終的には仕事の注文をもらうことだったとします。今日の打ち合わせは顧客が注文の意思を固めることが目標となり、その商談が目標に向かってうまくいっているかどうかは、顧客の反応 ——たとえば表情や質問内容、声に表れる躊躇《ちゅうちょ》など——から受け取ることになります。顧客の反応は、目標に向かっているかのフィードバックになります。

この手掛かりに注意を向けながら、適切に話題を提示し、最終的な目標に向かっていくことで、集中状態になります。

⑤没入状態で行為している

集中した状態は、生活の中での不快な出来事のすべてを忘れることができます。楽しい活動に完全に集中していると、それ以外の無関係な情報が意識の中に入る余地はなくなります。私もバスケットボールをしているときは、いろいろな悩みを完全に忘れることができます。

ほとんどの仕事や家庭生活では、フロー状態に入るほどの集中が必要とされていないので、気掛かりなことや心配事が意識に上ってきます。こうした意識はストレスになり、じわじわと活力を殺《そ》いでいきます。私たちは心配事それ自体ではなく、心配事を考えることで心身を消耗させていきます。

⑥自分の行為を統制しているという感覚

講演で話をするときに、不思議な感覚に陥ることがあります。普段は、まず話すことを考えて、何を話すかを決めて、話す……という順番なのですが、集中していると、まず話すことが口から出て、それを聞いて自分が考えていることを理解する……というように、順番が反対になったように感じることがあるのです。まるで自動運転で勝手に自分が話をしている状態です。

この状態になると、普段よりもうまく話ができているという感覚になり、心の中では、何を話すかわからないけれど、きっと適切なことを話すという確信を持ちます。成り行きまかせのような消極的な感覚ではなく、目標と行動が直結した感覚です。こういったことを何度か体験すると、自分には最高のオートマチック機構が付いているのだと確信します。

⑦自己についての意識が消失

活動に完全に集中すると、自分（自己）という意識を考える容量もなくなり、結果的に自意識は消えていきます。自意識とは、周囲の目を気にして、自分はどう見られているのだろうか？　自分はこの場で適切に振る舞えているだろうか？……などと考えることです。そういったことはすべてのケースで悪いわけではありませんが、心理的に消耗し、本来の活動を妨げる要因になります。意識の消失とは、自己という意識（自意識）を一時的に忘れる場合があるということで、もちろん、自己を喪失するわけではありません。

そして、矛盾するようですが、自意識の喪失は自己概念（自分が自分に持っている考えやイメージ）を拡大させることにもつながります。自分のことばかり考えていても――つまり、自意識に囚《とら》われていては、自分のことを発見するのは難しくなります。なぜなら、それでは、自己概念の枠に囚われながら自分を考えていることになるからです。しかし、自意識を忘れるほど活動に集中し、その活動が終わった後で自己概念を考えると、自分が自分に対して持っているイメージが、拡がっていることがあります。

一例を挙げます。私は、かつて、人前で話すことが苦手でした。どんなふうに人から見られているのだろうか？　顔は赤くなっていないだろうか？　緊張している自分を見たら人はどう思うだろうか？……と、話をする前には自意識過剰の状態でした。そして、その状態で話すと、心配していたとおりに顔は紅潮し、声は上ずり、手は震え……と、惨憺たる結果でした。その揚げ句、私は自分自身で、やはり人前で話すことはできないのだという自己概念を、より強めていくことになりました。その恐れがますます自意識を増大させ、人前で話す機会を極力避けるようになりました。——そのようなときに大切な友人の結婚披露宴において友人代表のスピーチを依頼されたのですが、緊張して披露宴の雰囲気を悪くしてしまうのが怖くて断ってしまったことを、いまでも後悔しています。

あるとき、どうしても人前で話をしなければいけない機会があり、いつものように自意識満載の緊張状態で話を始めたのですが、聞いている人たちの中に笑顔で頷《うなず》いてくれる人がいました。あまりにもにこやかな笑顔なので、私は思わずその人を見て話をしていました。ある話題では大きく頷き、ある話題では驚いたような表情になる……いつのまにか、その人がより大きく反応してくれるように自分の意識が向いて、気がつけば私は自意識がなくなっていました。いま思うと、話すことと、その人の反応への注意で120ビット／秒を使い果たし、自意識を覚える余地は残っていなかったのだと思います。

話し終わった後で、自分が途中からは緊張せずに話ができていたことを私は発見できました。そして、それによって、人前で話をするときに緊張しないこともあるという自己概念が拡がりました。それから少しずつ自分の自己概念を拡げていき、私は、いまでは人前で話すのに躊躇《ちゅうちょ》することはほとんどなくなりました。

⑧ 時間の経過の感覚が変わる

数時間が数分に感じられたりすることが、しばしば発生します。一般には、時間が通常よりはるかに短く感じられる、といいます。

集中することで得られるもの

（前略）最適体験とは、目標を志向し、ルールがあり、自分が適切に振舞っているかどうかについての明確な手掛かりを与えてくれる行為システムの中で、現在立ち向かっている挑戦に自分の能力が適合している時に生じる感覚である。注意が強く集中しているので、その行為と無関係のことを考えたり、あれこれ悩むことに注意を割かれることはない。自意識は消え、時間の感覚は歪められる。このような経験を生む活動は非常に喜ばしいものなので、人々はそれが困難で危険なものであっても、そこから得られる利益についてほとんど考えることなく、それ自体のためにその活動を自らすすんで行う。

（M・チクセントミハイ著／今村浩明 訳『フロー体験 喜びの現象学』1996年、世界思想社刊、91ページ）

快楽と楽しさとは別なものです。快楽は、脳の適切な中枢が電気的に刺激された結果、何の努力もなしに（快楽を得る状態になるために努力が必要な場合もありますが……）感じることができます。一方、楽しさは、何かに集中していないかぎり感じることはできません。つまり、快楽は人を成長させることはありませんが、楽しさを追及するには何らかの新しい活動に集中することが必要で、それが人を成長させることにもつながります。

集中するためには、自分の能力と、活動の難易度が適切な状態にあることが重要です。自分の能力より簡単な活動だと退屈（120ビット／秒以下でできる）を感じ、フロー状態に入ることはできません（図のBの状態）。また、能力と比較して難易度が高すぎると、こちらも最初から諦《あきら》めてフロー状態に入れません（図のCの状態）。

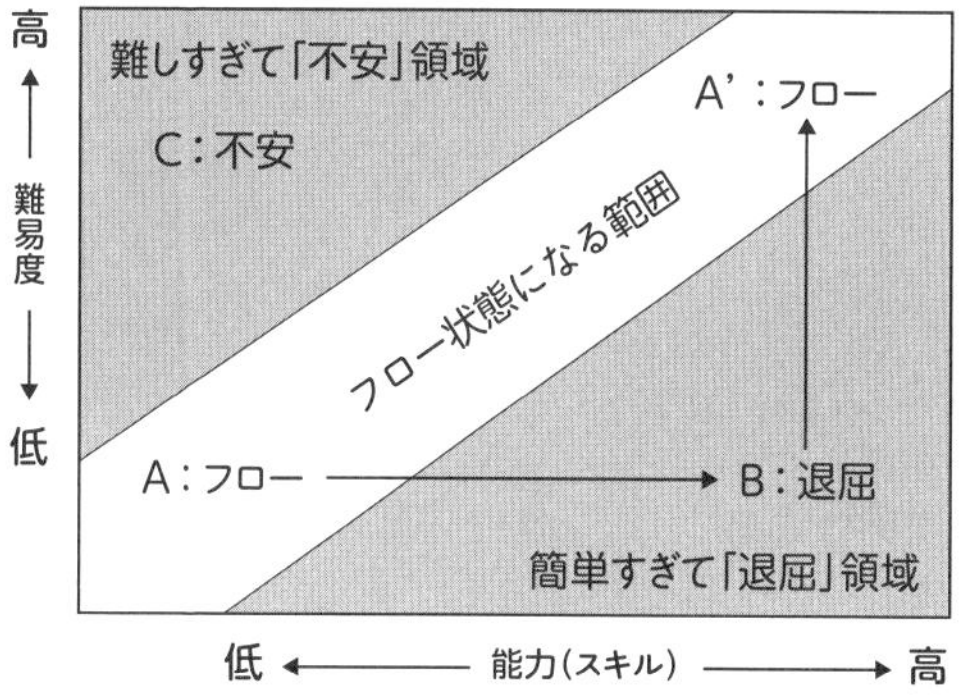

フロー状態を感じ続ける結果、能力も高まっていく理由

（M・チクセントミハイ著／今村浩明 訳『フロー体験 喜びの現象学』〔1996年、世界思想社刊〕の図表や記述をもとにして著者が作成）

そして、ここが重要なのですが、自分自身の能力がその活動により向上したら、それに合わせて活動の難易度も高めなければフロー状態に

は入れないことになります。たとえばテニスを始めて間もない人であれば、ネットの向こうにボールを打つことが、能力とチャレンジのバランスからするとちょうどよく、フロー状態に入って楽しむことができます（図のAの状態）。しかし、練習を続けることで能力は必然的に進歩し、ボールをネットの向こうに打つだけでは退屈になってきます（図のBの状態）。この状態でフローに入るためには、活動の難易度を高めるしかありません。たとえば、自分より少しうまい人と試合をして勝つ、といった具合です（図のA'の状態）。フロー状態に入るために、自然に自分の能力が上がっていく（A→A'）ということになります。

このことを因果ループ図で表現すると、次のようになります。

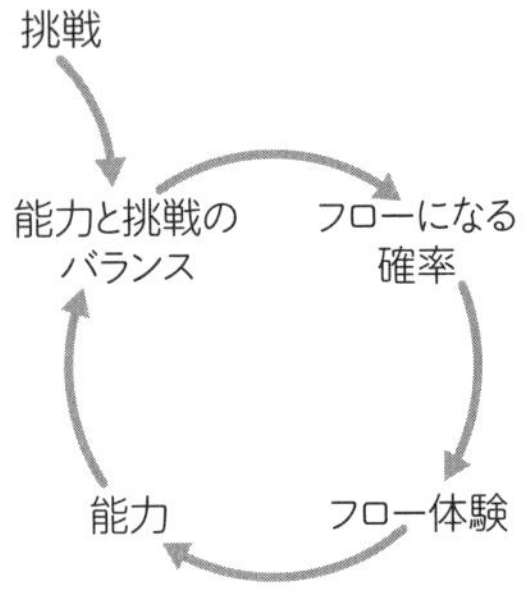

フロー体験で活動を続けると能力が向上します。能力が向上すると、それ以前と同じことをしていたら能力と挑戦（活動の難易度）のバランスは悪化し、フローになる確率が下がります。そうなるとフロー体験にはならずに、能力も向上しません。結果的に、能力がある一定のところで落ち着く、バランス型のループになります。これを回避し、能力を向上させていくためには、その時々の能力に合わせて挑戦も高めていく必要があります。

私は四十代になってからクラッシックギターを習い始めました。最初は、きちんとした音を単音で鳴らすこと自体が難しく、チャレンジでした。それが次第にできるようになると、今度は楽譜を見て弾くのですが、音符の長さ分――たとえば四分音符なら四分音符分の長さの音を響かせることが、次のチャレンジになりました。それもできるようになると、一度に複数の音を鳴らし、それぞれの長さが異なる複雑な楽譜にチャレンジするようになっていきました。そこで先生と相談し、適切な目標設定を行い、それをこなせるような課題曲を選んでもらったおかげで能力と挑戦のバランスがとれ、フロー状態になって、結果として複雑な曲も弾けるようになっていきました。

仕事をフローに転換する方法

仕事をフローに転換することができれば、成果を期待できるうえ、大きな自己成長にもつながります。そのためには、仕事をできるだけフロー活動にするよう設計することと、メンバーが挑戦の機会を認識して能力を磨き、達成可能な目標を設定できるように内発的動機づけをするという両面が必要です。

仕事をフロー活動に設計するためには、次の三つのことを行う必要があります。

①自分の能力より少し挑戦的な目標を設定する

目標が大きい場合は、全体目標を設定し、現実的に実行可能な多くの下位目標を設定します。たとえるなら、4000mの山登りをする場合に500mごとに目標を設定する、といった具合です。

②選んだ目標に対して進歩を測る方法を見つける

自分が目標に向けて適切に振る舞えているか、明確な手掛かりになるものを見つけておきます。目標に近づいているかどうか、何に注意の目を向けるか、です。

③実際の活動中は②で見つけた手掛かりに注意の目を向け、そこからのフィードバックを認識する

一例を挙げると、私が研修で講師をするときには、フロー状態になるように前記の三つを意識します。まず目標は、事前に設定された研修目標になります。その研修を受講した人にどのような行動変容が期待されるか、そのために知識の習得、意識の変化、行動の変化それぞれの目標を、事前に設定します。

それ以外にも、時間内に研修を終えることも目標になります(私自身は研修終了時間を予定の3分以内に収めることを目標としています。たとえば、17時終了の研修であれば、16時57分から17時00分の範囲で終えることになります)。

研修が目標に沿って進んでいるかどうかを判断するのは、受講生の理解度や参加度（やる気）などになります。

理解しているかどうかは、顔の表情、どのような質問が挙がるか、こちらからの質問に対する回答、グループ演習での会話などから測ります。また参加度は、顔の表情、発言の量、姿勢などから測ります。グループでの学びが促進されるには、グループの関係性も、注意を向けるポイントです。休憩中のグループの会話の量も判断材料になります。研修中には、こうしたところに注意の目を向けます。休憩中にも、受講生に質問をしたりなどして、理解度を確かめます。

チクセントミハイは、フロー状態に入るための障害になるのは自意識の過剰だといいます。人に悪い印象を与えはしないか、何かまずいことをしたのではないかなど、たえず他者が自分をどのように感じているかについて気に病むのは、活動に集中することを妨げます。第1章で説明した「受容懸念」を下げることには、「関係の質」を向上させるのと同時に、自意識の過剰を抑え、仕事に集中できる環境を整えるという意味でも大きな効果があります。

安心できない環境にいると、そのことに気を取られ、フロー状態に入ることができなくなります。目標を設定し、チャレンジして達成するという楽しみを追及できなくなると、人は楽しさでなく、快楽を得ることを求め始めます。快楽は、すべて悪いものではありませんが、それによって自己成長する機会は減っていきます。

外界への関心、つまり外界と積極的な関係をもとうとする願望がないと、人は自分自身の中に孤立してしまう。今世紀最大の哲学者の一人バートランド・ラッセルは、彼がどのようにして個人的幸福を達成したかについて述べている。「私は徐々に自分自身や自分の欠点に無関心になった。私はしだいに注意を世界の状態、さまざまな分野の知識、愛着を感じる人々など、外部の対象におくようになった」。（後略）

（M・チクセントミハイ著／今村浩明 訳『フロー体験 喜びの現象学』1996年、世界思想社刊、118ページ）

第8章のポイント

- ○発揮される能力（*Performance*）＝持っている能力（*Potential*）－障害（*interference*）
  最高のパフォーマンスを発揮するには、障害を減らす必要がある。
- ○何でも気を散らすことは障害になる。
- ○人間の処理能力の限界＝注意を向けられる容量は、120ビット／秒。
- ○集中するとは、この全容量を集中すべき活動に使っている状態（集中している状態を「フロー状態」と呼ぶ）。

○フロー状態のときに楽しさを感じることが多い（チクセントミハイは、娯楽よりも仕事のほうがフロー状態に入ることが多いという）。

○集中するためには、自分の能力と、活動の難易度（チャレンジ）が適切な状態にあることが重要。

○集中することで能力が向上する――その結果、集中するためには、活動の難易度も上げていくことになり、これが好循環となって自分の能力が向上し続ける状態になる。

○仕事をフローになりやすいように転換することができれば成果を期待できるうえ、大きな自己成長にもつながるが、そのためには次のことが重要。

①自分の能力より少し挑戦的な目標を設定する

②選んだ目標に対して進歩を測る方法を見つける

③実際の活動中は②で見つけた手掛かりに注意の目を向け、そこからのフィードバックを認識する

○内発的な動機に導かれてフロー状態に入ることで、人が本来持っている能力が最大限に活かされる行動が生まれる。

1 仕事の目標と、うまく進んでいる判断ポイントを考えてみる

Q あなたの仕事の具体的な目標は何でしょうか？
それを細分化するとしたら、どんな下位目標を設定できますか？

Q 活動中に、その目標に向けて進んでいるかどうかを判断するポイントは何でしょうか？
どんなサイン（兆候）があれば、どのような判断をしますか？

2 判断ポイントに注意の目を向けて活動してみる

前項で見つけた「目標に向けて進んでいるかどうかを判断するポイント」に注意の目を向けて活動してみてください。

その結果、どのような感じがしましたか？　フロー状態に入れましたか？

第9章

目標設定

行動に直結し達成感が得られる目標をつくる方法

来期の事業計画が発表された。これをもとに、部署目標が私の部署に下りてきた。次は、この部署目標から個人の目標設定を行う。

上司と相談して個人目標を立てるのだが、売上などの数値目標は設定しやすいのに、数値で表せない目標については毎回、苦労する。

結局、なんとなく曖昧《あいまい》な表現になってしまい、曖昧な目標なので実際の行動もイメージできず、結果的に、これまでとあまり変わらない状態になってしまっている。

そのような状況なので目標が達成されたかどうかも判断ができず、評価は上司の主観で決められてしまうことが多い。

そもそも、どのような目標をつくったらよいのだろうか……。

※病んでいる組織の兆候：達成の難しい目標が上（上長）から設定され、目標の納得感が薄い。

セルフコントロール

モチベーションは高いけれど行動できない……、そのような経験はないでしょうか。気ばかり焦って、でも何から手をつけてよいのかわからずに混乱している——外から見ると〝やる気〟がないように見えますが、それはやる気がないのではなく、何をしてよいのか、どこから手をつけたらよいのか戸惑っている可能性があります。

戸惑いの原因は、目標の立て方にあります。具体的な行動をイメージできない目標では、行動に結び付きません。そして、行動しなければ変化は起きません。

この章では、行動に結び付く目標とはどのようなものかを考えていきましょう。

意識という視点で考えたときには、行動は大きく二つに分けられます。一つは、自動化された行動――たとえば、朝起きて歯を磨いたり、コーヒーを淹《い》れたりなど、ほとんど無意識のうちにできている行動です。いってみれば、自動運転です。日常の行動の多くは、自動化された状態です。〝自動化〟は、習慣化された行動という言い方もできます。

もう一つは、自動化されていない行動――つまり、意識的にしている状態の行動です。何か物を購入するときに買うか買わないかの決断をしたり、プレゼンテーションのときに注意深く自分の発言内容を考えたりするときの行動や、ほかには、改善したいと考えている悪しき習慣（たとえば健康のために甘いものを控えなければと思いつつ食べたくなってしまうこととか……）と闘っているときの状態などです。自動化されていない行動では意識を使います。この意識を「**セルフコントロール**」と呼びます。

さまざまな研究によると、セルフコントロールは心身を消耗することが証明されています。たとえば家の購入など、選択や検討をさせられた人々は、させられていない人々よりも集中力や問題解決能力が落ちることがわかっています。これは、変化を起こす行動をとるうえでは問題となります。なぜなら、変化を起こすとき、人々は自動化された行動に手を加えなくてはならないからです。

さらに、セルフコントロールを消耗しているとき、人々がすり減らしているのは心の筋肉だ。これは、発想豊かに考えたり、集中したり、衝動を抑えたり、ストレスや失敗に耐えぬいたりするのに必要なものだ。つまり、大きな変化を引き起こすのに必要な心の筋肉そのものを消耗しているといってもいいのだ。

したがって、怠け者で頑固だから変わるのがむずかしいというのは、完全にまちがっている。実際にはその逆だ。変わるのがむずかしいのは、体力を消耗しているからだ。これこそ「変化」のふたつ目の意外な事実だ。**怠けているように見えても、実は疲れきっている場合が多い**のだ。

（チップ・ハース&ダン・ハース著／千葉敏生 訳『スイッチ！ ―「変われない」を変える方法』2016年、早川書房刊、22～23ページ）

変化を起こす瞬間に、どう行動したらよいか考えていると、そこでセルフコントロールを使ってしまいます。そして、最終的に変化を起こせず、もとの行動に戻ってしまいます。そうならないためには、考えないで済むように、そのようなときにどう行動するかを事前に決めておけばよいのです。目標設定のポイントの一つは、目標には事前に、行動レベルの具体的なものを設定するということです。

たとえば、ダイエットを例に考えてみましょう。目標は、

「ダイエットする」

に決めたとしますが、これでは、まだ曖昧《あいまい》です。変化は期待できません。

「5kg減量する」

「1カ月後に5kg減量する」

目標としては明確になってきましたが、まだ行動レベルにはなっていません。

「1カ月間、夕食のご飯を半分にする」

これで(夕食のご飯を半分にするという)行動になりました。こうしておけば、夕食時にご飯をよそうときに、いちいち意思決定しなくて済みます。目標には、行動するときに迷わない、明確なものが必要です。

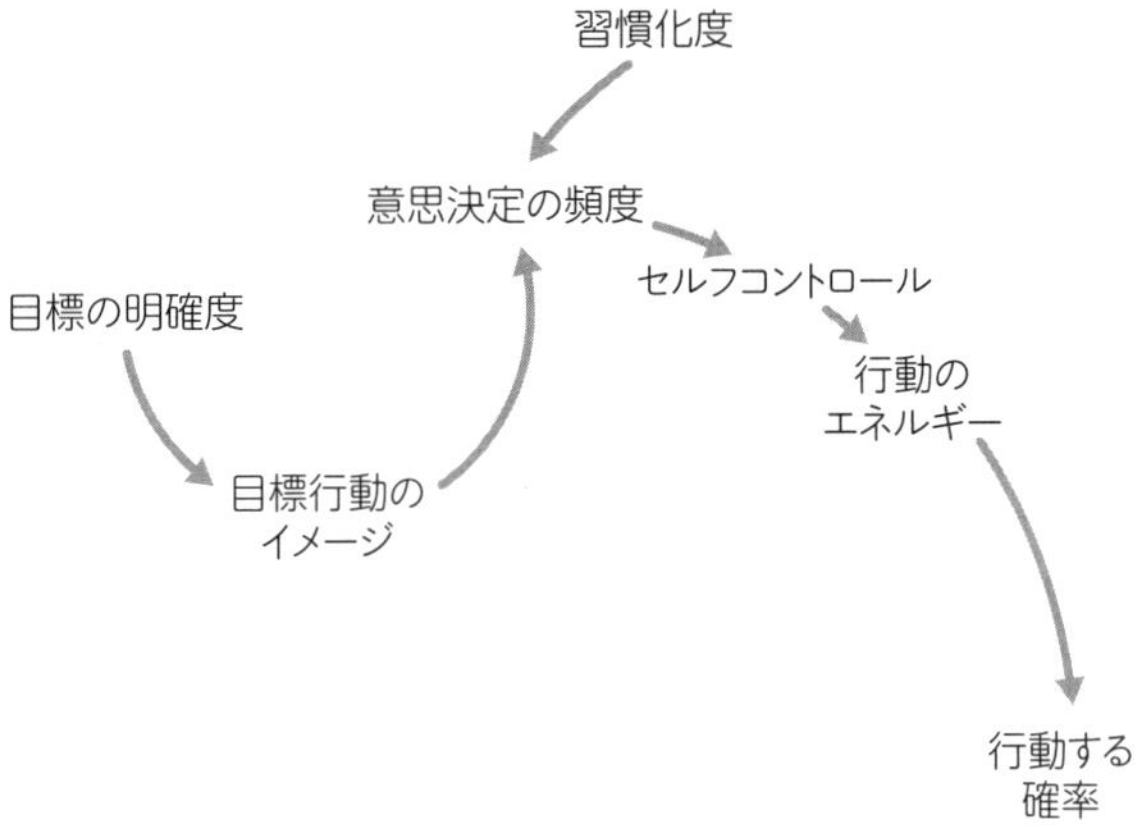

ビジネスの目標も同様です。たとえば「売上○○円を達成する」「納期を死守する」といった目標も、行動レベルにはなっていません。目指すべき到達目標としてはよいのですが、行動を起こすうえでは、それを明確にイメージできる必要があります。

また、明確な行動目標を立てていても、臨機応変に対応すべきケースもあると思います。その場合でも、意思決定で迷わないような行動のガイドラインをあらかじめ作成しておくことで、セルフコントロールの消耗を抑えることができます。

目標を持った、ある行動について、因果関係を説明します。

その行動が習慣化されていれば（習慣度が高ければ）、意思決定の頻度は下がります。そうなると、セルフコントロールの使用も減り、その結果、行動のエネルギーは消耗しません。そうして、最終的には、行動する確率は高まります。

また、目標の明確度が高ければ、目標行動がイメージしやすくなり、行動を起こす際の意思決定の負荷を下げます。

目標の明確化

明確な目標とはどのようなものかを考えてみましょう。明確な目標には、次の三つの要素が必要です。

①目標項目（何を）……成果を何で見るか
②達成水準（どれだけ）……どこまでやれば目標を達成したことになるか
③目標の期限（いつまでに）……いつまでに目標を達成するか

これらを具体的にします。目標を作成するときによく使ってしまうNGワードと、具体的な表現例を一覧にして説明します（次ページの表を参照）。

NGワード	具体的な表現例 (NGワードの内容を具体的にする) 何(WHAT)をどれだけ・ どのように(HOW)・ いつまでに(WHEN)
迅速化する	「現状○○の所要時間○○時間を○○時間に短縮する(□までに)」
効率化する	「○○作業について現状の所要人数○○人を○○人でできるようにする(□までに)」
向上する	「○○の発生率を○○%から○○%に低減させる(□までに)」 「新人が一人で顧客訪問できるようにスキルアップさせ、実際に新人が一人で訪問できるようにする(□月までに)」
企画する	「○○について企画書を作成し、□月までに承認を得て、下期に実施できる状態にする」
定着化する	「○○を実施し、○○が毎回行われる状態にして、○○を毎回報告できる体制にする(□までに)」
図る	「○○の改善を行い、不具合の発生頻度を年間○○件以内に減少させる(□までに)」
共有化する	「○○についてメンバーに理解させ、○○について全員が実行できるようにする(□までに)」
把握する	「○○について調査し、○○の原因を整理して、対策を立案できるようにする(□までに)」
支援する	「○○について、毎週相談時間を設け、相談内容を週の最初の朝礼で話す」

目標を細分化する

目標の達成に時間がかかる場合には、その目標を細分化します。それにより達成感を味わってもらい、目標達成のモチベーションを維持します。

私たちは、大きな変化を起こすには大きな行動が必要と考えがちです。しかし、大きな変化でも、

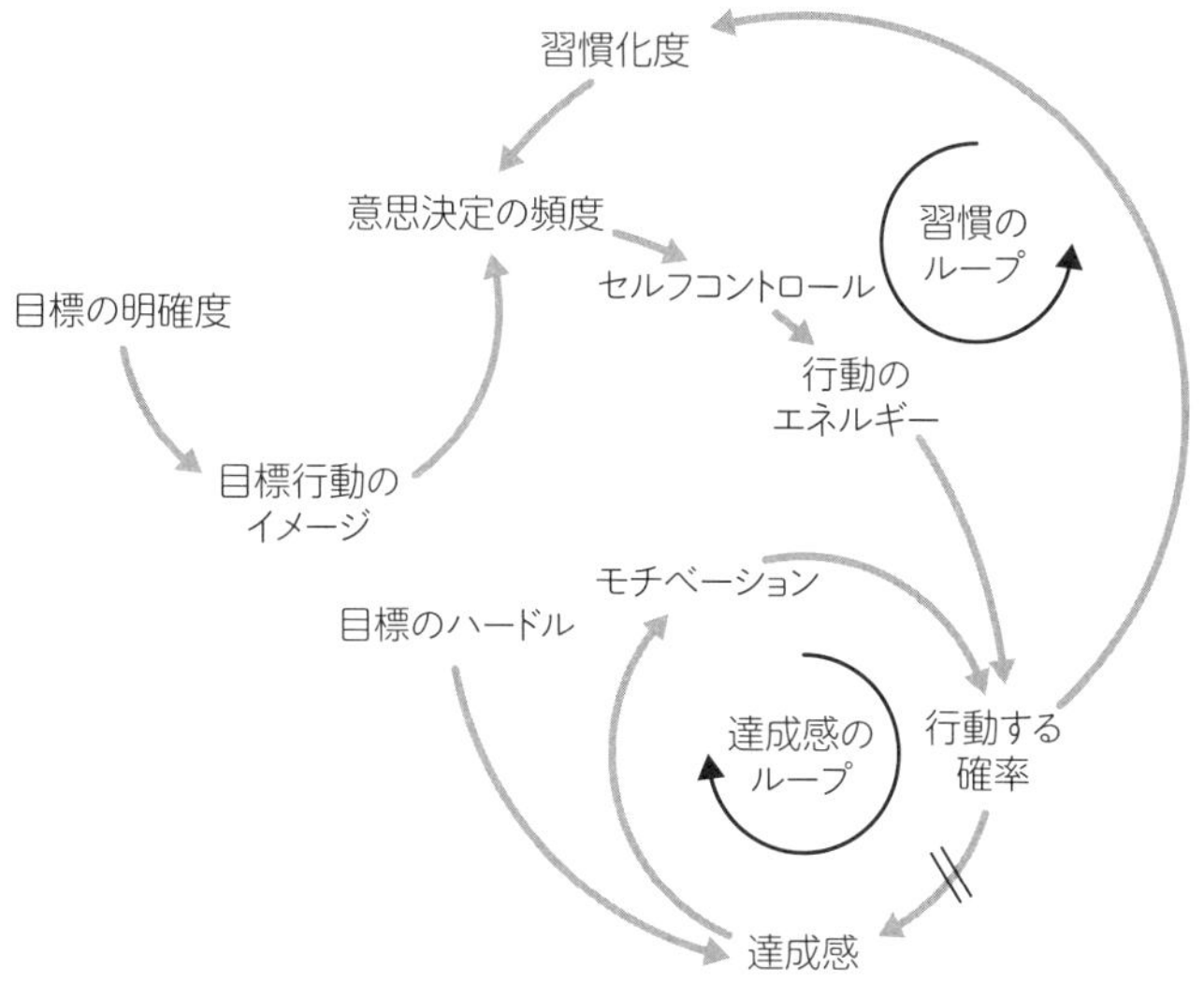

最初の一歩は小さな行動です。小さな行動が次第に大きな変化になるように、勢いをつけていくのがポイントです。――これをシステム思考でいうと「**好循環の自己強化ループを作る**」ということになります。

そのためには、最初の行動については全体像を見据えて考える必要があります。

たとえば、ニューヨーク市の治安を改善したものも、「より良い街のために、みんなで頑張ろう」といった具体性のないスローガンなどではなく、「地下鉄の落書きを消す」というような明確な行動でした。地下鉄に落書きがされても、翌日には消されている……。そうしたことが繰り返されると、街の人に本気度が伝わります。そうして、いつしか落書きがなくなってくると、街には規律の雰囲気が漂い、次第に治安も改善していったそうです。

治安の改善という大きな変化を起こすために、地下鉄の落書きを消すといった地味な行動をすることで、最終的に目標を達成することができました。


また、大きな目標は、達成感を味わうのに時間がかかってしまいます。その場合には目標を細分化し、中間目標を設定して、途中でも達成感を覚えられるようにします。

目標のハードルには、達成感を覚えられるように、易しすぎず、難しすぎない、適切なものを設定する必要があります。最初は確実に実行できる目標から設定し、達成感のループを感じられるようにすることがポイントです。

確実に達成できる目標で達成感を覚え、モチベーションを高めて、行動する確率を上げていきます。

そして、行動を繰り返していくうちに、習慣化させます。

行動を振り返る

行動を習慣化するには、小さな成功体験を積み重ねることです。小さな成功体験が自信へとつながり、次の行動のモチベーションへとつながります。

体験学習サイクル

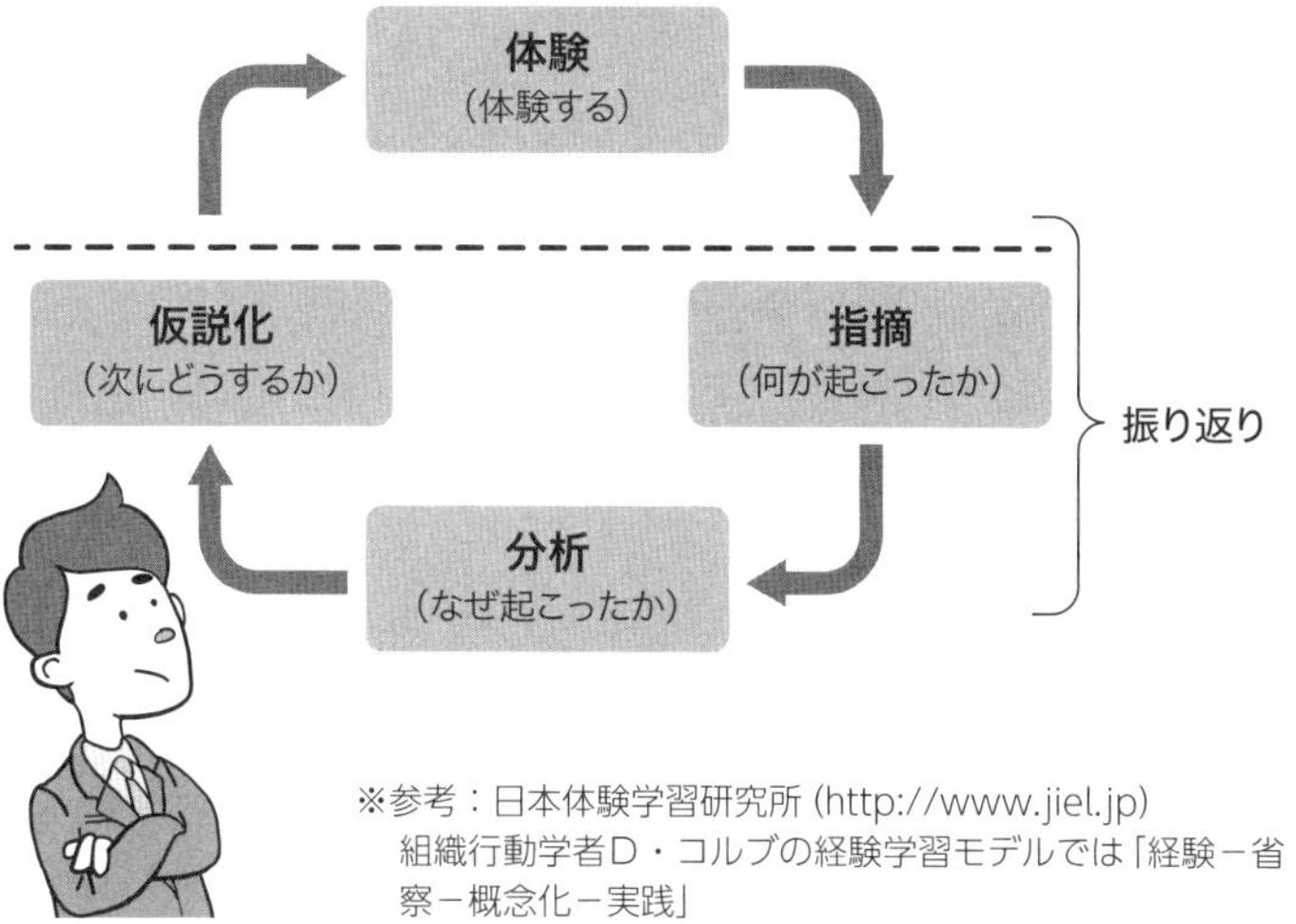

※参考：日本体験学習研究所（http://www.jiel.jp）
組織行動学者D・コルブの経験学習モデルでは「経験－省察－概念化－実践」

体験からの学びを考えることを「**振り返り**」と呼びます。体験をどのように教訓とし、次に活かしていくか、それが振り返りです。失敗にも成功にも要因があります。それを認識していけば、次回の活動の成功確率が高まります。

体験から学ぶ学習のモデルは、次の四つのステージからなります。

【体験】→【指摘】→【分析】→【仮説を立てる】

そして、仮説として立てたことを再び実践し、体験していく……という循環過程になります。振り返りと呼ばれるのは、前記のステージのうち「指摘」「分析」「仮説を立てる」の部分です。

○**体験**は、実際に体験したことです。
○**指摘**は、体験の中で起こった出来事になります。
○**分析**は、指摘の中から役立つと思われることを抽出することです。
○**仮説を立てる**では、分析を検討し、今後に役立つ仮説を立てます。

体験学習では、以上のプロセスで得られた仮説を、また【体験】で活用し、この循環を再び繰り返していきます。

振り返りが有効なのは、気づきを得られる点です。人から教えられたことよりも、自分が自身の体験によって気づいたことのほうが、より記憶に残り、また実践の意欲も高くなります。

私の経験ですが、あるシステム開発のプロジェクトリーダーをしているときに、進捗遅れが発生したことがあります。納期が迫ってきていたので、上司は私に開発要員の増員を勧め、私もそれを受け入れました。しかし、その結果、さらに進捗が遅れるという事態が発生しました。このことを体験学習のサイクルでまとめると、次ページの表のようになります。

ポイントは、指摘、分析、仮説化のそれぞれのステージで質問をして、考えることです。一足飛びに仮説を立てるのでなく、順を追って、指摘→分析→仮説化へと時間を区切って質問の内容を考え、進めていきます。

私は、この失敗から、要員増加については慎重になりました。具体的には、他のメンバーに負荷がかからないか、相性はどうか、コミュニケーションの方法はどうするか、といった点（前述の説明では、仮説化の部分を次回に活用）を解消してから増員することとし、それ以降、要因の増加に関して大きな失敗は少なくなりました。

	質問	具体例
体験	（自分の具体的な体験）	開発プロジェクトの進捗に遅れが発生し、納期も迫っていたので、開発要員としてAさんとBさんの増員を行った。
指摘	何が起こった？ 何が起こらなかった？ 何を感じた？	○AさんBさんは既存メンバーに、かなりの時間、質問をしていた。 ○既存メンバーCさんは、AさんBさんの質問に対応する時間、作業が停滞していた。 ○AさんとCさんのコミュニケーションが円滑でなかった。 ○質問をせず作業に入れるまでに2週間以上かかった。 ○既存メンバーは作業途中に質問され、苛立っているように見えた。
分析	なぜ起こった？ どんな意味があった？ なぜ、そう感じた？	○仕様書に記載されていないことが多くあった。 ○業務知識がないと理解できない点があった。 ○AさんとCさんのコミュニケーションスタイルが違うように見えた（Aさんは聞かれたことだけ話すタイプ、Cさんはあまり聞かないタイプ）。
仮説化	次はどうするか？ 何を学んだか？ どう応用できるか？	○他のメンバーに負荷がかからない状況でないと、増員は、かえって工数を増やすことがある。 ○追加するメンバーと既存メンバーの相性を考える必要がある。 ○追加するメンバーとのコミュニケーションの方法を考えておく必要がある。

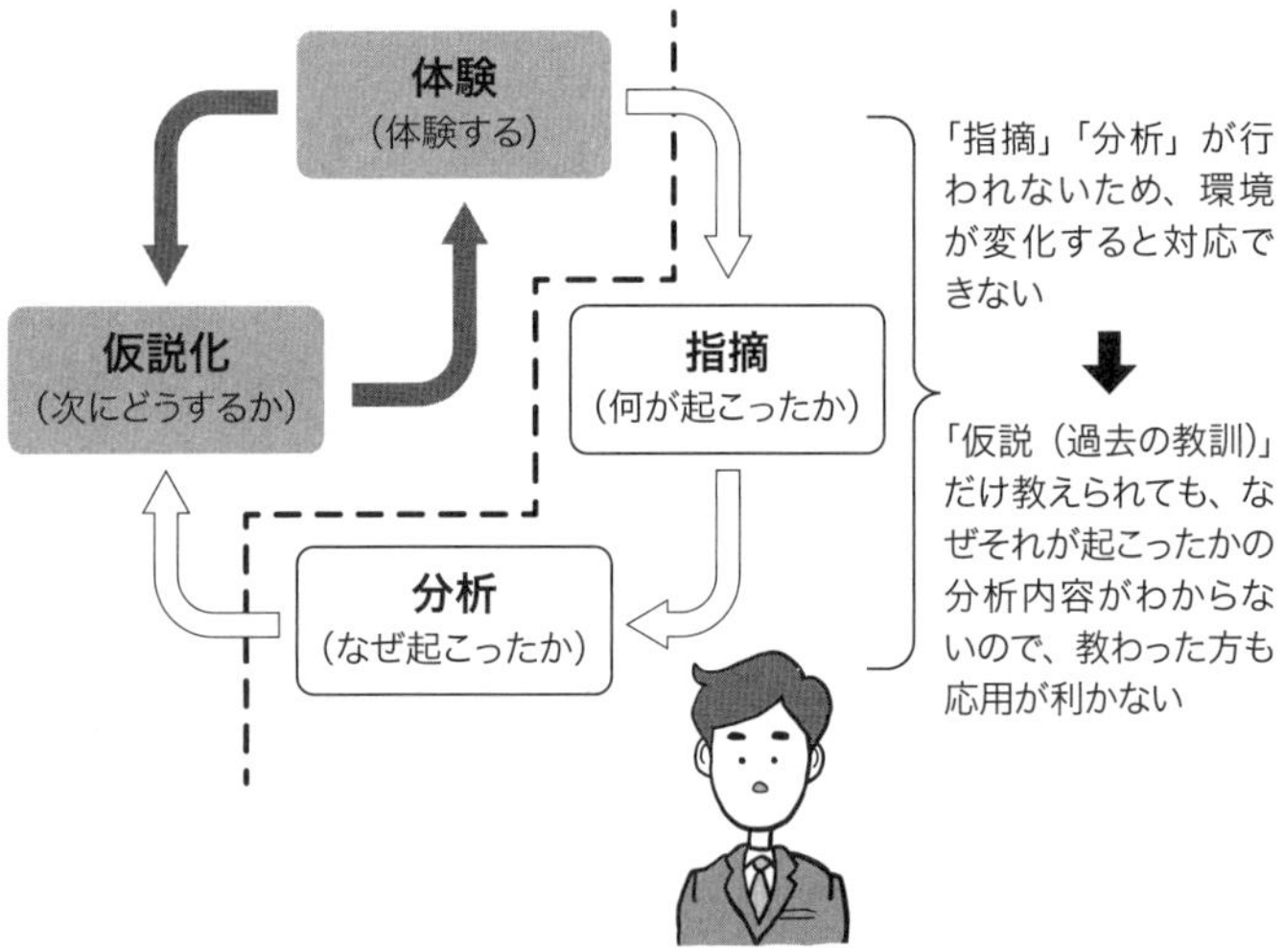

体験から振り返る際に、よく起こりがちなことを説明します。

①「昔はこれでうまくいったから、今回もうまくいくだろう！」パターン

※何かを体験しても、自分の仮説（昔の経験に基づくこと）に固執してしまい、経験が活かされない。

このパターンは、昔の成功体験が大きければ大きいほど、起こってしまいます。経験豊富な人のほうが陥りやすいパターンです。

たとえば、自分が新人時代に上司から指導されたことがあり、それが自分にとって有効だったとの思いが強いと、同じやり方で部下を指導します。その場合、その指導がうまくいかなくても、自分のやり方を疑うのではなく、部下に根性がない、やる気がない（俺たちの時代は違ったぞ……）というふうに解釈してしまいます。

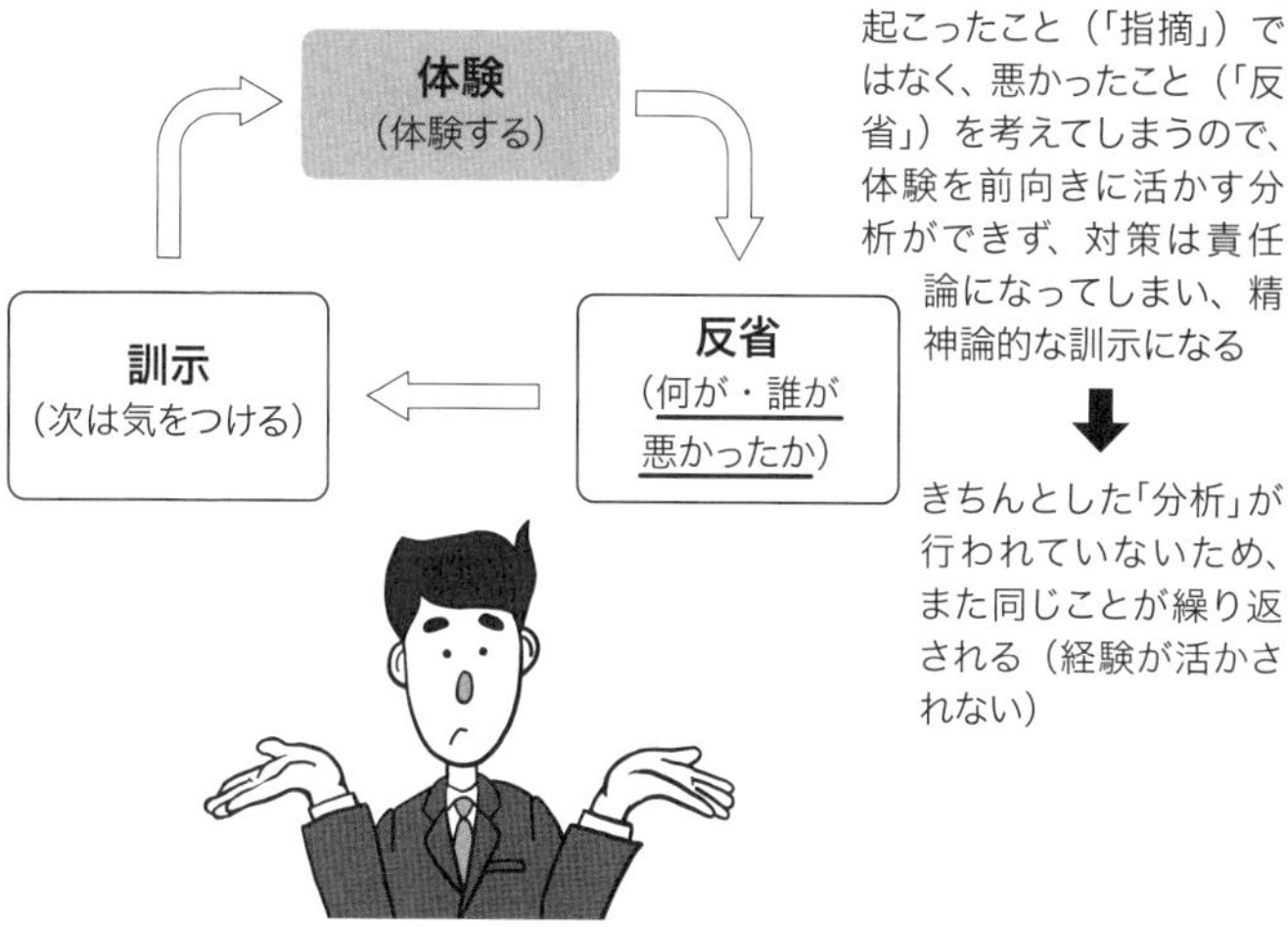
体験
（体験する）
反省
（何が・誰が悪かったか）
訓示
（次は気をつける）
起こったこと（「指摘」）ではなく、悪かったこと（「反省」）を考えてしまうので、体験を前向きに活かす分析ができず、対策は責任論になってしまい、精神論的な訓示になる
きちんとした「分析」が行われていないため、また同じことが繰り返される（経験が活かされない）

②「うまくいかなかった（失敗した）場合は反省する！」パターン

※何かを体験しても、分析を行わないために仮説化できず、対策が精神論になってしまう。

このパターンは、個人に対して反省の文化が強いところでよく起こります。何か起こると責任追及される――問題がシステムや環境にあると考えずに個人にあると考えるので、反省します（自分が悪かった……、次回からは気をつけます……）。

こうならないためには、体験学習の各ステージで質問を考えることです。

指摘ステージでの質問

○何が起こった？
○何が起こらなかった？
○何を感じた？

ここでは、評価はせず、具体的な事実を考えます。特に、ミスをしてしまった当事者がいる場合には、他人を責めないように配慮しながら進めることが大切です。

分析ステージでの質問

○なぜ起こった？
○どんな意味があった？
○なぜ、そう感じた？

ここでは、分析をします。設備故障などといった明確にわかるものでなく、ヒューマンエラーのような不明瞭なものでは、対話を活用し、問題を掘り下げて話します。

仮説化ステージでの質問

○次はどうするか？
○何を学んだか？

○どう応用できるか？

分析した事実をもとに、次回どうするかを考えます。

ここでは、具体的な行動レベルで考えることが、次の実践を容易にします。

体験学習のサイクルは、終わりなく循環しています。仮説化も、あくまで仮説です。実際にどうなるかは、次回の体験で検証していきます。サイクルが回ることにより、より質の高い体験になっていきます。

振り返りを行うと、失敗から教訓を導き出せるということがわかります。メンバーがそれを理解していれば、失敗を恐れずにチャレンジするようになっていきます。

計画も大切ですが、行動しなければ意味はありません。完全な計画というものはあり得ません。結果から学ぶことが重要で、誤りは小さいほうが修正も容易です。すなわち、間違えることは失敗ではなく、成功でもあります。本当の失敗とは、行動しないこと、行動してもその結果を学ばないことなのです。

第9章のポイント

○行動には、無意識にするものと、意識的にするものとがある。意識的に行動するとき、どのように行動するかを意思決定することを「セルフコントロール」と呼ぶ。
○セルフコントロールを使いすぎると心身を消耗させ、集中力や問題解決力を低下させる。
○セルフコントロールを消耗させないためには、目標をあらかじめ行動レベルで設定しておく。
○大きな目標は、達成感を味わうのに時間がかかる。この場合には、目標を細分化し、中間目標を設定して、達成感を途中でも感じられるようにする。
○行動の後の振り返りが大切――それにより、自分で気づきを得られる。人から教えられたことよりも、自分が自らの体験から気づいたことのほうがより記憶に残り、また実践の意欲も高くなる。
○振り返りは、【体験】→【指摘】→【分析】→【仮説を立てる】の循環を繰り返すこと。

ちいさな実践の提案

1 体験の振り返りをしてください

仕事などの振り返りをしてみてください。具体的には、体験学習のサイクルに基づいて各ステージの質問を行い、その内容をメモしてください。そして、最終的には、仮説化したものを行動レベルで考えてください。

2 習慣のループを回す

仕事や私生活の中で習慣化したいこと（やりたいこと、あるいは止めたいこと）について、一つ選択してください。大きいことでなく小さいことのほうが達成感を覚えやすいので、お勧めです。

次に、それについて行動レベルで目標を立ててください。そして、その行動を実際に30日間続けてください。毎回、できたことについて達成感を覚えられるように工夫してください（たとえば、カレンダーに○を付ける、など）。

第3部 レベルマトリクス解説

チームの「行動の質」を測るための指標です。これが正解ではなく、最終的にはこのレベルマトリクスを参考に、チーム独自で作成してください。「行動の質」のあるべき姿の状態をレベル3として、その実現に進んでいる状態を2、1と表現してください（レベルは1から3に向けて向上していきます）。

「行動の質」（第7章／第8章／第9章）	
1	○動機づけ要因と衛生要因の違いを理解している。 **○創造的な仕事には内発的動機が必要ということを理解している。** ○自らの仕事で集中するためのポイントを見つけている。 ○自分のミッションステートメントを作成している。 ○行動するための目標を立てるときのポイントを理解している。
2	○職場の衛生要因の課題を挙げることができ、それについて対策（解決策）を講じることができる。 ○自分やメンバーが自律的に活動できるポイント（価値観）を理解している。 **○自ら集中する状態に入れるよう環境を整えることができる。** ○組織のビジョン作成を支援することができる。 ○明確な行動目標を立てることができる。
3	○仕事に集中できる環境が整っている（衛生要因の問題を解消できる）。 **○自分やメンバーが仕事で幸せな人生を追求することを応援している。** ○メンバーが集中できるような環境を作る支援（コーチング）ができる。 ○組織のビジョンと自分のミッションを統合することができる。 ○行動目標に沿って行動することができる。

第 4 部

実践のために

好循環を作り出す

これまでに解説してきたことを本当の意味で習得してもらうには「実践」しかありません。実践し、振り返り、さらに実践していく体験学習サイクルを回すことで、それを身につけることができます。できるようになるためには、何度かサイクルを回さなければなりません。それにはエネルギーが必要です。――あなたは何を変えようとして本書を読み、実践しようとしていますか？　あなたのエネルギーは何でしょうか？

私自身を振り返ると、組織を変えてやろうというよりは、何か困ったことがあり、それを解消していく過程で、結果的に組織やチームが変わっていったように感じています。

困っていることがあって、そのことをあるべき姿に近づけたいという思いがあれば、それが現状を変えるエネルギーに変わります。

家族も一つのチームと考えるならば、私自身の印象に残っているのは、父親になったときのことです。私は双子を授かりました。子どもが赤ちゃんの頃は、ただ可愛がるだけでよかったのですが、物心がつく年齢になると、躾《しつけ》をしなければいけません。きちんとした大人に成長させるために躾は必要と思っていましたが、どうすればよいか、よくわかりませんでした。本来参考とすべきは自分の父親が私にしてくれた関わり方だと思うのですが、父は単身赴任や出張が多かったこともあり、よく思い出せませんでした。また、父の関わり方が果たして良かったのかどうかも、わかりません。

戸惑っているうちにも、子どもは日々成長していきます。初めての父親業での躾は、厳しくし過ぎたようで、私と子どもたちとの「関係の質」はどんどん低下していきました。

子どもとの心理的な距離が日々離れていくように感じ、私は悩みました。私自身は、良き父親になりたいと思っていました。家族で泣いたり笑ったり、楽しいことも辛《つら》いことも共有し、お互いに成長を喜び合えるようになりたかったのです。

思いとは逆の方向に進んでいると感じた私は、藁《わら》にもすがる思いで、ある人から紹介された親子のコミュニケーション改善の講座に参加しました。毎月一回の講義が半年間続く長い講座でしたが、そこで「傾聴」と「Iメッセージ」（本書では第2章で解説）を徹底的にトレーニングしました。スキルとしては知っていましたが、これを子育てに使えるとは思ってもみませんでした。できることは何でもやってみようと思っていた私は、学んだことを子どもとのコミュニケーションで実践してみました。

すると、頭では理解していたつもりでも、実践してみると最初はうまくいきません。相手があることなので、こちらの思いどおりにならないこともあり、挫折感を覚えることもたくさんありました。実践の過程で、子育てはこうあるべきだ、子どもはこうあるべきだ、親はこうすべきだ……といった、自分の中にあるメンタルモデルにも気がつき、強い心理的な抵抗も感じました。

講座に出席すると、そうした実践を振り返る機会がありました。私と同じで、うまくいかないことを実践報告する人もたくさんいて、勇気をもらうと同時に、先生からはフィードバックを頂戴し、次の実践に向けての気持ちを保つことができました。

そんなふうに実践と振り返りを三カ月ぐらい続けると、自分自身がこれまでしてきた悪い関わり方も明らかになり、自分を責めたり、後悔したりもしました。そんなとき、先生からは「何事も遅すぎるということはありません。いまからやれば大丈夫です。いまからスタートですよ！」というお言葉をいただき、救われました。三歩進んで二歩下がるような日々でしたが、次第にうまくいくことも増えていきました。

半年の講座が終わる頃になると、子どもとの関係が変わってきていることを感じました。長い時間をかけて悪化していったものは、すぐに良くはなりません。ただ、悪循環から好循環の方へ切り替わったのだと実感できました。会話の量も増え、お互いの気持ちを話す時間ができてきたのです。これを続けていけば、もっと改善していけるだろうと私は思いました。

その後、子どもが大きくなるにつれ、いろいろなことがありました。うまくいくこともあれば、そうでないことも……。ただ、何か起これば立ち止まり、振り返りました。基本として戻るところは、傾聴とIメッセージによる受容です。そして、どんなことがあってもこれらは続けていこうと、私は決めていました。私は、良き父親になると決めたのです。

講座が終わって十年後、子どもが高校を卒業する年になりました。卒業式の日、息子はクラスメイトの前で、今日、無事に卒業できたのは仲間と親父のおかげ、といってくれました。そして、最高の親父だとも……。私は、ついに自分の思い描いていた良き父親になれたと、涙が止まりませんでした。

実践に必要なのは、困っていることがあり、そのことを〝あるべき姿〟に近づけたいという思いです。換言すれば〝志〟といえます。

あるべき姿に近づけるかどうかは、わかりません。ただ、やると決めることは大切です。決意は周囲に伝わります。周囲に伝われば、応援や協力をしてくれる仲間も現れます。

志は誰も与えてくれません。自ら見つけ、掲げるしかありません。

私に研修を依頼してくれた顧客との最初のミーティングで、熱い思いを語られることがあります。会社の現状に強い問題意識を感じ、これを変えていきたい。そのために、この研修をしたい。これがベストの方法かどうかわからないが、自分の権限の範囲で一石を投じ、その反応を見て次の手を打っていきたい……。

そういう話を聞かせてもらうと、私も嬉しくなり、共感もします。何としてもお役に立ちたいと思います。顧客と講師の関係から、一つの志を共有する同志の関係へと変わっていきます。

あるべき姿を共有し、現状をできるかぎり正確に理解するために現場の人などからヒアリングし、組織の中にあるメンタルモデルの仮説を立てます。よく聞かれるのは「うちの組織のメンバーは自発的でない。だから、自発的になるような研修をしてほしい」という要望です。

「どうしたら自発的になるか？」だけでなく「何が自発的になることを妨げているのか？」も考え、そして研修後の振り返りを設計します。研修して終わりではなく、研修をスタートとして、研修後にどのように実践されているかの振り返りを提案します。研修でスキルを学んでも、実践されなければ意味がありません。実践を阻んでいるものに気づき、それを〝あるべき姿〟に変えていくための作戦を一緒に考えます。

人は自分を他の人たちと比べる存在として見るばかりで、自分の変容が世界の変容の一助となるようなほんとうの意味での人間として自分を見ようとしない。この視点には根本的な誤りがある。肝心なことは、自分自身から始めることであり、このとき人は、この始めること以外は一切何も気にかける必要がない。それ以外のいかなる態度も、今始めようとしていることからその人の気をそらし、その自発性を弱め、大胆な企ての全体を挫折させるばかりである。

（アダム・カヘン著／小田理一郎 監訳／東出顕子 訳『敵とのコラボレーション ― 賛同できない人、好きではない人、信頼できない人と協働する方法』2018年、英治出版刊、156ページより、哲学者マルティン・ブーバーの文章　／英訳原典 Martin Buber, The Way of Man: According to the Teaching of Hasidism (Wallingford, PA: Pendle Hill Publications, 1960), Page 21／邦訳書に『祈りと教え ― ハシディズムの道　実存主義叢書15』（板倉敏之 訳、1966年、理想社刊）があるが、これはハシディズムに関するブーバーの著述の中から訳者が独自に数編を選び訳出したものであり、当該の文章は含まない）

あなたの志は何ですか？ ――志があれば、あとは実践するだけです。

第10章

結果につなげるための実践方法

本章では、これまでに説明してきた内容をどのように実現するか、そのことについて考えていきます。ポイントは、好ましい変化を促進する好循環の自己強化ループと、その変化を妨げる阻害要因に気づき、対処するシステムを作ることです。

大きな変化を作り出すには大きな行動が必要と思われがちですが、大きな変化は小さな行動がきっかけとなって好循環を作り出すことにより始まります。システム思考の因果ループ図を使うと、それを発見しやすくなります。

また、変化は最初に意図したこととは逆の方向に進む場合もあります。たとえば「関係の質」を改善するために本音で話をすることを促進すると、最初は意見がぶつかり合って混乱が発生します。それを感情的対立に向かわせるのではなく相互理解が進むようにすれば、混乱は解消していくと同時に「関係の質」も改善されます。しかし、そうしたことを事前にわかっておかないと、混乱が起こったときに慌《あわ》てて、もとの状態に戻したくなります。因果ループ図で考えると、変化がどのように起こるかの予測を立てやすくなります。

また、特に重要なのは、まず何らかの行動を起こすことです。行動しなければ変化はありません。行動したからといって事態が好転するとは限りませんが、何らかの変化は起きます。その変化を振り返りで観察してください。想定した方向に向かっているのか、そうでないのか……。もしかすると、因果ループ図で考えた仮説が間違っているということもあります。

目標に到達するまで、その目標は変えずに行動を変えて、振り返りのサイクルを回してください。

そして、ポイントは、三点セットで取り組むことです。「関係の質」の三点セット（受容／コミュニケーション／ファシリテーション）、「思考の質」の三点セット（メンタルモデル／ダイアログ／システム思考）、「行動の質」の三点セット（モチベーション／フロー／目標設定）です。「関係の質」「思考の質」「行動の質」もそれぞれ関係はありますが、それぞれの質を構成する三点セットには、より深い関係があります。たとえば「思考の質」ならば、システム思考にだけ取り組むのではなく、メンタルモデルおよび対話と三点セットで学びながら実践していくのがポイントです。

「関係の質」を高めるための実践

◆避けて通れない最初のハードルを越える――受容懸念を下げる

「関係の質」を高めるシステムを設計していきましょう。

まずは受容懸念――つまり、自分がメンバーとしてチームに受け入れられるかどうかに関する懸念を低下させる、好循環の自己強化ループを考えてみましょう。

これは、シンプルに表現すると、図のようになります。

受容懸念を低下させる行動とは、具体的には、相手とのコミュニケーションで知覚・感情・意見を受け止めるということになります。また、結果だけで評価しないことも、そうです。

こうした行動を続けていくことで、次第に受容懸念を低下させます。これは時間がかかることなので、ループ図上では〝遅れマーク〟で表現しています。

受容懸念が下がると、他者の意見を受け止めることがさらに容易になり、結果として好循環になります。

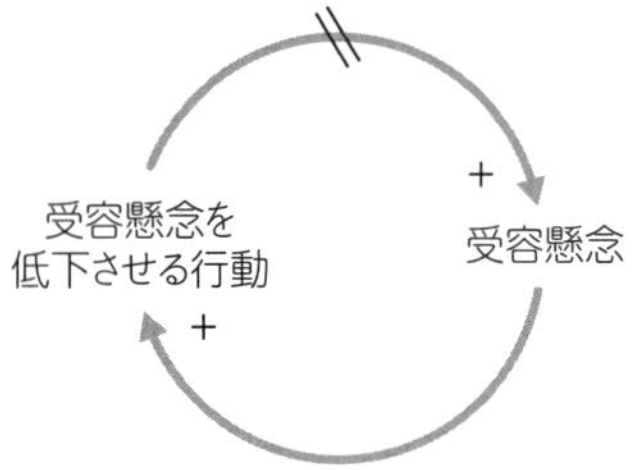

非常にシンプルなことですが、たとえば普段の挨拶《あいさつ》でも受容懸念を低下させることができます。挨拶をお互いにすることで、互いに反応することになります。ポジティブな反応は、相手を受け入れたということでもあります。――私は研修でも、誰かが発言すると、皆で拍手するように促します。そういったことを繰り返していくことで、場の雰囲気は変わっていきます。これは職場でも同様です。ポジティブな反応を返すことで、受容懸念を低くすることができます。
私は仕事でメーリングリストを使い情報交換をすることがよくあります。メーリングリストとは、ある特定のメールアドレスにメールを

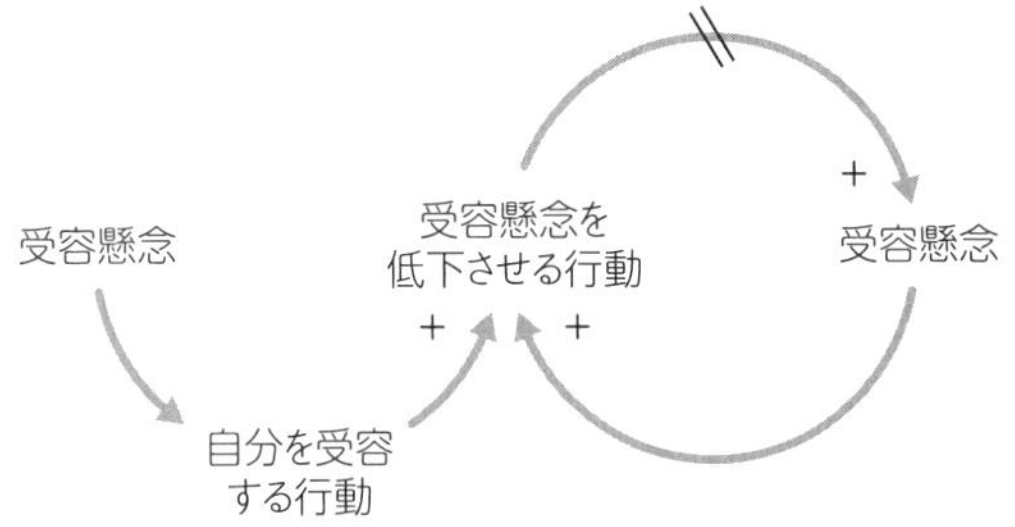

すると、そのメーリングリストに登録している人に一斉にメールが送られるという仕組みです。

活発な情報交換が行われているメーリングリストでは、ポジティブな反応があります。何かメールで投稿すると、まずポジティブな反応があります。その後、議論に発展する場合もありますが、最初はとにかく反応があります。停滞しているメーリングリストでは、その反応がありません。そこでは次第にメールで情報発信する人も少なくなり、それがますます投稿しにくい雰囲気を醸《かも》し出して、結果的にそれは廃《すた》れてしまいます。

まず「**ポジティブな反応を返す**」――つまり、受容するということです。職場でも、メーリングリストでも、受容懸念が十分に下がるまでは、意識的にそうしたことを行う必要があります。

次に、受容懸念を低下させる行動をとりやすくすることを考えてみましょう。

第1章でも説明しましたが、相手を受容するには、まずは自分を受容するのがポイントです。そのためには、自分の感情を認識（＝感受〔感受性〕）し、それを受け入れることが必要になります。

日々のいろいろな出来事で自分の感情が動いたときに、それはどのような感情か、何が原因でこの感情が引き起こされたのか……ということに意識を向けます。先輩や上司にいわれて嫌だったこと、スケジュールを死守して仕様書を仕上げたときの気持ち、同僚と喧嘩《けんか》したときのこと……。そのときに、相手を責めたり、自分を責めたりする前に、自分の中に湧き上がってくる感情を感じてみます。

これには、簡単にできる人と、とても苦労する人がいると思います。しかし、私自身の経験では、毎日少しずつでも自分の感情に目を向けて認識し、それが自分にとって望ましい感情でなかったとしても受け入れていくことで、自分自身は次第に変わっていくものです。

また、仕事の節目ごとにイベントを作り、そこで「**メンバーと喜び合う**」ことを勧めます。たとえば、一つのタスクが完了したときや、受注が成功したとき、ほかにはプロジェクト終了後の振り返りなど……。そうしたタイミングで業務的な振り返りをするだけでなく、喜びを含め、お互いの気持ちを話す機会を作ってみるのです。

話し合うのは、大変だったこと、苦労したこと、感謝したこと、などです。自己開示には返報性があるといわれています。自分の気持ちを開示すれば、それを聞いた人も同様に開示したくなるという現象です。共通の体験をしたメンバー間で互いの気持ちを自己開示し合える場を作ることで、それぞれの気持ちを理解し合います。

私のこれまでの経験では、こういった節目などに気持ちを話し合うような機会は、ほとんどありませんでした。あったとしても、非公式な打ち上げなどといった飲み会の場でした。最近は、このような〝飲みニケーション〟自体が少なくなっているので、あえてそのような機会を作ることも大切です。

振り返りに使うフレームワークでは「KPT」（ケプト）という手法が有名ですが、これに「K」（気持ち）も追加します。KPT＋Kといった具合です。KPT以外にも振り返りに使っている手法があれば、それに「＋K」（プラス気持ち）を追加すればよいのです。大切なのは、ここで出た気持ちをメンバーが互いに受容し合うということです。気持ちを話す場で説教をしてしまっては逆効果のサイクルが回ってしまうことに十分に気をつけてください。

◆混乱の先の希望が見えるか？――コミュニケーション懸念を下げる

受容懸念が低減すると、コミュニケーションの懸念も低減します。自分が受け入れられていると感じることができれば、思ったことをいってもよいと人は感じ始めます。その結果――、

①コミュニケーション懸念が低減し、本音の会話が増えます。

②本音の会話が増えることにより、気づきの生まれる確率が上昇します。表面的な、当たり障《さわ》り

のない会話では気づかなかった盲点が話題に上るからです。
③気づきが生まれることにより、（時間の遅れを伴いながらも）本音で会話することのメリットを実感できるようになります。
④本音で話したことによる成功体験が、ますます本音で話そう、思ったことを発言しようというように、コミュニケーションの懸念を低減させます。

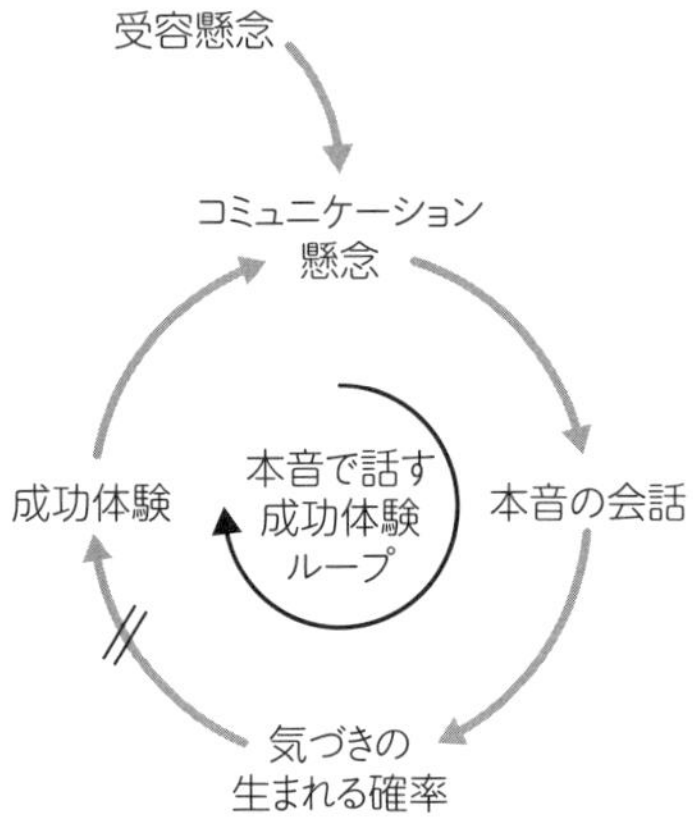

ポイントになるのが「**気づきが生まれる**」ということで、そのためにはコミュニケーションが会話レベルでなく対話レベルになることが大切です。気づきが生まれるには意見の背景を語り合うことが大事であり、そのためには「それぞれが思ったことを、PREPによって、意見と根拠を提示し合う」ことが重要になります（※PREP〔*Point*・*Reason*・*Example*・*Point*〕については第3章で解説しました）。

次に、この好循環サイクルを阻害する原因を考えてみましょう。まず考えられるのは、思ったことを正直に話し

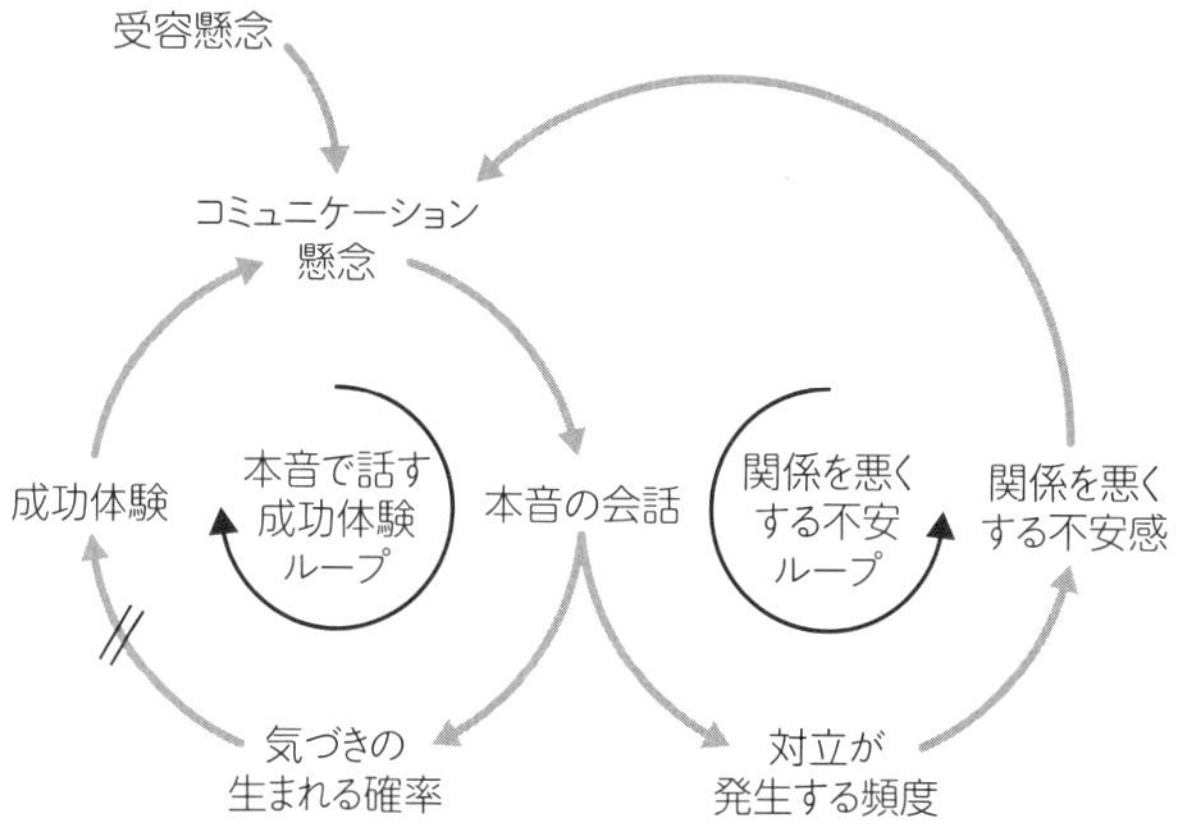

たことによる対立です。対立は悪いことではありませんが、建設的に解消する術《すべ》を知らないと感情的になって、最終的には関係を悪くする不安があります。——そういう懸念から、結局は対立を避けてしまうこともあり得ます。

対立が発生すると、一時的に混乱が生じます。これを乗り越えるとコミュニケーションの懸念が下がり、チームとしてのパフォーマンスは向上しますが、乗り越えることができないと儀礼的な会話に戻ってしまいます。

本音で話すことによる成功体験は、時間の遅れを伴います。つまり、成功体験ループが回るには、時間が必要です。しかし、対立が発生した場合、混乱はすぐに起こります。この時間差を乗り越えるためには、共通の目的意識が大切です。

誰しも、大切な目的であれば耐えることができます。この混乱期はそもそも何のためにあるのかについて話し合うことと、対立を解消するファシリテーションの合意形成スキルを活用することで、この時期を乗り越えるのです。

コミュニケーション懸念を低減させると目標についての懸念を話しやすくなり、それが解消されていけば目標の納得度が上がっていきます。同様に、リーダーシップの懸念も表面化し、それが明らかになっていく過程で、メンバーにおいても行動する際の懸念が低くなっていきます。

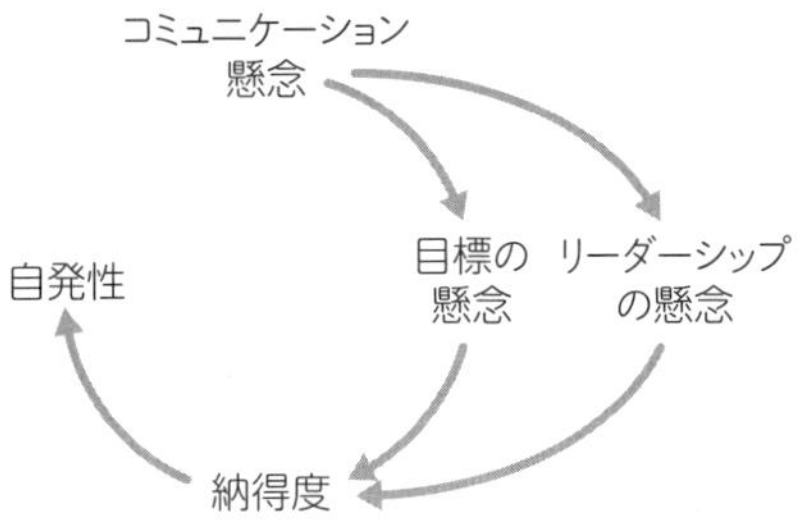

受容された状況において目標とリーダーシップが明確になり、さらに危機感を共有できると、とるべき行動を自分からとりやすくなります。

危機感だけ煽《あお》っても、受容の懸念が高かったり、目標が共有できていなかったり、あるいは、誰がどのように決めていくのかというリーダーシップの点で懸念があったりすると、そうした自発性につながりません。

かつて日本の製造業が飛躍していたときのことを考えてみると、家族的な終身雇用の経営のおかげで受容懸念が低くなり、良いものを作れば売れるというように目標も現在と比べるとわかりやすく、どのように仕事を進めていくかについても、良し悪しは別として年功序列という、わかりやすいリーダーシップが特徴的でした。ここで危機感を共有すると社員の自発的な行動が促進され、良い製品が生まれていったのではないかと思います。

人の行動原理は、時代が変わっても、さほど変わりません。昔の人にはやる気があったが、いまの人にはそれがない……ということはありません。ただ、状況は変わっています。終身雇用や年功序列のような制度は昔に比べると少なくなり、達成すべき目標は複雑になっています。そんな状況で、昔は成功したやり方を繰り返していても、うまくいきません。環境を含めた全体像を見据え、効果的な対策を打つ必要があります。

実践する際には、最初は混乱することをリーダーは理解しておく必要があります。そして、混乱しても諦《あきら》めずに、まずは自分から本音で話すことが大切です。メンバーどうしが混乱しても、慌《あわ》てずに受容を心掛けてください。

チームに対立や混乱が起きる時は、必ず訪れます。そのときは、それをチャンスだと考えてください。

「思考の質」を高めるための実践

◆ハッと気づくことの重要性――気づきの好循環を作り出す

「思考の質」を高める好循環ループを考えてみましょう。「思考の質」で中心となるのは、メンタルモデルに気づくということです。システム思考も、メンタルモデルの理解があって初めて効果を発揮します。

メンタルモデルに気づくためには対話が必要です。しかし、対話は時間がかかり、うまくいかないことも多い。それでも諦《あきら》めずに対話を続けるには「**対話が効果的であると実感する体験**」が必要です。そうした成功体験を積むことで、対話が成立するための大切な条件である「**判断**」が保留できるようになっていきます。

①判断を保留する聴き方

判断を保留する聴き方ができれば、相手の話を深く理解することができ、それがメンタルモデルの気づきを増やします。

②メンタルモデルの気づき

メンタルモデルに気づくことで、より深い現実の理解が可能になります。結果として、自分の見ている範囲が広がります。

③判断の保留

メンタルモデルに気づく体験は、保留することの大切さを実感させてくれます。評価したくなる気持ちを抑えて相手の話を聞くことによる効果を実感できる成功体験が増すと、判断を保留することが容易になります。私自身、対話をすることによりそれまで気がつかなかった視点に気づけたり、自分を縛《しば》っていたメンタルモデルに気づいたりしたときに、判断を保留する大切さを実感しました。

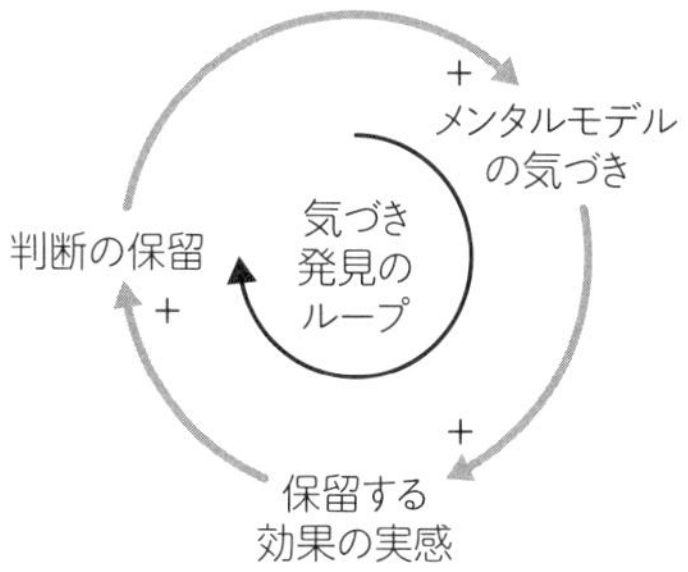

判断の保留を阻害する要因としては、自分の意見への固執があります。人は自分の意見と自分とを同一視してしまいがちです。自分を守ろうとするように、自分の意見をも守ろうとします。そうなると、相手の話を評価の目で見てしまうことになるのです。

自分の意見への固執は、特に敵対的な雰囲気で、より増加します。自分の意見を守らなくてもよい、ひとつの意見として掲げて眺《なが》めてみるという雰囲気を作り出すことが重要です。

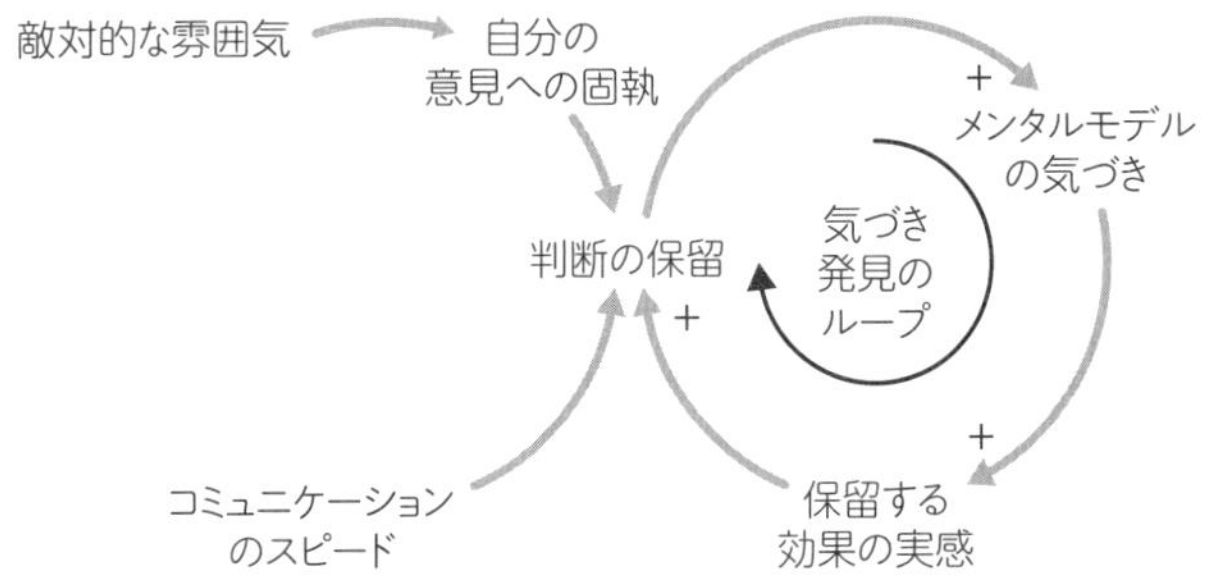

もう一つの阻害要因としてはコミュニケーションのスピードがあります。ビジネスにおけるコミュニケーションのスピード感で対話をしようとすると、対話で必要な内省ができず、結局それは対話にはなりません。──スピードを落としてコミュニケーションするというのは容易なことでありません。最初はできていても、次第にいつものビジネススピードに戻ってしまいます。

スピードを落として友好的な雰囲気を作り出すために「**最初は時間に余裕があるときに、本質的なテーマで対話する**」ことを勧めます。シリアスな状況でいきなり対話をするのは困難です。まずは練習しておき、判断を保留する成功体験を得ておくのがポイントです。

具体的なアイデアとしては、プロジェクトの立ち上げ時に使う「**インセプションデッキ**」というものがありますが、これを使って対話します。

インセプションデッキとは、プロジェクトの全体像(目的、背景、優先順位、方向性など)を端的に伝えるためのドキュメントです。

米国ソートワークス（*ThoughtWorks*）社のロビン・ギブソン（*Robin Gibson*）氏によって考案されました。

インセプションデッキは10個の質問から構成されます。

1. **我われはなぜここにいるのか？**

何のために自分たちはチームを組むのか。自分たちの顧客は誰なのか。そもそもこのプロジェクトが始まった理由は何なのか。こうしたことを再確認する。

2. **エレベーターピッチを作る**

*30*秒以内に2センテンスでプロジェクトをアピールするとしたら、何を伝えるべきだろうか？

3. **パッケージデザインを作る**

何気なくめくった雑誌のページに、自分たちのプロダクトやサービスの広告が載っているとしたら、それはどんな内容がいいだろうか？　それからもっと大事なのは、その広告を見た人は君のプロダクトを買いたくなるだろうか？

4. **やらないことリストを作る**

プロジェクトで実現したいことというのはかなり明確になっているものだ。それと同じかそれ以上に、やらないこともはっきりさせよう。そしてそれをわかりやすく一覧にするんだ。

5. 「ご近所さん」を探せ

「プロジェクトの関係者」に含まれる範囲というものは、自分たちが思っているよりもずっと広いものだ。そうした「ご近所さん」を招いて、コーヒーでもごちそうしながら自己紹介ぐらいしてもいいんじゃないだろうか。

6. 解決案を描く

チーム全員の認識が揃っていることを確認するために、概要レベルのアーキテクチャ設計図を描こう。

7. 夜も眠れなくなるような問題は何だろう?

プロジェクトで起きる問題のなかには、考えることすら恐ろしいものだってある。だが、あえてそうした心配事について話し合おう。どうすれば最悪の事態を避けられるだろうか? 被害を最小限に食い止める方法はあるだろうか?

8. 期間を見極める

どれぐらいの期間が必要なプロジェクトだろうか? 3ヶ月? 半年? それとも9ヶ月?

9. 何を諦めるのかをはっきりさせる

プロジェクトにはいくつか操作可能な要素がある。期間、スコープ、予算、それから品質。現時点で譲れない要素はどれだろう? 譲ることになるのもやむを得ない要素はどれだろう?

10. 何がどれだけ必要なのか

期間はどれぐらいかかりそうか？　コストは？　どんなチームならプロジェクトをやり遂げられるだろうか？

（ジョナサン・ラスマセン〔*Jonathan Rasmusson*〕著／西村直人、角谷信太郎 監訳／近藤修平、角掛拓未 訳『アジャイルサムライ ― 達人開発者への道』2011年、オーム社刊、48～49ページ）

この10個の質問は、プロジェクトの開始時に顧客（ステークホルダー）と開発チームとの間で認識を合わせるべき重要な項目といえます。質問が非常によく考えられているので、この質問で対話をしておくと新規プロジェクトにおける「いやな予感」を察知できますし、その後も各自が自主的に動くための指針となります。

特に重要なのは、次の三つの質問です。

○われわれは、なぜここにいるのか？
○夜も眠れなくなるような問題とは何だろう？
○何を諦《あきら》めるのかをはっきりさせる

システム開発のプロジェクトでなくても、この質問は使えます。右記三つの質問についてメンバーの認識を合わせることは重要です。この三つのテーマを使って対話を行います。その際は「判断を保留する」「スローダウンして話す」といったルールを最初に明示してから始めてください。

インセプションデッキについて深く知りたい方には、右に引用した『アジャイルサムライ――達人開発者への道』（オーム社刊）という書籍をお勧めします。

「行動の質」を高めるための実践

◆行動に集中する環境を整える――最高のパフォーマンスを発揮する

「行動の質」を高めるためには、内発的動機で動く必要があります。内発的な動機づけを高めるのに必要なのは、仕事について自分で決められることが多い、自律性が高いことです（自律性の内容は個人個人で違います）。また、仕事の目的が明確であることです。目的が明確とは、仕事に対して自分なりの意味や意義を感じているということになります。さらに、仕事そのものや、仕事を通じて自己を成長させるということに対する意欲を高めるのも大切なことです。

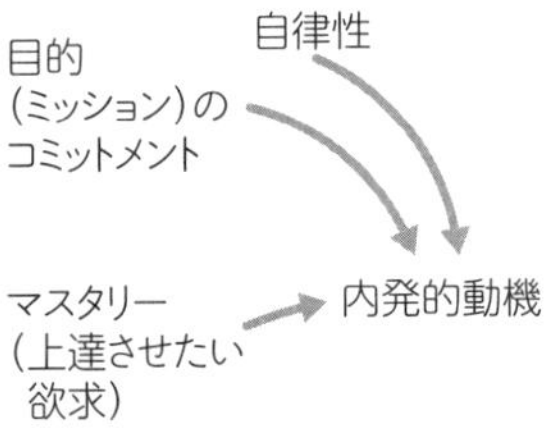

実際の仕事においてて自律性を高めることには、できる限度があると思います。働く環境を変えることのできる権限があれば自律性を変えられるとは思いますが、そうでない場合は、自律性を高める以外の部分を改善するよう検討したほうがよいかもしれません。効果が大きいところよりも実行しやすいところから始めることも検討の余地があります。

内発的動機を高めるポイントは、仕事に集中する状態をつくることです。別の言い方をすると、仕事を楽しくする、ということになります。

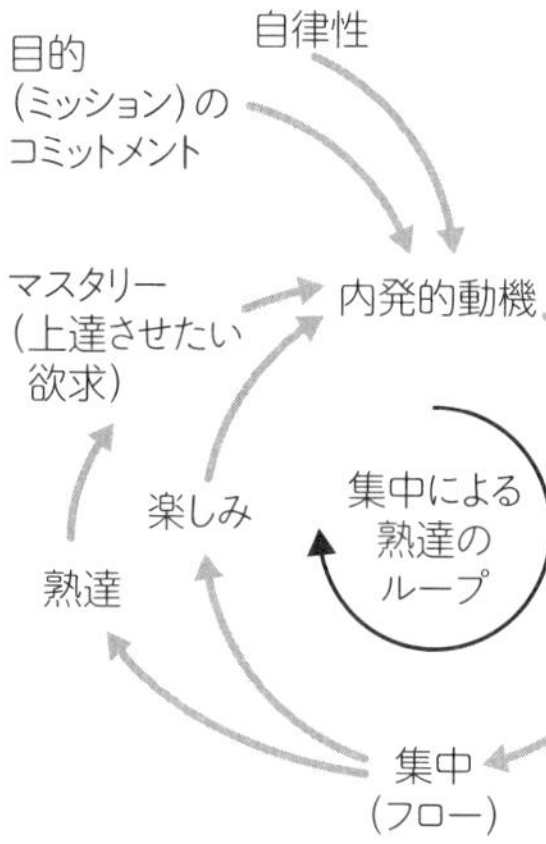

そうなるためには、仕事に目標が必要になります。「**適切な目標が設定**」されることで、集中することができるようになります。さらに、目標をクリアすることで、達成感を感じることができます。

仕事の目標設定というと、やらされ感などネガティブな印象がある場合が多いものですが、目標は会社のためでなく、自らが集中し、達成感を得るために重要なのです。

「行動の質」を高めるポイントは、目標設定です。目標を設定することに対するネガティブなメンタルモデルを変えるのがポイントです。その目標の目的を理解し、目標に至る行動の自律性をある程度認め、目標を設定することが、引いては集中することにつながり、それが自らの成長（熟達）につながることを理解し、小さなループを回して、それを体感してもらうことです。

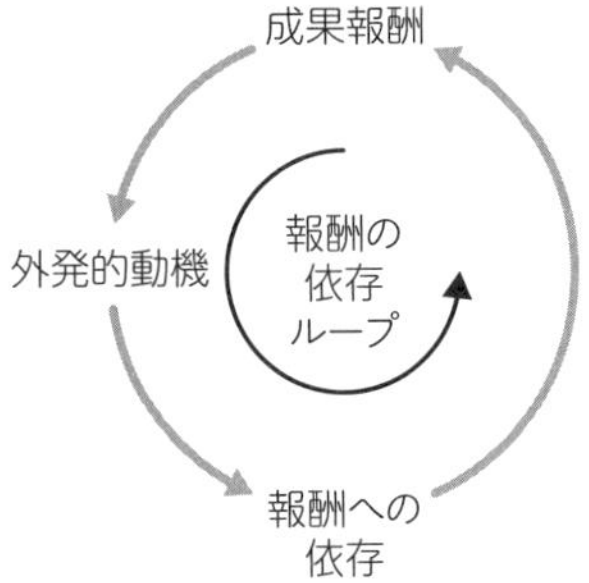

一方、外発的な動機のサイクルには注意すべきです。成果報酬は外発的な動機を一時的に高めますが、報酬がなければ活動そのものに興味をなくすというように、報酬への依存を高めてしまいます。必要以上の報酬は、外発的動機への依存を高め、創造性を蝕《むしば》んでしまいます。

集中による熟達のループの内発的動機を下げる阻害要因は、自律性、目的のコミットメント、マスタリーの、それぞれの要素を低くすることになります。

私は現在、研修講師の仕事をしていますが、この内発的動機を高めてほしいという企業からの研修ニーズは非常に多くあります。

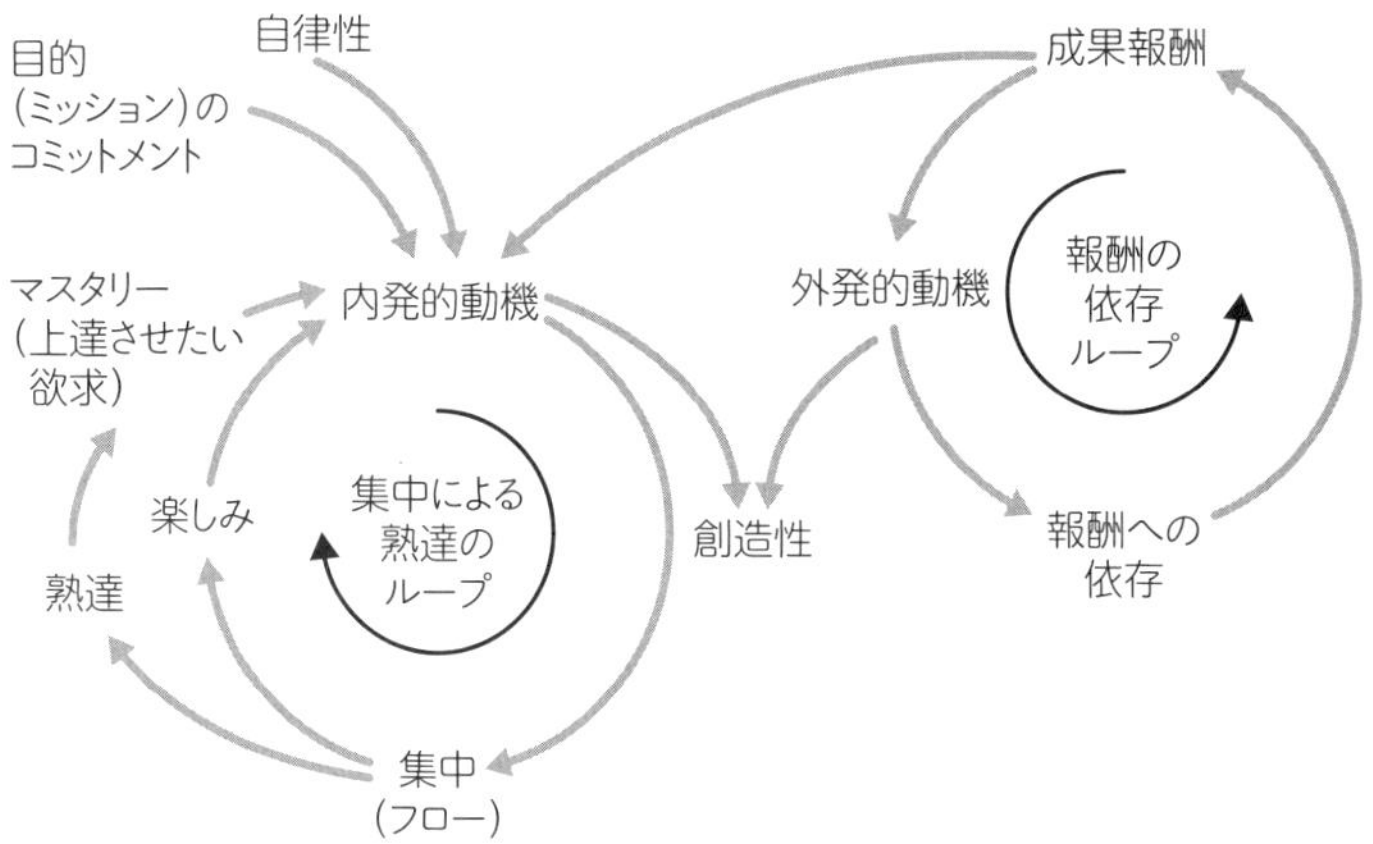

このニーズに応えるために実際の研修で実施することが多いのは、まずは自責と他責の考え方を私が説明したうえで、普段の行動をその視点で振り返ってもらうことです。そして、熟達という点で、これから将来に向けて成長したいのかどうかを考えてもらいます。ほとんどの人は成長したいと考えていますが、それに向けての行動に結び付いていないケースが多く見受けられます。

次に、成長とは何か？　そして、仕事で成長するとはどういうことか？——で対話してもらいます。ここでは、さまざまなメンタルモデルが出てきます。よく出てくるのは、高度な仕事を与えられないと成長しないというメンタルモデルで、それを持っている人は予想外に多いものです。自分が現在している仕事では成長できない……。

こういったメンタルモデルに対しては、現在の仕事の中でのチャレンジ要素を自分で見つけ、目標を設定することで、フロー状態に入れることに気づいてもらいます。一見、単純な仕事のように見えても、そこから短時間でフロー状態に入るやり方を学んだ人は、それをいろいろな場面で応用することができるようになり、そうしなかった人とでは、その後の成長スピードに大きな差が出るのです。

目標を明確にし、モチベーションを高める全体像を考えてみましょう。

1 好循環ループ

①行動したことによる達成感を考えてみましょう。まずは行動しないと、変化は始まりません。行動するためには、目標が明確である——つまり、活動レベルまで詳細化がなされていることが必要です。そうすれば、変化に対して意思決定し、セルフコントロールを消耗せずに行動確率を高めることができます。

②行動し、達成感を感じるためには、目標のハードルが大切です。ハードルは、達成感を感じられる適切な内容であることが必要です。難しすぎず、易しすぎないこと。そして、長い時間のかかる目標は短期的な目標に分割し、それをクリアすることで小さな達成感を感じられるようにします。

③活動が習慣化すると、意思決定にエネルギーを使わずに済みます。そのことが、行動する確率をより高めるという好循環サイクルに入ることを可能にします。

2 阻害要因

阻害要因は、目標が明確になっていないこと、目標のハードルが高すぎることです。目標を活動レベルに詳細化するのが難しい場合には、行動のガイドラインを設けて、行動する際の意思決定をできるだけ簡易にする工夫が必要です。

組織の場合、目標が上から下りてくることもあるかと思います。それも、達成が困難な目標が設定され、有無をいわさずにそれを受け入れざるを得ないようにするような状況です。この場合、まずは自分自身が成長するために、その目標をどのように変換すれば集中できる状態になるかを考えてください。これは、どうしたら楽しく仕事ができるかを考える——といいかえることができるかもしれません。目標を細分化し、小さな達成感を感じられるようにするのも、やり方のひとつです。

無理な目標を与えられ、やる気をなくしてしまうか、あるいは、そこからどうしたら自分自身が成長できるかを考える——この違いは、将来的に大きな差になります。

無理と思えるような目標でも、やると決断して目標を細分化し、ベストを尽くせば、結果を達成することで達成感が得られ、たとえ目標を達成することができない場合でも納得感や満足感を得られます。しかし、最初から諦《あきら》めて無力感の中で仕事をするのは、その間の給料はもらえるかもしれませんが、そんなことに人生という貴重な時間を費やすとしたら非常に勿体《もったい》ないのではないでしょうか。

「好循環システム」をデザインする

◆小さい力でも、いずれ大きくなる「好循環システム」を設計（デザイン）する

因果ループ図を作成する

因果ループ図を用いて、好循環ループと阻害要因を説明してきました。最終的には、チームで因果ループ図を活用し、全体像を考えることを目指してください。

1 チームの課題を考える

レベルマトリクスを参考にして、自分のチームの課題を考えてみてください。レベルマトリクスは、1（初級）／2（中級）／3（上級）となっています。

レベルマトリクスでいちばん気になっていることとその理由を、メンバーどうしで話してもらいます。その中で、最も重要なものは何かを話してください。何を重要とするかも考えてみてください。

2 チームの課題で対話する

チームの課題で対話をします。

たとえば「チーム内では、どんな意見でも頭ごなしに否定されずに、発言が許される」が最も重要

ということになったとします。

対話のテーマとしては、次のようなことが挙げられるでしょう。

「この課題が解決されたときの姿(あるべき姿)とは、どんな状態か?」

「この課題についての現状は、どんな状態か?」

対話をしながら、出てきた話をキーワードとして書き留めておきます。

❸因果ループ図を作る(好循環ループ)

これまでの論理思考だと原因分析になりますが、システム思考的に、因果関係でループを作成してみます。

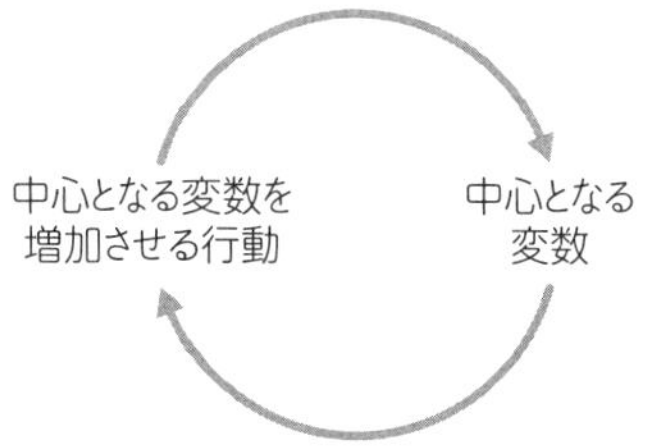

正確性にこだわらず、まずはループにしてみます。最初は成功循環のループを作成します。さきほどの対話の中で出てきたキーワードの中から、中心的なものを選び、それを最初の変数にします。これも、あまり正確性にこだわらなくて大丈夫です。たとえば「発言量」であれば、それが増えるような好循環のループを作成してみます。

最初はシンプルなものを作り、途中の変数を追加したりしてみてください。

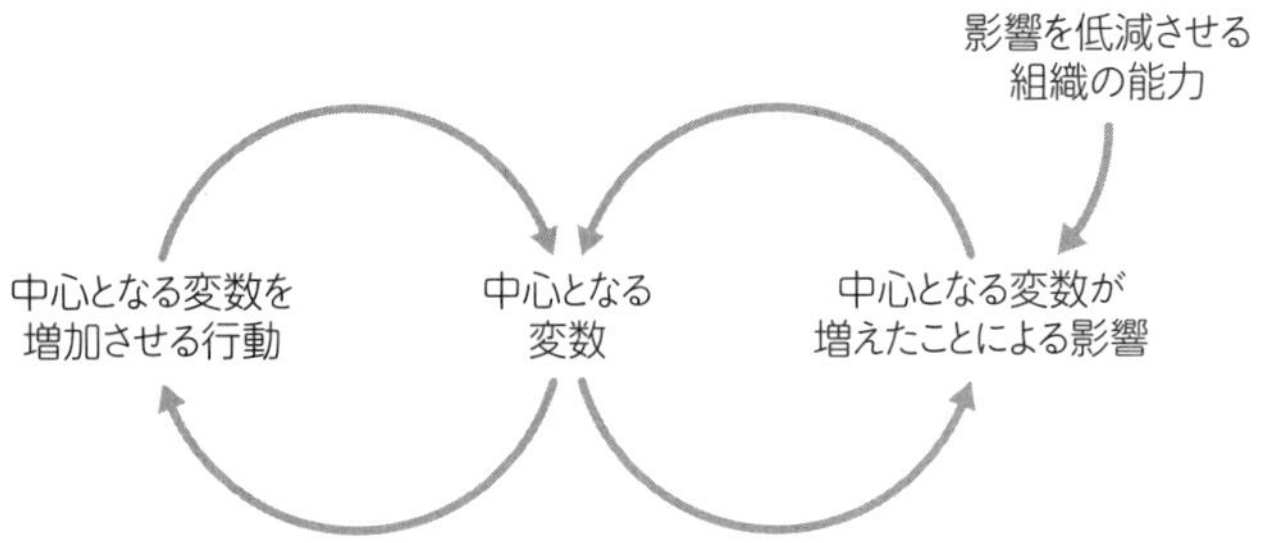

4 因果ループ図を作る（阻害要因）

次に、このループに阻害要因のループを加えます。

業績が比較的好調な組織は、阻害要因については考えていないことも多くあります。今後どのようなことが起こりそうかを事前に考えるうえで、阻害要因について考えるのは非常に有意義なことです。うまくいっているときに考えておくことで、業績が一時的に下降してきても慌《あわ》てずに対処することができます。

因果ループ図を作成できるようになるには、ある程度の時間とトレーニングが必要です。急にうまく書けるようになるなどとは思わないでください。まずは練習ということで、正解にこだわらずに書いてみてください。何度も書くうちに、次第に上達していくと思います。ある程度、因果ループ図などを書くことに慣れている人にサポートしてもらうのも有効です。

5 計画を作る

因果ループ図をもとに、どの部分（変数や因果関係）に着目するかを決め、そこを変化させるための目標を作成します。ここで重要なのは、スモールステップで行動レベルの目標に落とし込むことです。最初から大きなことに手をつけるのではなく、確実に行動できる小さなことから始めます。

6 計画の実施

計画を実施して、どのような変化が生まれたか？　因果ループ図どおりなのか？　——対話をして、因果ループ図を修正しながら進めてください。目標を決めたら、その目標は変えずに行動を変え、どのようにしたらその目標を達成できるのかを考えてください。

おわりに

私は三回転職し、最後には独立起業しました。現在の自分の会社を含めないと、これまで三社でシステムエンジニアとして過ごしました。

三社それぞれに、文化・価値観は大きく異なりました。また、社員どうしの関係性も大きく異なりました。良い文化と感じる会社もありましたし、改善の余地が大きいと感じる会社もありました。私自身、与えられた権限が小さいときもあれば、管理職として、ある程度の権限を持たされていたときもありました。

最も印象に残っているのは、三社目の会社です。私は、管理職として、そこに転職しました。転職早々にさまざまな課題が明らかになり、一般的な評価でいうと良い会社とはいえない会社でしたが、若手社員がとても頑張っていました。私は、この若手のために、何とかしたいと思うようになりました。彼らの頑張りに応えられるような組織にしたい、と……。

管理職とはいえ、入社早々で影響力も小さいと感じていたので、まずは小さなことから始めるしかありませんでした。しかし、小さなこととはいえ、何かを始めると何かが変わります。まず、若手社員との関係が変わり（課長が何やら動いているということで、好意的に感じてくれたようです）、次第にそれが若手から横の課長どうしのつながりに広がり、次第に上司への私の影響力が変わっていきました。

若手が頼りにしてくれたり、相談に来てくれたりすると、それが私のモチベーションになり、いつしか、何とかしようという思いが、何かできそう……、いや、やるんだ！　というふうに変わっていきました。

会社を変えるのに必要なのは、誰かのために組織を変えたいという思いです。

あなたが行動することで救われる人がいます。それは身近なメンバーかもしれませんし、もしかすると将来チームに加わる未来のメンバーかもしれません。ぜひ行動を起こしてください。結果はどうなるか、誰にもわかりません。しかし、小さな変化を起こすことはできます。——私は応援しています。

私はその後、若手とともに会社をもっと良い組織にしていきたいと思う反面、自分でやりたいことをやりたいという気持ちも強まっていき、二つの思いの中で、最終的には三社目の会社を退社して、独立起業を選択しました。

そのころ、私は『最強組織の法則　——新時代のチームワークとは何か』（ピーター・M・センゲ 著／守部信之 訳、1995年、徳間書店刊）という本に出会いました。この本で述べられている、学習する組織とは「変化にしなやかに対応できる組織である。そのためには全体像を把握できるシステム思考が大切」——という考えに、たいへん共感を覚えました。これこそ私が会社員時代にやりたかったことだと感じました。

私は独立後に、そうした考えをベースにして研修を企画し、いろいろな企業・組織で実施しました。しかし、その効果は、組織によって大きく異なりました。

ある組織でうまくいっている手法をそのまま適用してもうまくいかない。また、同じように制度を整えても、実際にはまったく違う結果になってしまう……。他の企業でうまくいっている事例を聞かれ、そこと同じことをしても、なぜかうまくいかない——ということも何度か経験しました。

その原因は、そもそも組織の文化・価値観がそれぞれ違うもので、組織のメンバーどうしの関係性も異なることだと気づきました。表面的な事例を真似してみても、こういった目には見えない、しかし大切なものが異なれば、当然、結果は異なる……。

私は、こういう目に見えないものをどうやって認識すればよいのかと模索し続け、最終的には、大切だけど見えにくいもの——つまり、自分や組織のメンタルモデルを見るためには対話（ダイアログ）が必要であり、さらに、その前提には「関係の質」——つまり、誰もが本音をいえることが重要であるとの結論に至りました。

「関係の質」が「思考の質」に影響を与え、それが「行動の質」につながり、最終的に「結果の質」につながっていく……。これらは、すべて、つながっています。

本書では、これらつながりの全体像（なぜ関係が大切なのか、それと対話はどう関係するのか、など）と、個々の要素においてどのような手法や考え方が大切なのかを解説することを試みました。

これを書き上げた現在、本書は私自身が会社員時代に読みたかった——つまり、過去の自分のために書いた本なのだと気づきました。

この本が、読者それぞれの職場において思いを持ち、目に見えない大切なものを認識し、小さな変化から最後には大きな変化を生み出す参考になれば、著者としては最大の喜びです。

最近、顧客から酒席のお誘いを受けました。十年近く前に業務改革のプロジェクトで私は設計担当として関わらせていただいたのですが、その当時のプロジェクトチームで飲みにいこうとのお誘いです。久しぶりに会う顧客の方々……。それぞれに出世して会社でも重要なポジションを担っておられましたが、お酒を飲みながらプロジェクトのことに話が移ると、全員が十年前に戻ります。当時、どのようなデータベースにしようかと悩んだこと、この画面が実現可能かとチームメンバーと議論した裏話……、当時は大変でしたが、振り返るとすべてが思い出です。

飲み会からの帰り際に、顧客のリーダーは私にいいました。「僕は最初から、あなたを業者と思ったことはなく、チームのメンバーだと思っていました」——そして「いまでも、このシステムはバリバリ使っているからね」と……。

システムエンジニアをしていて良かった。結果を出せ、喜んでもらえて良かった。この顧客と仲間に出会えて良かった!

チームにとってメンバーは、成果を出すためのリソースではないと、私は思います。メンバーは〝仲間〟なのです。チームとしてどれほどの成果を上げたとしても、そこで働く仲間が幸せでなければ、何の意味があるでしょうか？

この本を書く過程で、たくさんの仲間の力を借りました。執筆過程で的確な助言をくださった野口嘉則さん、細本清子さん、久澄園子さん、室谷恵美さん、山本敏也さんに感謝します。また、この企画を提案してくださり、原稿が書き上がるのを長く待ってくださった技術評論社の跡部和之さんに深く感謝したいと思います。

あなたの思いと行動が、変化を生み出し、みんなが幸せになりますように。
最後まで読んでいただき、ありがとうございました。

２０１９年９月　　著者

参考文献

❖「関係の質」について

『改訂新版 プロセス・エデュケーション：学びを支援するファシリテーションの理論と実際』
津村俊充 著、金子書房、2019年

『NVC ―人と人との関係にいのちを吹き込む法　新版』
マーシャル・B・ローゼンバーグ著／安納 献 監訳／小川敏子 訳、日本経済新聞出版社、2018年

『ファシリテーション入門〈第2版〉』
堀 公俊 著、日本経済新聞出版社、2018年

『ディシジョン・メイキング ―賢慮と納得の意思決定術』
堀 公俊、加藤 彰 著、日本経済新聞出版社、2011年

❖「思考の質」について

『流れを経営する ―持続的イノベーション企業の動態理論』
野中郁次郎、遠山亮子、平田 透 著、東洋経済新報社、2010年

『なぜ人と組織は変われないのか ―ハーバード流 自己変革の理論と実践』
ロバート・キーガン、リサ・ラスコウ・レイヒー著、英治出版、2013年

『フィールドブック 学習する組織「5つの能力」―企業変革をチームで進める最強ツール』
ピーター・センゲ他 著／柴田昌治 監訳／牧野元三 訳、日本経済新聞出版社、2003年

『学習する組織 ―システム思考で未来を創造する』
ピーター・M・センゲ著／枝廣淳子、小田理一郎、中小路佳代子 訳、英治出版、2011年

『ダイアローグ ―対立から共生へ、議論から対話へ』
デヴィッド・ボーム著／金井真弓 訳、英治出版、2007年

『完全なる経営』
アブラハム・マズロー著／金井寿宏 監訳／大川修二 訳、日本経済新聞出版社、2001年

『完訳 7つの習慣 ―人格主義の回復』
スティーブン・R・コヴィー著／フランクリン・コヴィー・ジャパン株式会社 訳、キングベアー出版、2013年

『システム・シンキングトレーニングブック ―持続的成長を可能にする組織変革のための8つの問題解決思考法』
ダニエル・キム、バージニア・アンダーソン著／ニューチャーネットワークス監訳／宮川雅明、川瀬 誠 訳、日本能率協会マネジメントセンター、2002年

❖「行動の質」について

『モチベーション3.0 ―持続する「やる気《ドライブ!》」をいかに引き出すか』
ダニエル・ピンク著／大前研一 訳、講談社、2015年

『インナーワーク ―あなたが、仕事が、そして会社が変わる。君は仕事をエンジョイできるか!』

W・ティモシー・ガルウェイ著／後藤新弥 訳・構成、日刊スポーツ出版社、2003年

『フロー体験 喜びの現象学』
M・チクセントミハイ著／今村浩明 訳、世界思想社、1996年

『スイッチ! ―「変われない」を変える方法』
チップ・ハース&ダン・ハース著／千葉敏生 訳、早川書房、2016年

ま行

や行

ら行

な行

は行

さ行

た行

索引

数字／アルファベット

あ行

か行

NTX社トレーニングの案内

著者が代表を務めているNTX社では、本書で解説した内容を深く学ぶためのトレーニングを用意しています。対象は法人で、企業内での研修になります（2019年9月時点で、公開講座は検討中です）。

○「関係の質」を向上させる：基本編（2日間）
○「関係の質」を向上させる：フォローアップ編（1日間）

○「思考の質」を向上させる：基本編（2日間）
○「思考の質」を向上させる：フォローアップ編（1日間）

○「行動の質」を向上させる：基本編（2日間）
○「行動の質」を向上させる：フォローアップ編（1日間）

それぞれ独立して受講可能です（ただし、フォローアップ編の受講には、その前に基本編の受講が必要です）。

詳細は、NTX社のホームページをご覧ください。

有限会社NTX
　ホームページ：http://www.ntx.co.jp
　お問い合わせ：training@ntx.co.jp

［著書略歴］

野口 和裕（のぐち かずひろ）

1965年、山口県生まれ。九州工業大学中退。

13年間の会社員時代にはSEとして企業や官庁で各種システムの設計に従事。製造業、建設業、人事システムの構築を数多く手掛ける。テクニカルスキルとヒューマンスキルのバランスには定評があり、技術のわかるリーダーとして、その評価は高い。

2000年に独立してフリーランサーのSEとなる。

2003年に人材育成研修を業務とする有限会社NTXを設立。

現役のエンジニアとして現場感覚を伝える研修には定評があり、一般企業はもとより教育関係、NPO団体などからの依頼も数多く受けている。

座右の銘は「成功は失敗のかなたにある」――

財団法人 生涯学習開発財団 認定コーチ
日本ファシリテーション協会 前副会長

メールアドレス　training@ntx.co.jp
有限会社NTX　http://www.ntx.co.jp

カバー＆本文デザイン ❖ 花本浩一（麒麟三隻館）
本文トレース ❖ 田中 望／技術評論社 制作業務課
組版 ❖ 技術評論社 制作業務課
編集 ❖ 跡部和之

病《や》まない組織《そしき》のつくり方《かた》
——他人事《たにんごと》を自分事《じぶんごと》に変《か》えるための処方箋《しょほうせん》

2019年11月15日　初版　第1刷発行

著　者　野口和裕《のぐちかずひろ》
発行者　片岡　巌
発行所　株式会社技術評論社
東京都新宿区市谷左内町21-13
電話　03-3513-6150　販売促進部
03-3513-6166　書籍編集部
印刷／製本　港北出版印刷株式会社

定価はカバーに表示してあります

ISBN978-4-297-10907-3　C0034
Printed in Japan